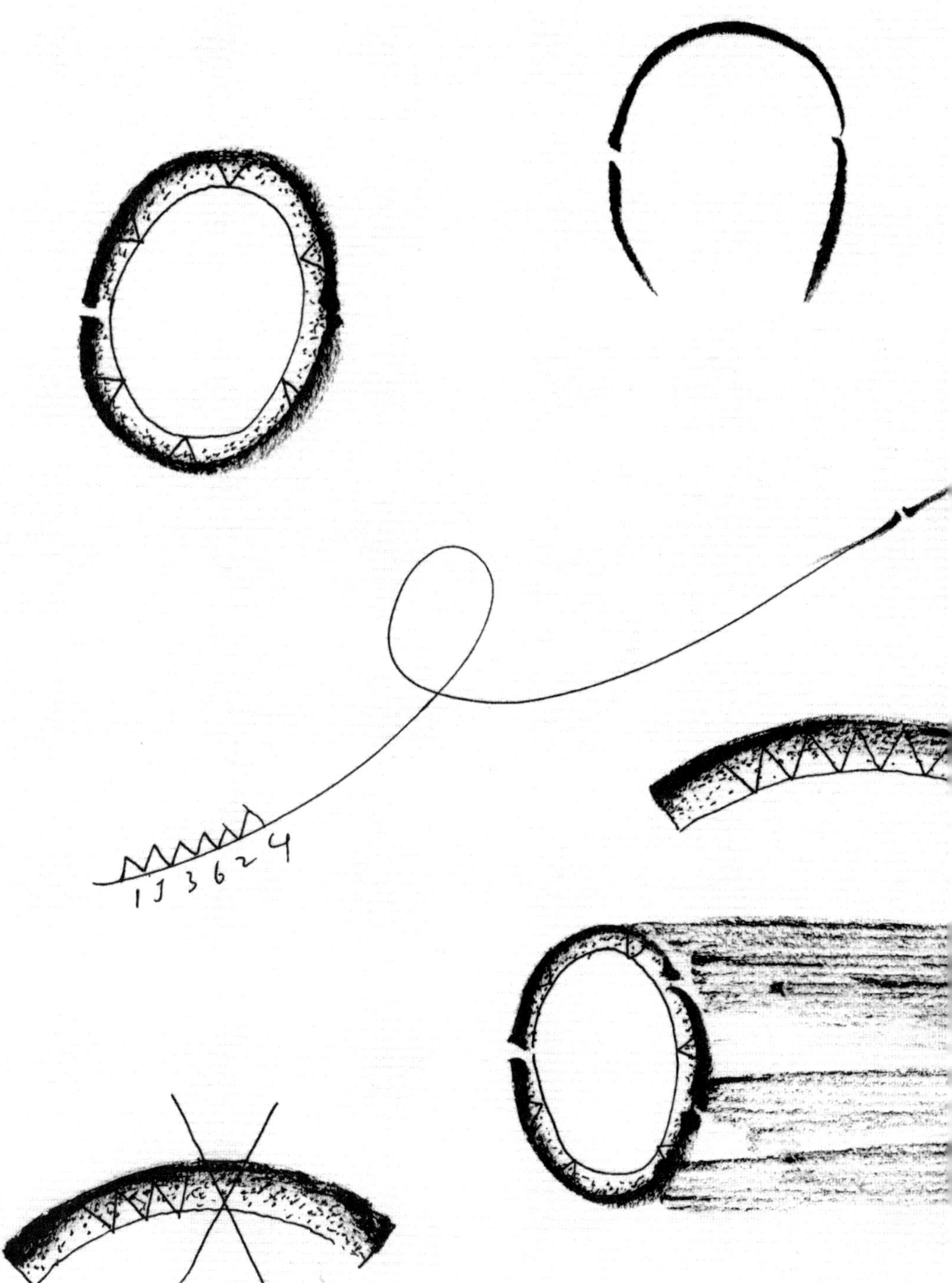

1 5 3 6 2 4

Photo by K.Kitaoka

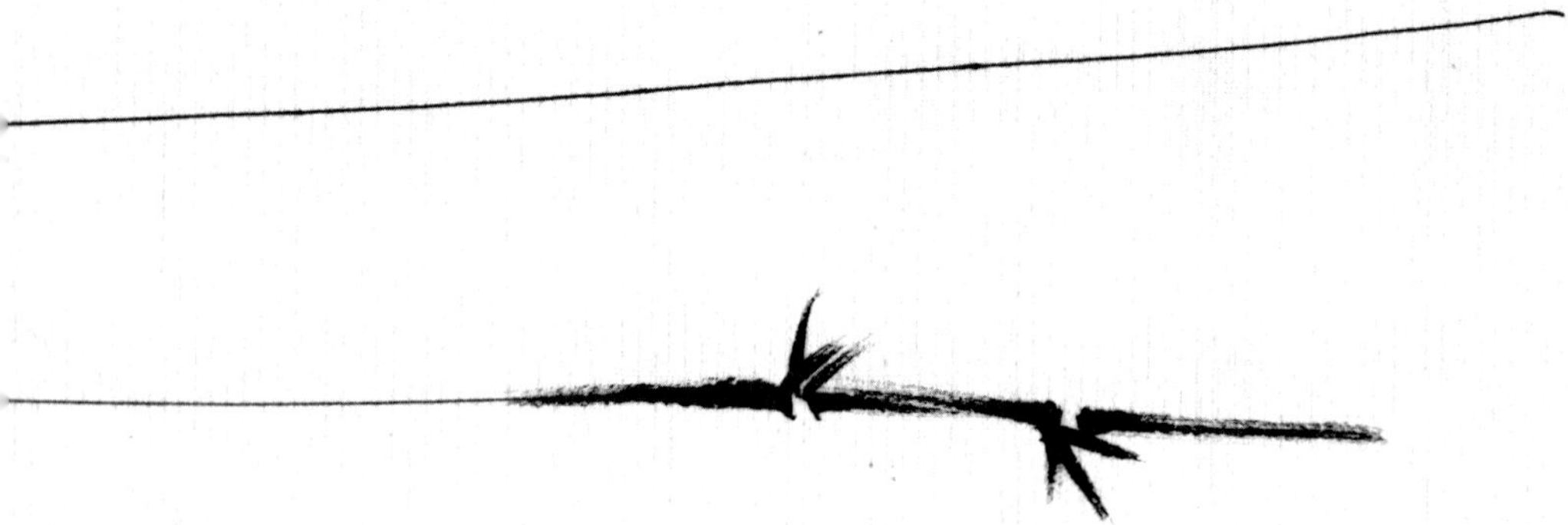

バンブーロッド教書

Understanding & Fishing the Bamboo Fly Rod [The Cracker Barrel]

永野竜樹＝訳　フライの雑誌社＝編

はじめに

「アメリカのバンブーロッドね。日本ではもう流行らないんじゃないの。」

２０１０年の春でした。米国出版社のバンブーロッド関連書籍を翻訳してみたいといろいろ打診はしてみたものの、バンブーロッドは時代遅れとか、一部のマニアのもののように言われました。リーマンショックの後遺症で、世界的に景気が後退した直後の話でしたので、そう捉えられるのも致し方ないと諦めかけていました。

しかし欧米でも、また日本でも、耳にする話題はバンブーロッドの裾野が広がっているという証拠ばかり。そんなとき、『フライの雑誌』の編集長にお会いして、真摯に話を聞いてもらったことを、今でも深く感謝しています。ご存知のことを雑誌に書かれたらいかがですか。そして並行して『ザ・クラッカーバレル』を翻訳されたらどうでしょう。プロジェクトはそうして始まりました。

ＰａｒｔＩ『ザ・クラッカーバレル』は、我こそがバンブーロッドを知っているという物知りのお話です。バンブーロッドの歴史から、取り扱い方、メーカーの系譜、ビンテージロッドの選び方、アクションの考え方、有名どころ（ロッド）の紹介、バンブーロッドに関する情報の入手先、あるいはロッドの製作方法と、広範にカバーしています。バンブー村で長らく論争になっているような、そんな話題も取り扱われています。

インターネットが各家庭に当たり前のように普及したことで、仕事から娯楽までパソコンや携帯が情報の発信源や受信源となり、情報入手の時間差や内容の曖昧さは昔に比べると相当少なくなりました。たとえばレナードのバンブーロッドはこうだった、という言い伝えがあったとすれば、今では真偽を直ちに確認して、正しい情報が世界中でシェアできる時代となりました。しかしいろいろな情報はやはりまとめておく必要があります。だからこそ価値があります。

『ザ・クラッカーバレル』は米国のバンブーロッドを中心に書かれていますが、バンブーロッドに関する様々な情報やデータの集積であり、バンブーロッドを手にする者であれば有益な話ばかりです。

ＰａｒｔⅡでは、日本のフライフィッシング界を牽引される皆様からバンブーロッドの素晴らしさなどをお話しいただきます。そしてＰａｒｔⅢとして、アメリカのバンブーロッドを中心としたライブラリーを付けました。お楽しみください。

永野竜樹

バンブーロッド教書

INDEX

Part II 竹の国の釣り人たちへ
Fishermen in BambooLand

バンブーロッド教書

Part I
［ザ・クラッカー・バレル］

バンブーロッドを知る。バンブーロッドで釣る。

著　サンテ・L・ジュリアーニと仲間たち

日本語訳　永野竜樹

The Cracker Barrel

Understanding & Fishing the Bamboo Fly Rod

SANTE L. GIULIANI AND FRIENDS

The Whitefish Press

クラッカーバレルへようこそ

まずはじめに、この本がなぜ〈クラッカーバレル〉という名前なのかを説明しておかないといけないな。

むかし、街の雑貨屋にはクラッカーの入っていた大きな樽《バレル》があった。その樽はだいたいコーヒーの湧いたポットが乗った丸ストーブの横に置かれていた。

毛皮猟師や街のお客が店に立ち寄ってはコーヒーを飲んだり、木枠に入ったチェッカーのボードを引っ張り出してきて樽の上にのせ、机として使ったりゲームをしたりしていた。

樽を囲んで多くの話が語られ、手紙が読まれ、そして情報が皆で共有された。猟師は剝いできた毛皮の品質と値段を語り、釣り人は新しいバイスや新しいマテリアル、新しいフライパターンを試していた。

いま私たちのクラブハウスにはおしゃれなストーブがある。古めかしいポットでコーヒーを沸かしながら、仲間が集まってクラッカー

バレル・セッションと称してはぺちゃくちゃしゃべりながら、長く退屈な冬を過ごし、フライボックスの在庫を補充する。これが何年も続いている。

〈クラッカーバレル〉と名前がついたもうひとつの理由がある。

フライロッドの専門家でセンテニアル出版のオーナーでもあるディック・スパーが引退を表明した。ディックが運営していた〈クラッカーバレル〉という名のウェブサイトも消えてしまうことになった。

ディックは、私たちバンブーロッド・オーナーを楽しませてくれたばかりでなく、多くのことを学ばせてくれた。ディックの弛まぬ努力に感謝するとともに、彼がフライフィッシングを楽しみながら充実した引退生活を過ごせるように心から願っている。

そろそろ、私たちの〈クラッカーバレル〉を開始することにしよう。

いれたてのコーヒーに燃えるストーブ、さあ、おしゃべりの始まりだ。

サンテ・L・ジュリアーニ

Chapter 01

なぜバンブーロッドなのか

サンテ・L・ジュリアーニ

魂の宿った道具

1965年6月のある晩の出来事は、自分にとって忘れられない思い出となった。祖父とシェアしていたベッドルームで寝ていたときのことだった。6週間も前に祖父が病院に入院して以来、消えていた匂いを嗅いで私は目を覚ました。それは祖父が心臓病のために服用していた薬の匂いだった。

その匂いが戻ってきたのは夜中の2時ごろだった。部屋にいるのは私だけではない、私は祖父が部屋に戻っていると感じた。祖父は自分の家を愛していた。だから彼の魂がもう一度戻ってきたのだった。

午前2時15分、電話が鳴って母親が何か話しているのが聞こえた。看護婦が電話越しに祖父の死を母に告げていたのだった。母がベッドルームに飛び込んできたとき、私は祖父の死をもう知っていると伝えた。母はなぜ判ったのと聞いたが、私は判っているさ、とだけ答えた。

精神《スピリット》とは、人間が生きていく上でのエネルギーのような人生の力であり、外側の肉体が滅んでも消滅しない。そう思うからこそ、たとえば釣り道具を買う時には、自分に語りかけてくる道具しか選ばない。ショットガンであれフライロッドであれ、魂の宿った道具は一目見れば、その力なり感覚を感じ取れる。人の思いが加わったとき、その道具は単なる道具以上の存在となる。

□ 私の病と一本のバンブーロッド

私が初めて購入したフライロッドはオービスのセットだった。メイン州キタリー市にある地元のスポーツ用品店で、プラスティック・チューブに入った8番ロッドにグラファイト製のリールが付いていた。解説書のとおりに素直にキャスティングを練習してみたし、周りもいろいろと指導してくれたが、フライキャスティングの習得はうまくいかなかった。なぜなら私自身がどうしてもそのロッドを好きになれなかったからだ。後日、店を再び訪れたところ、売り場の責任者がバンブーロッドを試してみてはどうかと言ってきた。彼はショーケースに入っていたREC製のバンブーロッドを4本見せてくれた。しかしそのバンブーロッドの値段を知らされた私は、躊躇なく、セージのグラファイトロッドを購入すると伝えた。

責任者がバンブーロッドに求める世界にまで、その時の私は達していなかったのだ。しかし彼は私の心に、しっかりとバンブーロッドの種を植えていった。セージのロッドで上達し、お金をしっかり貯めて、いつの日かバンブーロッドを買いに来るという種を。

1987年、スコットランドに長期出張する機会を得た。ところがスコットランドでの滞在期間の半ばで、私はギラン・バレー症候群（GBS）という急性神経炎にかかった。GBSは筋肉を動かす運動神経や時には記憶機能まで侵すので、患者に過酷な病気である。

医者は私に今まで当たり前のように動かしていた筋肉の動かし方などの、リハビリのコースを用意してくれた。妻は私にリハビリのインセンティブを与えなければと思ったらしく、フライフィッシングのビデオを借りてくれた。

最近亡くなられてしまったのだが、スコットランド滞在中に出会い、後に私の生涯の友人となった紳士がいる。彼は私を見舞いに来てくれた。一度も釣りをせずにスコットランドを離れなければならないのは残念だけれど、グラスゴーにあるタックルショップで、素敵なバンブーロッドを見ることができたのはいい経験だったと彼に話した。

次の週末、再び彼が現れた。彼は車のトランクを開け、長いチューブを取り出して私に手渡した。父から譲り受けたものだが、気に入ってくれたら嬉しいと言ってくれた。それはF・E・トーマスの9フィート半（9フィート6インチのこと。1フィートは12インチで、約30センチメートル。1インチは約3センチメートル）、3ピース・2ティップのサーモン向けのドライフライ用バンブーロッドで、エクステンション・バットが付いていた。

アメリカ本国へ戻った私は筋肉を動かすリハビリを兼ねて、フライキャスティングを学び始めた。妻の借りてきたフライフィッシング・ビデオは素晴らしい教本となり、F・E・トーマスは私の友人となった。ロッドを動かすのには、細心の注意を払った。あっという間に筋肉が疲労してしまうからで、それがこの病気特有の後遺症だった。余計なエネルギーを使うことを許されない私は、ロッドがキャスターへ本当に何を伝えようとしているのかを理解しなければならなかった。おかげでキャスティングは上達したのである。

病状が回復すると、私は以前とは少し変わっていた。バンブーロッドの躍動感を掌に感じることに喜びを覚え、魚をネットに取り込むのには、バンブーロッドのちょっとした魔法の力を借りた。愛おしいバンブー（竹）そのものに加えて、それを釣り具に作り変えるメーカーについても知りたいと思うようになった。

□ 私に何かが起きた

私は、キタリー市の例の店に戻った。並んでいるバンブーロッドの一本一本へ触れていくにつれ、それらに宿っているスピリットが私の中に蘇ってくるのがわかった。中国人の作業者たちが淡い黄色の竹を伐《き》り出す一方で、伐り出したばかりの竹を揃え、束ねている者もいる。それはあたかも巨大な砂時計のようだ。皺だらけの手が竹を砂に掏りつけて表皮を剥がし、それを草むらの上に置いている—。

自分の頭に描かれる圧倒的な映像と感覚を、私は信じることができなかった。数日後にまた私はその店へ行き、再びロッドを一本一本手にした。そのうちの一本が昔からの友人のように感じられた。私はそのバンブーロッドを購入した。

私は手持ちのフライリールをかわるがわる装着し、最もバランスが良いリールを探した。WF《ウェイトフォワード》の6番ラインを30フィートほど出してフォルスキャストしてみると、ロッドが〈スローダウンしろ。〉と指図してきた。そのまま何時間もの間キャスティング練習を続け、終わるころには今までよりはるか遠くにキャストできるようになっていた。温かい光が私を包み込んだ。私はフェルールを外してロッドバッグにしまい、そしてロッドチューブの蓋をした。

その後私は有名なメーカーのバンブーロッドを数多く調べ、自分のものにしていった。驚いたことには、どのバンブーロッドも人間のように、それぞれ異なる性格を有していた。初めて参加したオークションでは、信じられない本数のバンブーロッドを見ることができた。聞いたことのないメーカーのものまで数多くあった。バンブーロッドに宿るスピリットが部屋のあちらこちらにうごめいていた。

老人が竹をハンド・プレーニングしている姿、輝くシャフトにシルクを巻きつける男女、茶色のブラシで美しい仕上げ塗装をする笑顔の人々。小川や大きな川で魚が釣られる光景、何匹かはリリースされ、何匹かは苔の敷かれた編みクリールに入れられている様子。そして棺が墓に下ろされるにつれ、泣き悲しみ、お互いに抱き合う家族が見えた。そして私に何かが起きた。

まさに神の思し召しがあったのだ。私は自分の人生を、釣り道具を見つめていた。そして自分のスピリットを感じていた。私は新たな気持ちでロッドのある部屋を後にした。

□　バンブーロッドには人々の思いが宿っている

私は少し生活に余裕の持てる仕事に変わった。バンブーロッドを介して新しい友人が増えていった。私は電子だ、ビットだ、バイトだと世界中を追いかけまわすようなストレスのかかる仕事をしている。うまく息抜きができないと頭がおかしくなってしまうだろう。

私には、家に戻ると椅子に座って待っていて、私のことを慰めてくれる古い友人―バンブーロッドがいる。

バンブーロッドで釣りをするたびに、バンブーを育てた中国人農家や、それを収穫して輸出できるようにバンブーを洗う伐採人の姿が目に浮かぶ。輸出業者と海運会社がバンブーを運び、倉庫にしまっている姿、そして最後に国内の販売業者と輸送業者の姿が目に浮かぶ。

バンブーロッドにはロッドメーカーの何十時間にもおよぶ作業により、一本一本に愛おしいパーソナリティーが吹き込まれている。魚がかかり、ラインの先に魚の躍動感を感じるたびに、このバンブーロッドに関わってきた人たち全てが、ひとつに結ばれていると感じるのである。一本のバンブーロッドには、私の手に渡るまでの長い旅路で関わってきた人々の思いが、全て宿っているといえる。

バンブーロッドで魚を釣るとき、私は一人ぼっちではない。私は竹の栽培者、伐採者、そしてロッドメーカーの精神とともにある。川で魚を釣るときは、そのロッドに宿る精神と、以前の持主たちの精神とともに釣りをしている。私が彼らの見た川を見るときも、私が魚とファイトするときも、釣り上げた魚をリリースするときも、みんなで精神を分かち合っている。

私もいつかは死ぬことになるので、私の思いも皆の思いと同じように、一本一本のロッドに添えられることになる。もしあなたが、いつの日か古いバンブーロッドに出会ったとき、見覚えのある川で、見知らぬ人がパイプをくわえながら淵の畔に腰かけて、微笑みながら水面を見つめている姿を、脳裏に思い描くだろう。それはきっと私だ。私のスピリットがロッドの世話役としてそのバンブーロッドに宿り、いつかあなたと魚釣りを共にするのだ。

限られた時間だけこの世に滞在することを許されている身であれば、喜びのある人生を送ろう。かつては植物として命を持っていたバンブーロッドで、私は私の人生を感じるために釣りをする。

Chapter 02

ヴィンテージロッドとコンテンポラリーロッド

サンテ・L・ジュリアーニ

□ 六角竿は伝統からの決別だった

ヴィンテージロッドと簡単に言うければど、いったい何を持ってヴィンテージロッドと呼べるのか？　これは非常に的を得た質問で、初心者、ベテランを問わず聞いてくる。確固たる答えはないのだが、納得のいく答えを出すとすると、それは1850年からおおむね1970年までに作られたロッドのことを指す。もちろんその中でいくつかの時代に分かれる。

最初の時代は1850年から1870年までで、個人が製造したロッドを、メーカー経由で個人に販売するという時代だった。

次の時代は1870年から1915年までだ。ひきつづき個人の作り手はいたものの、ハイラム・ルイス・レナード・ロッド・カンパニー（Hiram Lewis Leonard Rod Co.）のような、工場でロッドを作る会社が出現し、バンブーロッドの発展に大きく貢献した。

鉄砲鍛治であり、木こりであったレナードは、他人の作ったロッドを見て、自分でも作れると考えたようだ。自分で何本かのロッドを作ってみたところで、今後はすべて六角竿で行こうと決めた。というのは当時のロッドはティップ部分が三角ないし四角だった。竿先まで六角というのは、ある意味で伝統からの決別であった。

当時使用された竹はカルカッタケーンで、表面をきれいにしたり、ついた害虫を駆除するために火を使っていた。焦げ跡を見ればすぐにそれだとわかる。

ボストンにあったブラッドフォード&アンソニー（Bradford & Anthony）という会社は、地元の釣り人が持ち込んだレナードのロッドを見て、レナードと連絡を取り、まだメイン州バンゴーにあった同社の最初の販売代理店となった。

□ バンブーロッドの近代史

その後レナードはニューヨーク州のウィリアム・ミルズ社（William Mills Co.）を独占的な販売代理店に任命し、フライフィッシングの聖地で、素晴らしいフライフィッシャー達が集うキャッツキルの地にH・L・レナード社（H.L.Leonard Rod Co.）が立ち上がった。

ヴィンテージロッドがそのアイデンティティーを確立したのは、ハイラム・レナードと、その甥で従兄弟どうしにあたるハイラム・ホーズとローマン・ホーズ（Hiram and Lohman Hawes）によって様々なテーパーが生み出された、まさにこの時代である。そしてこの一連のテーパーこそがレナードの遺産であり、修行の後に独立して自分たちの新たな会社やテーパーを生み出すことになる弟子たちを産み出す原動力となった。

ハイラムそしてローマン・ホーズ、ユーティス・エドワーズ（Eustis Edwards）、エド・ペイン（Ed Payne）、ジョージ・バーニー（George Varney）、トーマス・チャブ（Thomas Cubb）、フレッド・トーマス（Fred Thomas）（フレッド・デバインを含める人もいる）といった人々は、自ら、あるいはパートナーと一緒に独自のロッドを確立していった。

三番目の時代は１９１５年から１９３０年までで、この時代に、トンキンケーンを使用することが一般的となった。バンブーに火を入れることで、今まで薄黄色だったロッドの肌が茶色に変わり、バネのようなアクションが生まれた。

バンブーロッドは非常にエキサイティングな時代を迎えた。というのも、この時代になるまではウェットフライが主流で、ソフトなアクションのロッドにシルクラインと馬尾毛のティペットが最高の組み合わせだったからだ。

その後飛距離を競うキャスティング・トーナメントが人々の興味を集めるところとなり、そこで様々なテーパーが試され、批評されることになった。ルーベン・レナード（Luben Leonard）やハイラム・ホーズ、Ｅ・Ｃ・パウエル（E.C.Powell）らはトーナメントで様々な記録を打ち立てている。

飛距離を出すためにラインスピードを上げ、ドライフライを乾かすために何回ものフォルスキャストを可能とするこのトーナメント用のテーパーこそが、現代のドライフライ・テーパーの基礎となっている。

１９３０年代になると、化学接着剤が膠《にかわ》のような動物性の接着剤に取って代わり、ロッドの補強の役割を果たしていた細かなインターミィディエイト・ラップは消滅していった。

第二次世界大戦による中断はあったが、最後は１９３０年代から１９７０年代初頭までだ。この時代にグラスファイバーロッドや、ナイロンあるいはプラスティック製のフライラインが開発され、その後グラファイトロッドやＰＶＣ（ポリ塩化ビニール）ラインが出現する。

これらの変化や発展は当然バンブーロッドそのものと、その作り手に変革をもたらした。加えてこの時代のバンブーロッド業界は、中国との通商禁止（1950〜1970）でトンキンケーンが入手できなくなるという、ビジネス基盤を揺るがす厳しい状態に晒されることになった。

□バンブーロッドはキャストしてみないと分からない

現代のロッドメーカーにはさまざまな顔があり、一言で表現することは容易ではない。

まず思いつくのは、自分たちのテーパーデザインでロッドを作っているメーカーだ。過去からあるヴィンテージ・テーパーデザインをもとに、現代の技術を使用してロッドを作るメーカーもある。さらにオービス社（Orvis）のようにその二つを同時に行っているメーカーもある。

私の考える限りオービス社はヴィンテージロッドのメーカーであり、現代《コンテンポラリー》のロッドメーカーでもある。というのは、オービス社のロッドは、近代になってからの独自のテーパーばかりでなく、今もってウェス・ジョーダン（Wes Jordan）や彼のいたクロス社（The Cross Rod Co.）から引き継いだ数多くのヴィンテージ・テーパーを使ってロッドを作っているからだ。

マーク・ルー（Mark Ruhe）やA・J・スレーマー（A.J.Thramar）やジョン・パーカー（John Parker）は、ヴィンテージ・スタイルのロッドを作る素晴らしい現代のメーカーたちだ。特にA・J・スレーマーは、びっくりするほど広範にわたるロッドやブランクを400ドルから完成品でも1150ドルという価格で提供している。

しかしヴィンテージのテーパーであろうと、コンテンポラリーのテーパーであろうと、自分のしたい釣りをロッドがうまく表現してくれるかどうかは、実際にキャストしてみないと分からない。

一般的にフライロッドを選ぶ時は、自分の好きなフライショップに行って棚から気に入ったロッドを持ち出し、裏にあるキャスティング・エリアで試したりするものだが、残念なことに、バンブーロッドとなるとそうはいかない。

もし幸いにしてバンブーロッドで釣りをする人を知っているのであれば、その人にバンブーロッドを試させてもらえるだろう。

私が過去に取引したことのあるクラシックロッドのカタログ販売者、つまりマーティン・キーン（Martin Keane）、ボブ・コルセッティー（Bob Corsetti）、カーマイン・リセラ（Carmine Lisella）などは、顧客が気に入るかどうか、3日間のお試し期間を設けている。気に入らなければ顧客はロッドを送り返す。購入代金は郵送代だけ差し引かれて戻ってくる。

□シルクラインとPVCライン

オリジナル・コンディション、あるいはオリジナル・コンディションにレストアされているヴィンテージロッドをキャストすると、ガイドが現代のロッドより小さいことに気づくはずだ。

それはシルクラインを使用するのが当時は一般的であったためで、現代のラインを使用したら、シルクラインと同じようなキャストができるかどうかの保証はない。だから実際にキャスティングをしてみることが極めて重要で、フライラインも違うタイプのものを、できるだけ多く試したほうが良い。

私がよく使っているのはサイエンティフィック・アングラーズのマスタリー・シリーズとウルトラⅡとⅢ、コートランドのピーチ、そしてトライアングル・テーパー・ラインだ。

現代に製作されているバンブーロッドは、ヴィンテージ・テーパーによるものを含め、ＰＶＣラインを最も活用できるようにガイドやストリッパーの大きさが決められており、配置もうまく調整されている。だから逆に、現代のロッドでシルクラインを使用するのであれば、期待通りにロッドが機能するかどうか、やはり自分で確認する必要がある。

□ 現代はバンブーロッドの黄金期である

私が思うに、現代はバンブーロッドの黄金期にある。歴史上これほど多くの才能豊かなロッドビルダーたちが商売を営んでいる時代はない。そして目が回るほど広範囲にわたる、ヴィンテージから現代までのフライロッドが入手可能な時代も、かつてなかった。

在庫、値段、そしてタイミングが夢のバンブーロッドを入手する鍵となり、またそれが障害ともなる。あなたにとっての良いロッドとは、繰り返しになるが、あなたがしたいと思う釣りを体現させてくれるロッドだ。

Chapter 03

バンブーロッドを購入する前に

サンテ・L・ジュリアーニ

□ 最初に決めるのは長さとラインウェイト

本章では、ビンテージロッドを入手する場合の購入方法を解説しよう。

まず一番始めに決めなければならないことは、自分が欲しいと思うロッドの長さとラインウェイトだ。ここでは欲しいロッドを、8フィート5番と仮定しておく。なぜなら8フィートのフライロッドはどんな釣りにも使用できる完璧な長さだからだ。個人的には8フィート半も完璧な長さだと感じている。※訳注1

□ どこから買うか

もしあなたがディーラーからロッドを購入するのなら、彼らは買い手による商品の確認期間と、気に入らなければそのロッドを返却できる規定を設けているはずだ。分割払いサービスを提供するディーラーもいるが、この場合は確認期間や返却オプションがあるかどうか、事前に確認しておいたほうがいい。

インターネット上のフォーラムでは、そのディーラーからロッドを購入した人たちの経験談を聞くことができる。ビンテージロッドも現代のロッドも購入できる、最良の相手がディーラーだ。現代のロッドではビルダーが直接販売するケースもあるが、ディーラー経由しか購入できないメーカーもある。

ディーラー以外でロッドを購入できる相手は友人だ。フォーラム等の参加者か、あるいは個人的な釣り仲間か、友人の友人か。蚤の市のようなところでロッドを購入することもあろう。

イーベイ（eBay）や他のネット上のオークションサイトで購入することも考えられる。しかしオークションサイトでは、事前に現物を手にできない。ロッドの確認期間が設けられているのかどうか、あるいは気に入らなければ返却が可能なのかどうかも定かでない。

もしあなたがバンブーロッドの初心者であるならば、イーベイのようなオークションサイトには近づかないことだ。勉強は高くつくし、経験を積んだとしても、ロッドを〝安く譲ってもらえる〟状況に遭遇することは決してない。

□ ディーラー・カタログの読み方

ディーラー各社はカタログを用意している。私の手元にあるディーラーのカタログから、それぞれの表記例と、読み方を紹介しよう。

◆**例1**

社名：ザ・ジョーダン―ミルズ・ロッド・カンパニー（The Jordan-Mills Rod Co.）
代表：カーマイン・リセラ（Carmine Lisella）
モデル：ペイン103
長さ：8フィート
仕様：2ピース2ティップ
重さ：4・1オンス　適合ライン#5／6
解説：巨匠ドン・シュローダーの手によリフィニッシュ。ペインロッドの正しい色使いで、ほぼオリジナルの状態に仕上がっている。シガーグリップ、セダーのスペーサーに黒く染められたキャップとリング、そしてペインには珍しい「Folsom Arms Co.」という販売店の刻印。軽めの5番ラインでは物足りない状況にピッタリの素晴らしいロッド。パリッとしたドライフライアクションで距離を出すことができる。丁寧に修復がなされている、とてもきれいなロッドだ。　○○○ドル

◆**例2**

社名：クラシック・ロッド&タックル・インク（Classic Rods & Tackle, Inc.）
代表：マーティン・J・キーン（Martin J. Kean）
解説：初期の素晴らしいジム・ペイン。8フィート1インチ、2ピース2ティップ。深みのある中間色のシャフトカラーに、紫の色調が入ったバーガンディー色のインターミディエイト・ラップ。同色のガイド・ラップと金色のティッピング、そしてタングステンガイド。ティップはそれぞれバッ

トより1インチほど短いが、この壮麗なロッドは一度も使用されたことがなく、オリジナルな状態であるように見受けられる。ポット・ベリー状のフェルールに、洒落た木のインサートとスライド・リングのリールシート、どんぐり帽のバットキャップにはPayneの刻印。重さ4・30オンス、6番ライン向けのしゃっきりしたドライフライアクション。見た目も美しいが、キャスティング性能も素晴らしい。オリジナルの竿袋とチューブがついたエクセレント＋《プラス》のコンディション。本物を証明するペイン家の手紙つき。　○○○ドル

◆例3

社名：ロッズ・アンド・リールズ（Rods and Reels）
代表：ボブ・コルセッティ（Bob Corsetti）
解説：ペインのモデル103。8フィート、2ピース2ティップ、6番向け。ボブ・テイラーによる修復が入念に施されており、エクセレント＋のコンディション。1ティップは3インチ半短い。オリジナルの竿袋、チューブ。ペインのタグが付いている。ペインの2ピースロッドは偉大なキャスティングの武器である。このロッドで釣りをするのに　○○○ドル

◆カタログに使用される略式アルファベットの表記例

DF＝　Dry Fly　ドライ・フライ

UL=　up locking　アップ・ロッキング（可動部を上に押上げてリールを固定する）
DL=　down locking　ダウン・ロッキング（可動部を下に押し下げてリールを固定する）
SB=　sliding band　スライディング・バンド（輪をスライドさせてリールを固定する）
3/2=　3pc 2tips　3ピース2ティップ
2/1=　2pc 1tips　2ピース1ティップ
NS=　nickel silver　ニッケル・シルバー
w=　with　付属する
w/o=　without　付属しない
GS=　German Silver　ジャーマン・シルバー（ニッケル・シルバーに同じ）
SL=　screw locking　スクリュー・ロッキング（可変部分が回転式で締めるようにリールを固定）

どのディーラーも、ロッドを販売するために、買い手が一般的に知りたいと思う情報の提供には、それなりに重きを置いている。彼らは自分たちが言ったことにはかならず責任を持つ。

□　チェック項目　―ロッドチューブ

自分が欲しいと思うロッドのパフォーマンスと、そのロッドに付いている値段の妥当性を探る上で、バンブーロッドを購入する前には、以下のチェック項目に従って細部を確認していくことをおすすめする。

私はそれがアルミ製ならば、まずロッドチューブから調べる。蓋を外す前から、ロッドチューブはいろいろなことを物語ってくれる。それがプラスティック製となると、得られるところは少ない。

まずラベルをチェックしよう。ロッドメーカー、モデル名、ラインの番手などなど。チューブに大きなへこみがないかどうかも調べよう。もし凹みがあるならロッドに破損箇所があるかもしれないし、ひどいときはロッドに曲がりが生じている可能性もある。

上蓋と下蓋をよく見て欲しい。ひびが入っていたり、錆びていたり、塩水による緑白色の付着物があったり、あるいはどちらかが取り替えられていたり、無くなっていないだろうか。

蓋をはずして中を見よう。竿袋とロッドがすぐに顔を出すだろうか。メーカーのほとんどが、バッグに入ったロッドがぴったりと入るサイズでチューブを作っている。もし上から1インチ以上も下にロッドが見えたなら、チューブは新しいものだと思っていい。新しいチューブ自身に問題はないだろうが、それを理解しておくに越したことはない。

次に、蓋の開いたチューブの上から匂いをかいでみよう。バンブーロッド独特の芳香とでもいおうか、ポプリンとバーニッシュが混ざった匂いがする。

ペイン狂の人たちはこの乾いたオレンジの皮を燃やしたようなカビの匂いこそ、ジム・ペインのロッドを物語る証拠であるとして重きを置いている。この香りがしないなら、チューブないし竿袋が取り替えられている可能性があり、あるいはロッドがリフィニッシュされていると推察することもできる。

□ チェック項目 ─竿袋とロッド本体

次は竿袋とロッド本体を調べよう。竿袋に輪が付いていれば輪を片手で持ち、もう片方の手の親指と人差し指でチューブの入り口を覆って支え、竿袋ごと引き上げる。竿袋が破れていたり、擦り切れていないかチェックしよう。

スネークガイドやストリッピングガイドが当る部分に穴が開いていないかどうかも見てみよう。特にガイドが当っている部分では、竿袋にサビが付いていないかどうか注意する必要がある。ロッドはきちっと乾かしてから仕舞われるべきだが、釣行後、濡れたままの状態で竿袋に入れられていることも充分考えられる。

次に竿袋からロッドを抜き出そう。ロッドのどの部分を先に抜き出してもいい。間違った方法なんてない。私の場合はバットセクションを最初に取り出す。

チューブに大きな傷があった場合、該当するロッドの箇所はとくに念入りに調べたほうが良い。

ロッド本体のチェック項目としては、接着剤での貼り合せ部分で裂けた箇所がないかどうか、剥離が発生していないかどうか、ラップが取れてしまっていないかどうか。さらには、塗装が鰐肌のように溶けていないかどうか、あるいは疱痕のようになっていないかどうか、錆びていないかどうか、アーゲートのストリッピングガイドであればひびが入っていないかどうか、コルクが損傷していないかどうか、リールシートや装飾具の状態はどうか、などだ。

□　**チェック項目　―ブランクス**

全てのパーツが竿袋から取り出され、あなたの前にある。バンブーロッドは光の良く当る机の上に並べられていることだろう。

ロッドをさらに入念に調べよう。2ピース2ティップのロッドであれば目の前には3つのセクションがあるはずだ。3ピース2ティップであれば、4つのセクションがある。

どのセクションも同じ長さの場合がほとんどだが、そうでない場合もある。ペゾン・アンド・ミッチェルのようなロッドでは、バット部とティップ部の長さが大きく異なり、その差を埋め合わせる棒が用意されている。短いセクション、あるいは折れたセクションはないか。ないし疑わしいセクションがあれば気にとめておこう。

ロッドを取り出したら、時間をかけてそれを自分の掌の上で転がしてみよう。バーニッシュがひび割れていないかどうか。ノード（竹の節）の処理はどうか。ノードは竹の成長を記す年輪で、バンブーのパワーファイバーが表面に現れていて、強度的には弱い部分だ。メーカーはこの弱さをカバーするために、ロッドを貼りあわせるとき、ストリップ（竹片）の六面へノードが交互に現れるように配置させている。

ブランクをよく見れば、竿袋の上からの検査だけではわからなかったことがわかってくる。

□チェック項目　―フェルールとラッピング

フェルールとは、ロッドのセクションを繋ぐ金属部分のことだ。高価なロッドでは一般的にニッケルシルバー製が多く、普及版のロッドにはブラス製が多いものだ。オス側とメス側のフェルールを確認し、しっかり入ることを確認しよう。

最近入手したビンテージロッドで、フェルールが新品に取り替えられていることを購入時に気がつかず、自分を情けなく思ったことがあった。幸い良い仕事がされていたので、何もこの世の終わりということにはならなかったが。誰にでも気が付かないことはある。だからゆっくり時間をかけて調べてみよう。

バーニッシュも入念に調べよう。前オーナーが下手なキャストをしてロッドシャフトにフライをぶつけ、ちょっとした穴を開けていないかどうか。穴がどこにあるかで、ロッドに全く影響がないか、あるいは問題があるかに関わってくる。フックポイントで突いたのかそうでないのかも、しっかり見ないといけない。

さらに、いわゆる透明なラッピングでロッドが修理されていないかどうかを見ておく。透明なラッピングはたいがい上手に処理されているものだ。この勲章ともいえる透明なラッピングは、フックポイントがロッドシャフトに当って小さな穴が開いた部分に施されることが多く、肉眼では充分に調べきれないこともある。したがって虫眼鏡を使って調べる必要がある。私は好んで10倍のルーペを使用している。

修繕のためのラッピングがきちっと施されているのであれば、なんら問題はない。当然ラッピングの下にある傷ついた部分もロッドに悪影響を及ぼすことはない。

スカーフ修繕（はめ継ぎ）にも気を付ける必要がある。これはロッドの一部が破損した場合、破損したロッドと同じモデルや、同じメーカーが作る他のモデルの一部などを使って、それぞれ15度の角度で長細い断面をつくり、接着剤で貼り合わせてから、透明ないし透明ではないラッピングをするという修繕である。

スカーフ修繕は一般的な手法になってきている。それが施されたロッドの価値は、１００%オリジナルな状態にあるロッドと、折れて穂先が短いまま処理されているロッドの間のどこかに位置付けられるだろう。

しかしスカーフ修繕には眉をひそめるディーラーもいて、穂先が短いままの状態で販売するか、あるいは損傷が大きかった場合は、１ティップ・ロッドとして販売する人もいることを知っておこう。※訳注2

□ チェック項目 ―ガイド

ストリッピングガイドとスネークガイドに、錆が出ていないかどうか、目を近づけてよく確認する。ガイドが全て揃っているかどうか、あるいは付け替えられているかどうかにも注意する。

ガイドが緩んでいないかどうか、あるいはガイドに溝ができていないかどうかも調べよう。また、スネークガイドやトップガイドが潰れていたり、変形していないかどうかも確認しよう。

1950年代まではシルクラインが主流だった。当時のロッドにはガイドに溝ができている場合もある。シルクラインは今でも使用している人はいるし、実際に使ってもなかなか楽しいものだ。

手入れの悪いシルクラインやナイロンライン、はたまたラインに付着した細かい砂などによってできるガイドのわずかな溝は、そのロッドが何年も使用されてきた誇らしさの証そのものだ。しかし引っかかりのある深い溝となると、問題は大きい。そのロッドを実際の釣りに使用するには、ガイドを取り替える以外に方法はない。

□　チェック項目　―フェルール

私がバンブーロッドを確かめる時に、かならず使用する道具のセットがある。

マイクロメーター、10フィートの巻尺、鉛筆と小さいノート、10倍のルーペ、低塵性（リントフリー）の布切れ、綿棒を1ダース、それにホテルにあるような小さい石鹸ひとつ。もちろん、いろいろな種類のラインを巻いたリールもたくさん持っていく。

綿棒と布切れ、それに石鹸は、フェルールをつなぐときに必要不可欠だ。もしロッドが継続的によく使用されてきたのなら、オスのフェルールはピカピカとしていてきれいで、擦れた部分が光沢を発している。

もしロッドが何年も放置されてきたのなら、錆のせいでフェルールは入りづらくなっており、継ぐのに苦労する。継ぐ際に、ロッドへダメージを与えてしまうかもしれない。

低塵性の布でオスのフェルールをよく拭き、ひびが入っていないかどうか、フェルール装着部のワインディングラップも確認しよう。メスのフェルールも綿棒を使って同じように調べよう。フェルールがきちっと接合されているかどうか、外されたことはないか、付け直されていないかどうかを確認しよう。

石鹸はオスのフェルールを潤滑にするために使用する。オスのフェルールを鼻に擦りつけたり、髪の毛の中へ潜らすのは、人の油に加えて酸を伴うので、長い目で見るとフェルールを傷めることになる。オスのフェルールの先端から根元まで、ロッドを回転させながら単に石鹸を擦りつければよい。

ちなみに、私は自分がロッドを確認する作業を行う際には、ロッドのオーナーや売主に対して、自分が何をしようとしているのか、何をしているのかを説明する。ていねいに扱うので決してロッドを傷めることはないと、事前に説明して安心してもらう。

□ チェック項目 ―ブランクの曲がり

たいていのロッドのフェルールにはオス、メス共に小さな目印がある。これはフェルールを正確に繋ぐ位置を示している。フェルールを繋げる場合、もし少しでもずれて繋いだのなら、いったん外して再度繋げる。外す時は決してねじってはいけない。ロッドを傷めてしまう。

3ピースロッドの場合、私はまずティップセクションとミッドセクションを繋ぎ、それをバットセクションに繋ぐ。そして全体がまっすぐに繋がっているかどうかを確認する。

ロッドをいったん繋ぎ終えたら、自分の前にかざして、ブランクに曲がりがないかどうかを確認する。曲がりとは、セクションそのものないしセクションの一部が、本来まっすぐでなければならないところから上下ないし左右の方向にねじれていることをいう。

ロッドのパフォーマンスに影響を与えないようであれば、ブランクの少しの曲がりは気にしなくていい。しかしもし曲がりがひどい場合には、いろいろ回り道をしないといけない。そう、離婚訴訟で裁判所に詰める有能なフィラデルフィアの弁護士を持ってしても、これは大変な問題になるだろう。

さあ、このロッドが実際の釣りに使えるものだと判断できただろうか。それでは持ち主の了承を得て、ロッドに合ったラインを乗せ、いよいよ振ってみよう。

※訳注1：　ここでいう完璧（perfect）とは「標準」という意味合いで使用されています。日本であればさしずめ7フィートの3番に匹敵するイメージです。

※訳注2：　米国のバンブーロッドは日本とは異なり2ティップが標準仕様です。

Chapter 04

バンブーロッドをキャストしてみよう

サンテ・L・ジュリアーニ

□ フェルール交換の条件

実際にキャスティングをして初めて、目視では確認しきれない瑕疵《かし》（欠点）を見つけることができる。私たちは、フェルールとは常にきれいな状態にあって艶やかで、ロッドが滑らかに結合されないといけないものだと学んだ。またフェルールの潤滑剤として石鹸が有効であることも学んだ。石鹸以外ではパラフィンが潤滑剤として有効であることも覚えておくといいだろう。

いずれにせよフェルールのオスとメスは、ぴったりとはまらなければいけない。はめるときにガタガタしたり、緩いために中で滑ったりせず、均一の抵抗で入っていかなければいけない。もしそうならないのなら、オスかメスのいずれかが劣化している証拠だ。ロッドを繋げる時にフェルール部分でガタガタ来るようであれば、正直そのロッドは振らないほうがいいだろう。もちろんロッドを壊してもよいのなら別の話だ。

小型のルーペで、フェルールのメス側の縁をよく見てみよう。わずかでも楕円になっていたり、卵型に変形していないかどうか。フェルールのオスでもメスでもいいが、ひだのような波形の模様が見つかれば、ドリルチャックが使用された痕跡と考えてよい。その場合はたいてい、ドリルチャックで挟んだ傷が3、4箇所残っているはずだ。

これはフェルールの甘さを矯正しようとして、ドリルチャックでフェルールを少し締めたことによる。しかし私に言わせればこれは応急処置でしかない。最終的にはフェルールそのものや、フェルールとロッドとの接合部分が駄目になる可能性があるので、このような状態のフェルールはやはり交換すべきだと思う。

ロッドを差し込むときにフェルールが緩くて滑るような感触も問題だ。これはメスのフェルールの根元部分の内側が細くなってしまっているからだ。逆に少し膨らんでいるとスムーズな装着ができなくなる。またオスのフェルールが健康でも、メス側に問題があることもある。たとえばペンチで歪められたり曲げられたりしている可能性もある。

ロッドを繋ぐ時は、力を入れてフェルールをはめられるように、両手を近づけてロッドを握ろう。とはいっても手が滑ってガイドを傷めることがない程度には、ガイドから遠ざけておく。

□ リールの装着方法とラインの長さ

ラインが巻かれたフライリールをロッドに装着しよう。

リールには数多くの種類があり、重さもまちまちである。したがってリールとロッドのバランスについての話だけでも大きなテーマだ。ここでは5番向けのロッドとそれにマッチしたリール、ラインが用意されているものとして話を進める。番手の分からないバンブーロッドに対するラインやリールをどのように選ぶのかについては、また後ほど触れることにしよう。

リールを装着する前に、まずロッドのガイドがまっすぐに並んでいるかどうか目で確認する。次に、スクリューでもスライドリングの場合でも、ダウンロッキング・シートのエンドキャップに泥やゴミが入っていないかどうかを確認する。同じようにコルクの下に埋まっているアップロッキング・シートのキャップについても調べる。リングにひびが入っていないかどうか、あるいは変形していないかどうか。すべて調べ終わったなら、リールフットの片方をキャップ部分に入れ、リングでもう片方をしっかり固定する。

私の場合、ラインをガイドに通す前にあらかじめラインをリールから引き出しておく。私の胸の中心から手先までの長さはおおむね3フィートある。この間隔で10回程度リールからラインを引き出すと、リーダーを含めて25〜35フィート（8・3〜11・6ヤード）の長さになる。現代のロッドに慣れた人にはラインを少し出しすぎていると思われるかもしれないが、多くのビンテージ・バンブーロッドは竿先からラインを30フィート程度（約10ヤード）は出すように設計されているものである。

ロッドにラインを通す時は、昔習った方法がいい。リーダーのバットとフライラインが結ばれている部分を二つに折り曲げ、それをガイドに通していく。リーダーを直接ガイドに通すと、あと2つ通せば終わりというところで抜け落ちて、足元にラインが落ちてしまうことがしばしばある。二つ折りのラインをガイドに通していくと、たとえ手を離してもガイドに引っかかり、ラインを足元に落とさない。

ラインを通している間は、足元においた帽子にロッドエンドとリールを入れれば、汚れることはない。

□ フォルスキャストで何が分かるか

ロッドにラインが全て通ったら、ちょっとだけフォルスキャストをして、ロッドアクションを確かめる。竿先からラインを少し出してキャストし、ロッドの反応を目で確認しよう。こうすることでロッドの魂というべきアクションが見えて、そのロッドをどのように扱えばよいのかがわかってくる。

キャストしてみることでフェルールの状態もわかる。甘いとすればフェルール自体が問題なのか、打ち込んであるピンが問題なのか、それともブランクとの接着に問題があるのか。その場合はカチカチという音が聞こえてくるか、あるいは手元に振動を感じることになる。

フォルスキャストをする時は、ラインがロッドに乗った感覚が得られるまでラインを出していく。そしていったん適切と思われるところまでラインが出たところで、自分の後方にラインをそのまま落とす。

まっすぐ後ろに落下していれば、ロッドはきちっとキャストをこなしている。左右いずれかに振れて落下する傾向がロッドにあるかどうか。左側にバックキャストすると、その続きは右側のフォアキャストになるし、高くバックキャストすると、低いフォアキャストになる。これは知っておかなければならない重要なポイントだ。言い換えるならどんなバックキャストであれ、フォアキャストはそのバックキャストの正反対の方向になる。そしてロッドは、どのような方向にも完璧にキャストできなければならない。

バックキャストしたラインをいったん地面に落下させたら、体を後ろに回して、たるんだラインを少し巻き取り、ロッドを目の前に置いてみよう。

まっすぐ投げているのにもしラインが左側に引っ張られていたら、フォアキャストではラインが右側に出ていることになる。それはロッドがへたっている証拠かもしれない。しかし、自分のキャスティングの癖ということもある。それはあなた自身に精進が必要だということだ。

あなたがそのバンブーロッドで実際に釣りへ出かけたいのであれば、今後そのロッドと長く付き合えるかどうかの購入前の確認は欠かせない。そのロッド特有のアクションと、ロッドがラインをどの程度リフトできるかのパワーをつかめたら、次に自分が実際の釣りで多用する種々のキャストを試すべきだ。

もしロッドが要求に応えてくれたのであれば、あなたはよいバンブーロッドと出会ったことになる。大事に扱えばフィールドでも自宅でも、そのバンブーロッドはあなたのとても忠実な相棒となってくれる。

□ フェルールの外し方と掃除

ロッドからラインを外す時は、ラインの結び目などがガイドに引っかからないように気をつける。ラインが外れたらリールに巻き、次にリールを外してケースにしまう。

繋がっている状態のロッドのフェルールを抜く際は、繋げる時以上に両手を離すべきだ。この時も同様に両手はガイドから遠ざけよう。手が滑ると、ロッドばかりでなく自分の手も傷めてしまう。繋げる時も抜く時も、ロッドを曲げたり、変な方向に力を加えたりして、ロッドにストレスを与えないようにしなければならない。

力をこめて繋いだロッドが、今度は抜けなくなってしまった経験はないだろうか。いくつか解決方法があるが私のお勧めは、ロッドを繋げる時と同じように両手を近づけてロッドを持ち、両方の親指の腹を合わせ、綱引きとは逆に、押し合う。すると上手に外れる。3ピースのロッドであれば、まずバットと真ん中のセクションを外してから、次に真ん中とティップを外すべきだ。３ピースロッドを繋ぐ際の順番とは反対になる。

うまくロッドが繋げられないのであれば、フェルールが錆びて腐食していることが考えられるので、フェルールの掃除をしてあげないといけない。私の場合は、オスのフェルールには低塵性の布に少量の変性アルコールを付け、メスのフェルールには綿棒にアルコールを付けて使用する。その際、ブランクのバーニッシュ部分にアルコールが触れないように充分用心しなければならない。もしついてしまったら、低塵性の布ですぐに拭きとって欲しい。

ロッドを外し終えたら必ず、不規則なキャストでハリ先が当るなどしてロッドブランクが傷ついていないかどうかを調べる習慣をつけておくといいだろう。

□ 竿袋への仕舞い方とロッドチューブの扱い方

竿袋へ仕舞う際には、私はまずバットセクションをフェルール部から先に袋へ入れる。3ピースロッドなら、次にミドルセクションをオスのフェルール部から先に袋へ入れる。もちろんティップはフェルール部分から先に仕舞う。この仕舞い方は各セクションのバランスがよく取れている。

竿袋の締め紐にはいろいろな考え方がある。ロッドが抜け落ちないように紐を使うべきだと考える人がいる一方で、バンブーロッドは決して紐で縛ってはいけないという人も多くいる。紐であまり強く縛ると曲がり癖がついてしまう。要するに、反対派は紐がきつすぎるのが問題だとしているわけだ。そのままの状態で仕舞っておくのも自然な考え方だ。

竿袋にロッドを仕舞いこんだら次はチューブに入れる。ロッドをチューブから出す方法を覚えているだろうか。親指と人差し指でドーナッツ状の輪を作り、そこを通じてロッドを出すやり方だ。ロッドの入った竿袋をチューブに戻す時も全く同じ方法で行う。

この方法だと、スネークガイドやストリッピングガイドをチューブの口に当てて傷つけることがない。親指と人差し指で作った輪に少し抵抗をかけるような格好で、竿袋を下に落としていこう。チューブの底にロッドがぶつかってフェルールをいためたり、バットにストレスをかけることがない。

あとはキャップを締めて安全な場所に置くだけだ。もしキャップのネジがかたければ、前に話した石鹸ないしパラフィンを使ってみるといい。

チューブに入ったバンブーロッドを持ち運ぶには、たとえば車ならば、単に寝かせて目的地まで持って行けばいい。暑い季節に長い時間を車に放置しておくのなら、ぶ厚いブランケットか寝袋をチューブに被せて、急激な温度変化を防ぐ。寒い季節も同じ方法をとる。

自宅でロッドを仕舞っておく時は、チューブのキャップを上にして、温度と湿度が安定している場所に立てて置く。直射日光が当る場所や暖房機の上は絶対に避けるべきだ。

暖かい季節には、チューブの中の温度が上がらないようにキャップを外したりするが、最近のロッドにはこのような注意は必要ない。私も1930年代以前のロッドに関してだけキャップ外しを実行している。当時のロッドは竹片の接着剤に膠を使用しており、温度が上がると簡単に緩むからだ。キャップを上にして立てる理由は、重い部分（フェルール）が上に来ると、曲がりが生じやすくなるからだ。

□　濡れた時にはどうするか

いつでもロッドを目で確認することはロッドの健康を保つために重要だ。特にブランクとラッピングを保護しているバーニッシュの状態確認を怠ってはならない。

バーニッシュはその素材によって経年変化が異なってくる。しかしどのようなバーニッシュであろうと高級な家具磨き、あるいはボウリング・レーン用のワックスとの相性がよい。低塵性の布で塗り、同様の布で拭きとる。シリコンを含んだワックスはバーニッシュに影響を与えるので絶対に使わないように。個人的にはスタンレー社（Stanley）のワイマン（Weiman）の家具クリームを使っている。これは木材を磨くのに最適で、濃縮されているので少量ですみ、一度購入すると一生使える量がある。金物屋や大きなスーパーで入手できる。シーズオフの前に、あるいはシーズン中に1～2回塗れば、ロッドを健康に保てる。

最後に、濡れたロッドや竿袋はどうすればよいのか。どしゃ降りの天候に遭遇してしまい、車に戻ってロッドを仕舞おうと布で拭いても、竿袋もロッドも結局濡れた状態のままということがある。そのような時は、とりいそぎ全てをチューブの中に仕舞い、キャップをするものの、きつくは締めないでおく。自宅なりキャンプに戻ったら、チューブから中身を出して、各セクションを棚に載せ、竿袋は吊るして乾かす。チューブは部屋の隅に立てかけて、キャップを外して室温で乾かす。ロッドはタオルで拭いてあげてから棚に置き、チューブも少なくとも外側を拭いてから乾かそう。すべてが乾ききってから、ロッドチューブに入れて仕舞おう。

決して、決してバンブーロッドを暖房機の上に置いたり、暖炉の傍に置いたり、あるいはヘアドライヤーで乾かしたりしてはいけない。絶対にやってはいけない。

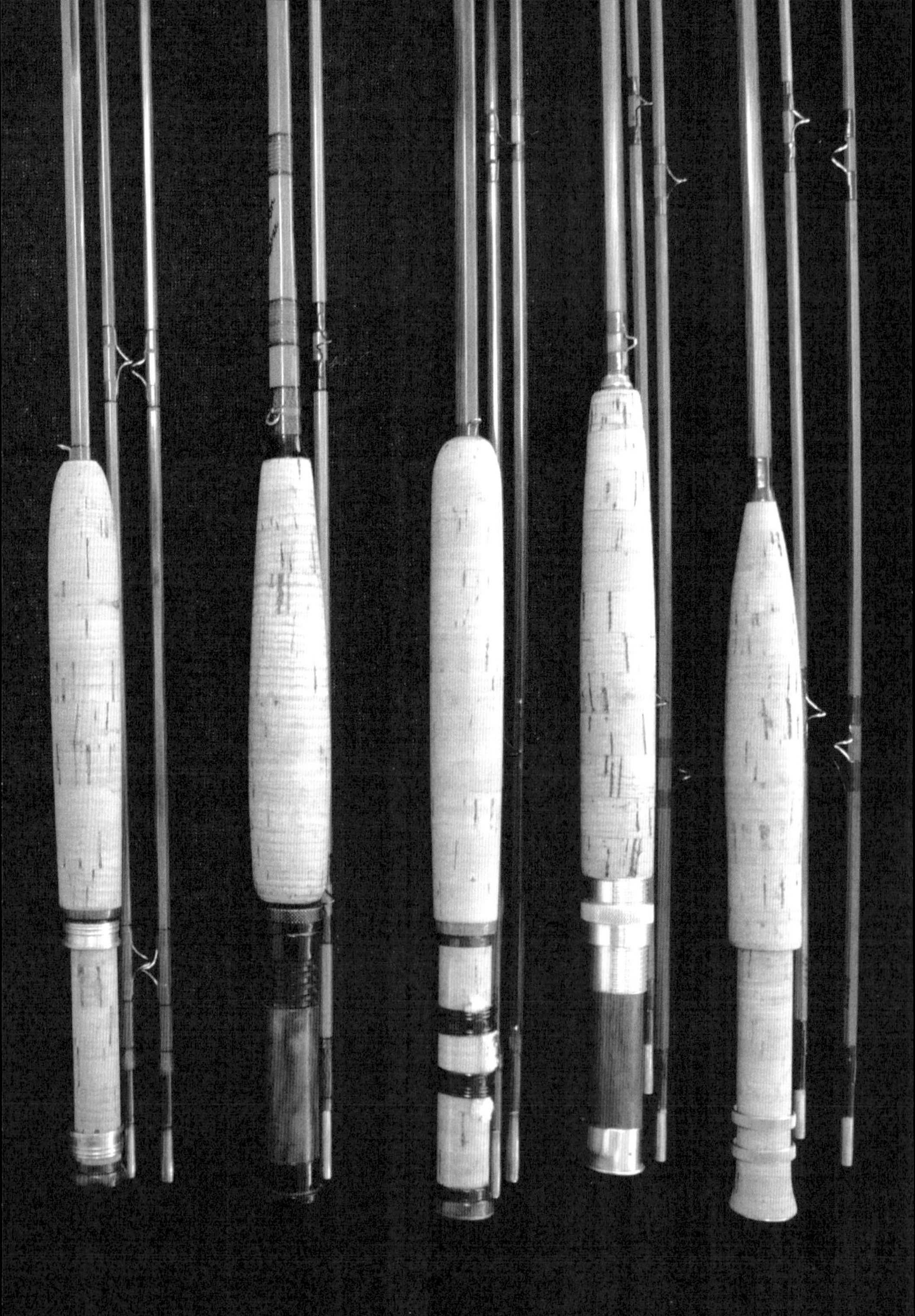

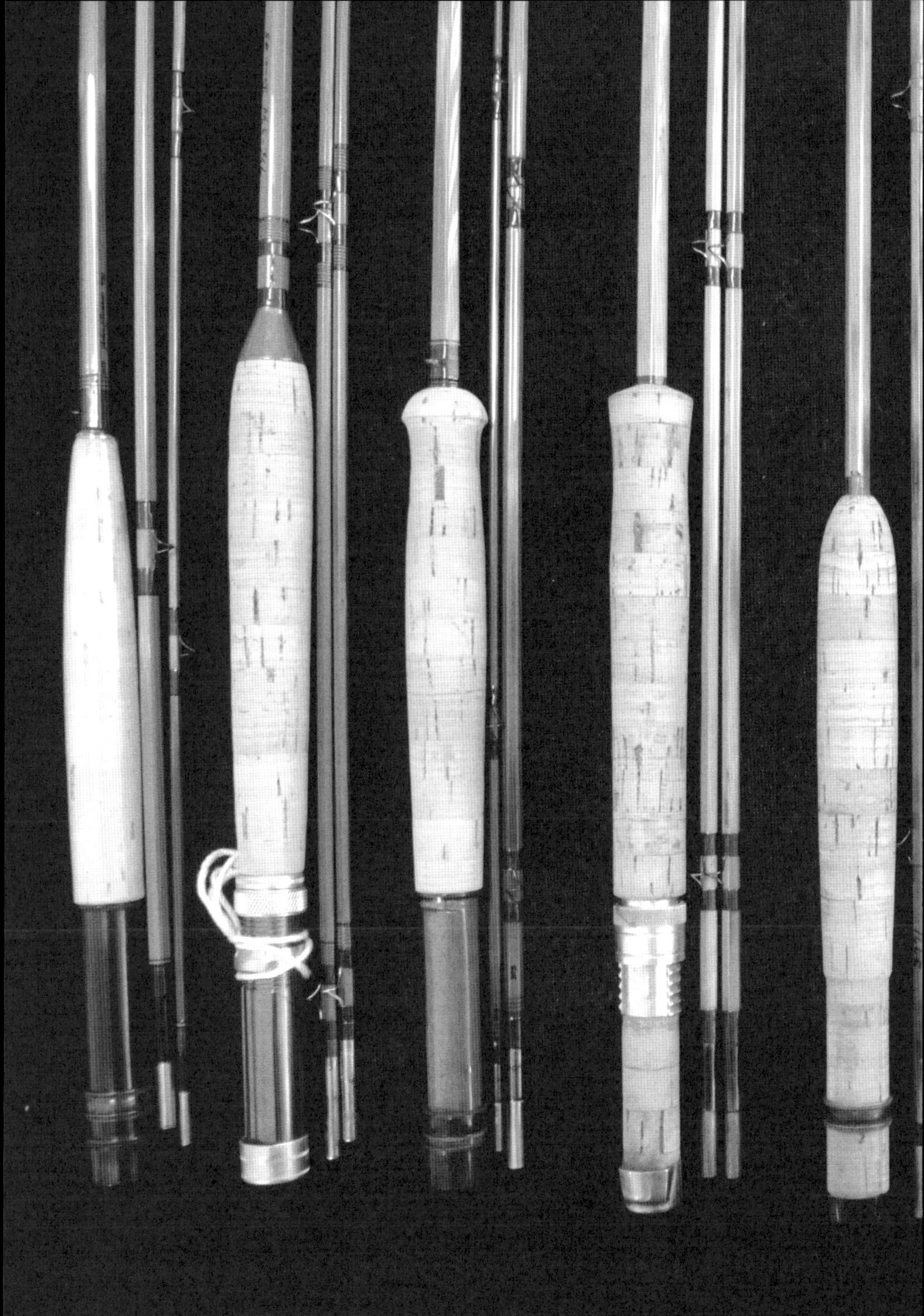

Chapter 05

自分のバンブーロッドを作ってみよう

マーク・ウェント

□ なぜバンブーロッドを作るのか

バンブーロッドの製作に関して、その実態を覆い隠すそうとする神話が多いけれど、それが本当なのかどうかを解き明かしてみたい。今までに手工具を使って何かをしたことがあって、しかもちょっとした忍耐力（道具を買ったり、道具を自分で作ったりすることに労を惜しまないものとして）があれば、自分のバンブーロッドは誰にでも作ることができる。

ロッド作りの第一歩は、必要な道具を手立てすることだ。ゴールデン・ウィッチ（Golden Witch）のようなワンストップ・ショップに出向けば、ロッド作りに必要な道具を全て揃えることができる。もしくは私がしてきたように、道具の大半を自前で作ることもできる。しかしこの選択肢は時間とコストがかかるため、結局最初から道具を購入する場合と同じになることは、事前に知っておいたほうがいいだろう。

先に申し上げておくが、バンブーロッドを購入するお金を節約するために自分のバンブーロッドを製作しようとするのであれば、それはまずもって無理だ。何百本ものロッドを作り、その中のいくつかを販売して、道具や設備に充てた費用でも稼がない限り、難しいだろう。では自分はなぜバンブーロッドを作るのかと言えば、まず手作業が好きで、バンブーロッドで釣りをすることが好きで、さらにロッド作りに必要な道具作りを楽しむことができるからだ。

□ 必要最低限の道具を用意する

必要な道具は、まずはしっかりしたブロック・プレーン（カンナ）だ。手始めにホーム・デポ（Home Depo）やローズ（Lowes）などで売っているスタンレー社のモデル9と2分の1のブロック・プレーンを入手しよう。そしてカンナの平面部をチューニングしよう。次にホック社（Hock）のブレードも購入しよう。リー・バレー・ヴェリタス社（Lee Valley-Veritas）が提供する研ぎ台のように、刃を固定して研ぐ道具も必要だ。常に同じ角度に刃を磨いてくれるので非常に便利だ。カンナには鋭い刃が必要となるが、そのためには研ぎ台といっしょに砥石が必要で、その粒度も上限は８０００グリットまでいろいろある。

竹を削る道具の次は、削る竹を支えてくれる台、ないし竹にテーパーを付けさせてくれる台が必要だ。つまりプレーニングフォームのことである。もし、幸いにもあなたに機械工の知り合いがいて、あなたが必要とする一連のプレーニングフォームを理解できるなら、その人に頼んで作ってもらうのも手だし、ゴールデン・ウィッチやコロラド・ブートストラップ（Colorado Bootstrap）、ロン・ブローベルト（Lon Blauvelt）、あるいは他の会社から購入することもできる。

フォームは必ずしも鉄製でなくてもよい。木製のフォームもある。先に述べた会社ではその両方を取り扱っている。バインダーも、ブランクを熱するための準備や糊付けやその他の目的で必要になるだろう。私自身は今までに機械を使った粗削りをしたことがないが、粗削り用のベベラーフォームもあればよい。これは割ったストリップに一番初めの60度角を付けるためのフォームだ。

絶対に必要だと思う最後の道具は、竹を熱するオーブンだ。市場にはそこそこ出回っている。コンピューター制御のオーブンだったり、熱対流型のオーブンだったり、ヒートガンを使用したりするオーブンだったりする。どれを選ぶかはあなたの財布との相談だ。私のように自作することもできる。

長さの正確な測定器も必要だ。というのはバンブーロッド作りでは、1000分の1インチの誤差までしか許容されないからだ。しっかりとしたダイヤル目盛りのカリパー（dial caliper／測径両脚器）で、1000分の1インチの精度で6インチまで測れるものが必要だ。また、1インチまで測れる台付きデプスゲージ（depth gauge）も必要だ。カリパーはストリップを計測するのに手軽で扱いやすく、またベベラーフォームの深さを決めるのに使用される。一方デプスゲージは、プレーニングフォームの溝の深さを設定するため、多くの人たちに使用されている。

他にはヒートガンないしアルコールランプ、中程度から細かい目のやすりを何本か、そして何種類かのグレードのサンドペーパー、それにストリップを貼りあわせるための接着剤がいる。

これらはバンブーロッドを製作するのに最低限必要な道具たちである。他の道具、たとえばロッドを乾かすキャビネット、旋盤、仕上げ塗装のためのディッピング・チューブ、ロッド・ラッパー、加えて各種工具、ないし電動工具があるとさらにいい。

□ 竹を割ってストリップを作る

素材の竹はどこで入手すればよいのだろうか？　全米で最も古い竹の輸入業者であるチャールズ・H・デマレスト商店（Charles H. Demarest Inc.）、これは東海岸の会社だ。西海岸のバンブー・ブローカー・カンパニー（Bamboo Broker Company）のアンディ・ロイヤー（Andy Royer）に頼んでも入手できる。ゴールデン・ウィッチ商店からも一本から竹を購入することができる。

購入した竹には、通常は一本の切れ目が入れてある。これは輸出業者が入れてくるもので、竹全体の乾燥を均一に進めるためのものである。ほとんどの竹は6フィートの長さだが、頼めば12フィートの長さで束にして届けてくれる。12フィートだと運送会社に頼んで配送してもらわなければならないが、6フィートであれば郵便局経由で配送が可能だ。

ロッドのテーパーを付けるために竹を削っていくわけだが、そのためにまず丸竹を割って6本のストリップ（竹片）を作り出さなければならない。その際、私は古い肉切り包丁を使用する。刃渡りを6インチ程度に詰め、バターナイフより少し刃が鋭い程度にしておく。あとは古い木槌を用意する。

まずは丸竹の一方の端の円形部分を均等に6等分し、印をつけておく。最初の切り込みは、業者が付けてきた乾燥用の切り込みのちょうど反対側に入れる。印をつけた部分に刃を当て、木槌で軽く叩いて亀裂を入れる。そして途中でツイストさせながら、刃物を下に押して竹を割っていく。節の部分では、刃が当たるとパンと弾けるような音がする。こうして最後まで刃を入れていく。

竹を2つに割ったら、次はそれぞれを3等分する。同じようにして6フィートある残りの竹も割って、ストリップにする。気を付けなければならないのは、気を抜くと小さいストリップに割るときに、幅がばらばらになってしまうことだ。当たり前だが、どのストリップもできるだけ同じ幅の方がいい。

6等分したストリップそれぞれを均等に4分割する。まず2つに割って、それをさらに2つに割る。真ん中を常に2つに割っていけば、両側に同じストリップができて、それぞれの幅がばらばらになるのを防いでくれるからだ。もちろん繊維の入り方により、幅が不揃いになることはある。

最初の大割りと同じ方法でこの小割りの最初の工程は行うが、その後はやり方を変える。つまり最初は刃を当てて切れ目を付けるが、すぐに刃物を使用せず、その後は手を使って割く。その方が、どのように竹へ切れ目が入っていくのかをコントロールしやすいからだ。

ストリップの先端を、両手の親指と人差し指や中指で摘み、徐々に外側に力をかけて割いていけば、割けていくスピードをコントロールできる。もし幅が乱れてきたら、太くなりそうな側に手でプレッシャーをかけて、割け目を真ん中に戻す。こうすることで次の節が現れるまでに幅の乱れが修正されることになる。この作業を繰り返し、最終的に24本のストリップを作り出す。

どうして24本もストリップが必要なのか。そもそも割いた時に思うようにストリップが取れないことがある。従って、予備を含めて準備する必要がある。それに竹には枝葉がつく節があって、その部分はロッド製作には使えない。また害虫による穴があったり、傷が付いていて使用できなかったりする。

2ティップロッドのティップには最低12本のストリップが必要で、バットには6本のストリップが必要となる。私は通常、竹の上部から作られたストリップをティップに使用する。逆に低い部分から作られたストリップはバットに使用する。竹の上部は一般的にパワーファイバーの密度が高く、バットより感度の高さが要求されるティップには、打ってつけの素材だからだ。ストリップ作りの全ての作業が終了したら、回転式のやすりで節の表部分やその裏側を削り、曲がり直しの工程に備えておく。

曲がり直しとノード処理

節削りの作業が全て終わったら、漂白剤を少量入れた水の中に最低5日は漬けておく。水に浸したストリップのほうが乾燥したストリップより曲がり直しが容易だからだ。

浸し終えたら、ブランクを真っすぐにする。ヒートガンでストリップが〝プラスティック〟状になるまで節の部分に熱を当てる。するとストリップは熱せられたところから簡単に曲がる。

熱したストリップを真っすぐにするために、私は2台のバイスを用意している。1台目のバイスには3つの小さなブロックを貼り合せてひとつの面を作り、その上に真ん中部分を除いて左右に2つのブロックを接着する。一方、3つのブロックで同じ面をもうひとつ作り、今度は真ん中部分にひとつだけブロックを接着する。できあがったバイスはちょうど凹凸のペアになる。そしてそのブロックをバイスの間に入れて、横への暴れの出方によりストリップのどちらかの面を下にして、締めていくことで矯正していく。

横の暴れが矯正されたら、2台目のバイスを使ってノード（節）部分を竹の内側に押し込んで平らにする。このバイスには片面にV字の溝が掘られており、バイスを締めていくとノードが押し込まれていく。全てのノードが真っすぐに矯正され、フラットになったら、ストリップ全体を見渡してみる。ノードとノードの間の部分にまだ曲がりが見つかったりするので、それも全て矯正しなければならない。

真っすぐに矯正する作業が終了したら、ノードの突起をやすりで削り落とす。すでにノードを押し込む作業をしているので、削り落とす部分は少なくてすむ。もしノードを押し込んでいなければ、そこを削り取ってサンディングするのに相当時間がかかるだろう。またノードを押し込んだほうが、押し込まずに突起やふくらみへ直接やすりをかけるよりも、残る部分が小さくて済む。

□ 粗削りと調整削り

さて、ここからお楽しみの始まりだ。まず、ストリップの片側に30度の傾斜をつける。私はメープル材のブロック―長さ24インチ、縦横1インチを用意して粗削り用の短めのフォームを作っている。片側に30度角、残りに57度角をつけて、二つを合わて87度の溝を作ってある。

粗削り用フォームの30度角に合わせてストリップのエナメル質側の面を乗せ、上に出た部分をプレーニングする（カンナで削る）ことで、ストリップにはフォームと平行な面ができる。つまり、ストリップの削った面とエネメル質面の角度は60度になる。全てのストリップに同じ作業を実施しよう。

次にテーパーを付ける直前の、正確な角度付けを行う。私はこのために、テーパーは付いていないが、調整は可能なフォームを別途用意している。フォームの溝は、その後焼入れに使用する取り付け具にフィットするよう、0・195インチの深さにしてある。さきほどカンナをかけたストリップをフォームに乗せ、角度のついた面を溝にいれ、上に出た部分をプレーニングしていく。

正確に60度のストリップを削りだすには、3～4回に一度の割合でプレーニング面をひっくり返すとよい。間違ってもエナメル面を削らないように。プレーニングするのはストリップの両側のみだ。ストリップを頻繁にひっくり返すのには二つの理由がある。一つは、両側を同時に同程度削りたいから。そしてもうひとつの理由は、そのほうがストリップの60度角を保ちやすいからだ。

全てのストリップが60度角に削れ、そして全てのストリップの高さが0・195インチになったなら、フォームの溝を狭めていく。そうすることで、上を向いているエナメル部分がフォームからせり上がってくる。そうしたら手製の一枚刃カンナでエナメル質を薄く落としていくが、注意しなければいけないことは、フォームの上でカンナを水平に保つことだ。こうすれば最終的なテーパーを削る際にストリップの60度角を保ちやすい。

ビルダーによっては仕上げ削りの段階までこのような調整削りを行わないが、私にはこの方法がやりやすい。技術的な好みで、必ずしもこの順番でなければいけないということはない。

□ ノード回し

ストリップに60度の斜角が付けられたら、次にノードを交互に組む作業が控えている。私の場合、ノードの調整はスパイラル方式（ロッドを眺めたとき、ノードが螺旋状にストリップに配置されている）か、2—2方式（ロッドを眺めたとき、ノードがストリップの相対する面で同じ位置に配置される）を採用している。

スパイラル方式では、ノードの位置を横一線に合わせてストリップを置く。次に、並んでいる2番目のストリップを1番目のストリップから1と2分の1インチだけずらす。同様に3番目のストリップを1番目のストリップから1と2分の1インチだけずらす。そしてそれを6番目のストリップまで続ける。同様のことをバット部分でもティップ部分でも行う。

2—2方式も最初は同様にストリップを並べる。しかし今度は2本同時に動かすことになる。1番目のストリップと4番目のストリップを対で残し、2番目と5番目のストリップを2インチほど上下どちらかにずらす。次に3番目と6番目のストリップを、2番目と5番目のストリップよりさらに2インチずらす。

スパイラル方式の場合、ロッドの向き合うストリップ面でノードが同じ位置に来ることはない。２—２方式の場合は、ロッドの何箇所かで、向き合うストリップの同じ位置にノードが来る。しかしあくまでも反対側に来る。

ノードの位置が決まったら、ストリップの長さを測って、両側を大まかにカットする。フェルールないしロッドティップの位置から６インチ以内にノードが来ないように注意する。作業を容易にするため、ストリップの両側合わせて６インチほどの長さを余らせておく。

全長７フィート・２ピースのロッドを製作するなら、通常ストリップの長さは、ひとつが42インチとなる。ただし私の場合は、ストリップの長さを48インチにカットする。ストリップを接着して糸で巻き上げる時に、糸を巻く分の余裕を持たせられるからだ。

□焼き入れ

次はストリップに焼き入れをする。バインダーと六角固定治具《ジグ》を用意する。固定治具は６本のストリップを同時にまとめて支えてくれる金属棒で、２ピース・２ティップのロッドを製作する場合はこれを３本使用する。その断面は、中心から雪の結晶のごとく６本の枝が出ているように見える。ストリップを六角固定治具にはめ込み、バインダーをくぐらせて、タコ糸をしっかりと巻きつける。

私の場合、六角固定治具とコンピューターでプラスマイナス１度の範囲に温度を調整できるオーブンを使用しているので、決められた様式に従って焼き入れを行う。オーブンが冷めている時点でストリップをはめ込んだ六角固定治具を中に入れ、華氏３５０度（摂氏１７６度）まで温度を上げる。

摂氏350度まで温度があがったら、タイマーを30分に合わせる。30分を知らせるタイマーの音が鳴ったら、オーブンの温度を華氏225度（摂氏107度）まで落とし、次にタイマーを1時間に合わせる。1時間経過したら六角固定治具は取り出し、オーブンの蓋をして室温になるまで冷ます。

私はこのやり方でストリップを焼き、乾燥させている。この結果、バンブーは濃いハニーブロンドの色調となる。

□ 仕上げ削り

ここからがバンブーロッドの製作過程全体で最も重要なフェーズだ。ロッドの仕上げ削りには正確さが要求される。削っている最中に動かないように、私はプレーニングフォームを3台の滑り止めブロックの上に設置する。次にデプスゲージを使用して、プレーニングフォームを5インチごとに正確な深さへ調整する。

通常この作業では同じ箇所を3回も4回も計測しなおす。なぜならば、1箇所を調整すると、その両側にある箇所の深さにも影響を与えるためだ。

深さがきちっと調整できたらいよいよ仕上げ削りだ。ストリップのエナメル質があった面を溝の片側に合わせるように置く。そしてストリップの両面をそれぞれ4、5回削る。ストリップの斜角を60度に保つよう、カンナの底がプレーニングフォームと平行であることに注意を払うことが必要だ。削りが進むにつれ、斜角を失わないように削るたびにストリップの面をひっくり返して作業する。

削りの最終段階の手前にきたら、ストリップをプレーニングフォームから降ろし、削りが充分かどうか、5インチごとにカリパーを使ってストリップの幅を計測する。設定値の0・005インチ以内に達したら、あるいは最終段階に達したと判断したら、カンナではなくスクレーパー（削ぎ刃）を使って余計な部分を削ぎ落とす。これを2ティップロッドの場合、18本のストリップ全てで繰り返す。

この一連の作業にはおおむね8〜10時間かかるが、この部分は少し丁寧に行いたいので、充分時間をかける。ストリップがこれ以上削れなくなったら、ほぼ完成としたと見てよい。もう一度そのストリップを計測しなおし、テーパーが要求する数値よりも太い部分があったなら、その部分に当るプレーニングフォームを調整し、再度これ以上削れないところまで削る。

□ストリップを接着する

ただの竹片がロッドらしい外見になってきた。バインダーを準備して、バットと2ティップのストリップをそれぞれ糊付けする作業に入ろう。まず、順番に注意してストリップをまとめ、六角形のセクションを作る。ストリップが捻じれないように、6インチ間隔でテープを使用して貼りあわせる。次に、3番目と4番目のストリップの間のテープに切れ目を入れ、ストリップの山側を上にして平らな作業台に並べる。

ストリップを貼り合わせるには、私はエポキシ樹脂（epon resin）を使用している。これは接着力が強く長期間にわたる使用に耐える。2種類に分かれているエポキシ剤を適切な分量で混ぜ合わせたら、古い歯ブラシを使ってそれをストリップの裏面（山の両サイド）に塗っていく。華氏75度（摂氏24度）ならポットライフ（硬化が始まるまでの時間）が1時間あるので、急ぐ必要はない。

接着剤がストリップの裏面全体にいきわたったら、再び六角形に巻き戻し、バインダーを通す。バネが締め具のように働き、貼りあわせた六角のストリップを糸で螺旋状に往復巻き上げてくれるので、セクション全体を均一に締め上げた状態となる。他の2つのセクションも同様にバインダーをくぐらせる。

次は、接着剤を拭き取るのだが、ここがエポキシの便利なところだ。スポンジに変性アルコールを浸み込ませ、セクションの外側にはみだしている接着剤を取り除く。

□ 接着剤を取り除く

糊付けやバインディングを通じて生じた曲がりやクセなどは、この時点で修正しておく。作業机の上に広げた新聞紙にそれぞれのセクションをのせ、両手をセクションの真ん中に置く。そしてセクションを回転させながら、両手をセクションの両端に移動させていく。そうすることで大半の曲がりは直せてしまう。さらにセクションを手で真っすぐにし、先の回転で直しきれなかった曲がりを修正する。

バインドした糸のループを乾燥キャビネットにかけて、どのセクションも一晩乾かす。翌日乾燥キャビネットから取り出したら、巻いてある糸を外し、接着剤を最後まできれいに取り除く。私の場合、セクションを作業台の上にのせて、一枚刃のカッターで削ぎ落としていく。エポキシ接着剤はまだこの時点では弾性が残っていて、それを取り除く作業は意外に簡単で、短時間に終わる。

ここで2つの選択がある。室温にもよるが、1、2週間かけて接着剤をゆっくり硬化させるか、またはオーブンを使って早く硬化させるのか。私はどちらかといえば気の長いほうだが、オーブンを持っているのなら、それを使って工程を早めたほうが合理的だ。各セクションを再度バインダーに通して糸をかけるが、前回よりもきつめに締め上げる。そうすることで、接着剤の線が浮いて見える場合、オーブンの熱が接着剤を少し軟化させ、ストリップの接着をより強固なものとする。オーブンの温度を華氏212度（摂氏100度）

まで上げて、セクションを2時間ほど入れておく。終了したらセクションが室温と同じになるまで置いておき、それから糸を外す。熱で緩んだ接着剤が再び硬化して固着するまで、糸は外さないことだ。

すっかり固着したら糸を外し、残った接着剤を全て除去しよう。付着している接着剤の厚みによって、いくつかの方法がある。私の場合、600番のサンドペーパーを貼ったブロックと、先に出てきた一枚刃のカッターを使用する。

硬化した接着剤の大半を除去するために、私は一枚刃のスクレーパーを使用して、セクションの各面を何往復かする。スクレーパーで落としきれない頑固な接着剤の塊は、サンドペーパーを貼ったブロックで削る(サンディング)。こうすれば表面をあまり多く削り取ってしまわないですむ。サンドペーパーをブロックに貼り付けずに直接手で持ってかけることはしない。なぜならセクションをフラットに削ることができないからだ。

□ ロッドの各セクションをカットする

サンディングが終わったら、次は各セクションを一定の長さにカットする。

カットする長さを決めるにはちょっとした算数が必要だ。重要なのは、ロッドの各セクションの最終的な姿、つまりフェルールやトップガイド、グリップやリールシートが装着された状態で、想定した長さになってくれることだ。たとえばトップガイドをつけた先端がどの程度の長さになるのか、あるいはオスとメスのフェルールの中心部の厚さ、オスの勘合部の長さ、メスの勘合部を受ける側の深さ、そしてリールシートのエンド部分の厚さなどを知っておく必要がある。

典型的な7フィートのロッドなら、フェルールなどのハードウェアを装着して、各セクションの長さを42

インチに揃えたい。だとすれば、テイップセクションは42と16分の1インチに、そしてバットセクションは41と32分の17インチにカットする。

このわずかな違いは、テイップセクションにあるオスのフェルールが、バットセクションについているメスのフェルールに滑り込むからだ。これが3ピースロッドなら、計算はより複雑になる。

各セクションを必要な長さにカットしたあと、それを取り付けるフェルールの深さを測る。この長さをセクションにマークし、さらにそのマークの内側にフェルールの切れ込みの長さをマークする。

セクションを旋盤に固定し、フェルールがあまりきつくない程度にきちっと装着できるよう先端部分にサンドペーパーをかけていく。フェルールはぴったりと装着したいが、なかの接着剤を押し出してしまうようではいけない。

□フェルールを取り付ける

ロッドの全てのセクションにフェルールを取り付けてみる。フェルールはロッドのスプライン（曲がる側面＝スパイン）を見つけるのにとても役立つ。バンブーのブランクには必ず、いずれかの面よりも硬い側面がある。通常はそれと正反対に位置する面にガイドを取り付ける。

平らな場所にフェルールを置き、ティップの先端側を左手で押さえ、右手をセクションの真ん中に添える。非常に軽い力で、セクションを押さえつけながら、回転させてみよう。すると曲がりやすい側面がすぐにわかる。押さえて回転させることで、反発してくる側面があるからだ。どちらの側面にスプラインがあるのか分かったら、その端に印をつけておく。

ここからいよいよハードウェアを装着する作業に入っていく。旋盤にバットセクションを固定させたら、木製のリールシート（フィラー）が装着できるまでサンディングする。

私の場合はＵ―40のロッド向け接着剤を使用して、コルクグリップを含めたハードウェアを接着する。リールシート止めを付け、次に木製のリールシートを印の付いたスプラインのある側にあわせて装着する。トップガイドもスプラインの側に合わせて滑り込ませ、接着する。

一晩おいて接着剤を硬化させたら、セクションのフェルール装着部に接着剤を付け、フェルールを接着する。フェルールがはめられたら、いったん全てのセクションを並べ、金属棒を使ってフェルールのスリット部分を平らにする。次にバイディング・コードでフェルールの根元をロッドにしっかりと巻き上げ、フェルールが接着後もセクションに対してまっすぐ装着されるようにする。ここでも一晩おいて、翌日コードを外し、フェルールの周りに付いた接着剤を取り除く。

□　パーツを取り付ける

フェルールの接着作業と同時に、厚さ2分の1インチのコルクリングを貼り合せてグリップを作っておく。トラウトフィッシング向けのロッドなら、13ないし14個のコルクリングを使用して、6と2分の1インチないし7インチのグリップに仕立てる。

コルクリングをマンドレルに差し込んで、タイトボンドⅡという接着剤を使用して一晩おく。接着剤が硬化したら、マンドレルを旋盤にはめ込み、紙やすりでハーフウェルやフルウェル、シガーその他自分が望む形状へとコルクを削っていく。自分の思う形ができたならば、最後に６００番の紙やすりを使って滑らかな表面になるようにに仕上げ削りを行う。次にマンドレルからグリップを丁寧に外し、ロッドに取り付けられるようグリップの中心の穴を広げる。

もしワインディングチェックを取り付けるのなら、バット部分のフェルールがその穴を通るかどうか、フェルールを取り付ける前に確認しておこう。私がなぜこんなことを言うのか皆さんお分かりでしょう。ロッド向けU―40の接着剤を使用して、グリップとワインディングチェックをロッドに固定する。

続いてフェルールのオスとメスのすりあわせを行う。一般的にオスのほうがやや大きめに作られているので、オスとメスがぴったり合うように少し整形しなければならない。

フェルールの装着感は人によってそれぞれ好みが異なる。私は約8分の1インチほどオスが残る程度が好きだ。というのは、フェルールが磨耗してきても、タイトな状態を長く保ってくれるからだ。再びティップ部分を旋盤に固定し、宝飾向けの質の高いやすりを持って、少しきつめだがメスにフィットするまでオスを削る。

1000番のサンドペーパーを使って、やすりで生じたムラを取り除き、さらに2000番のサンドペーパーを使って1000番でついたムラを取り除く。そして0・5ミクロンの艶出し用の研磨紙を使って、フェルールの最終仕上げを行えば、最後は鏡のように輝いたフェルールと素晴らしい装着感が得られる。ロッドを外すときはフェルールから「ポン」という音がするだろう。

□ ブランクを塗装する

必要なハードウエアを取り付けたら塗装の番だ。仕上げまでの工程が楽だからという理由で、私はガイドのラッピングをする前にブランクを塗装してしまう。

私の塗装の方法は筒の中にロッドを吊り下げるドブ浸けだ。筒の底にはバルブが備えられている。ロッドのどの面も筒の中で均等に浸かるように、筒の上下には止め具があって、ロッドが筒の内側に触れない仕組みになっている。ロッドを筒から取り出すのも止め具があれば簡単だ。

ロッドをドブ浸けしたら、底にあるバルブを開いて1分あたりおよそ1～2インチのスピードで塗装液が流れ出るように調整する。筒の中の塗装液が一定の速度で下がっていくことで、ロッドにまとわりついた塗装液の液垂れの痕跡が残らずにすむ。もしわずかなゴミや空気泡も残らなければ、それはそれは完全無欠な美しい塗装に仕上がるはずだ。

もしガイドが取り付けられた状態でディップすると、塗装液が各ガイドのところへ来るたびに作業を止めて、ガイドの中に張ったコーティング材をとらねばならない。ガイドをつける前なら液垂れもなく、素早く塗装を仕上げられる。

ティップセクションは都合3回、バットセクションは都合4回の塗装を行う。塗装のたびに乾燥キャビネットに入れて一晩乾かす。塗装と塗装の間は必ず、0000番のスティールウールでブランクの表面を滑らかにする。初回の塗装の後は、特に竹のざらっとした表面を滑らかにするのが目的だ。

最後の塗装が終了したら、まずは1000番のサンドペーパーで表面を擦り、次に2000番で同様の処理をする。表面にわずかな突起物も残さないためだ。そして最後に3M社製のパーフェクト・イット(Perfect-It)コンパウンドを使用してサンドペーパーによる痕跡すら残らないよう、最終仕上げを行う。

□ ガイドを取り付ける

さていよいよガイドの取り付け作業にかかろう。クラシック・テーパーのロッドを製作するなら、メーカーの指定する間隔でガイドを取り付ければよい。もし新しいオリジナル・テーパーを目指すなら、ガイドをテープでいったんロッドに取り付け、ラインを乗せて試し振りをしてみる。そして納得がいくまでガイドを移動してみることだ。いろいろと考え方はあるだろうが、ともかく始めてみなければ分からない。

ガイド位置が決まったなら、ロッドブランクに印を付けておく。次回以降の製作を考えて、大きな紙を用意してガイド位置に印を付けて保存しておく。テープで止めておいたガイドを全て取り外し、ロッドの表面をきれいにする。ここからが本当の最終仕上げだ。

私はスネーク・ブランドのガイドとペアサルのシルクスレッドを使用する。スネーク・ブランドのガイドは工場出荷段階で99・9%使用できる状態にある。装着前に手を加えなければならないところはほんのわずかでしかない。ペアサルのシルク糸も大好きだ。色に深みがあって、非常に柔らかい。

※訳注：この章で紹介した製作方法はあくまでもマーク・ウェント氏のやり方です。方法や手順、工具や機械類、接着剤やバーニッシュなどの素材を含め、バンブーロッドの製作方法は個人によって異なります。

Chapter 06

インプリ仕上げか、バーニッシュ仕上げか

ケン・スミス

□ インプリグネーテッド・ロッドって何だろう

バンブーロッドの世界では、インプリグネーテッド・ロッド（樹脂に浸したロッド＝以下インプリロッド）の話題となると常にヒートアップする。グラファイトロッドのことを悪く言うバンブーロッドの愛好家は、お高く止まったスノビッシュな人間に見えるだろう。インプリグネーテッド・ロッドの話もまさに同じだ。

ハード・コアなバンブー愛好家の中にはインプリロッドを〝プラスティックロッド〟と呼んでけなす人間がいる。そもそもインプリロッドって一体何だろう？　なぜそんなに騒ぐ必要があるのか？

インプリロッドとは、バンブーを防水にする、あるいは湿気から守るために、レジン（樹脂）に浸されたバンブーロッドであるということを覚えておいて欲しい。

同じ目的のために竹の表面を塗装した伝統的なバンブーロッドと異なり、インプリロッドでは竹の内側

までプロテクトされている、あるいは少なくとも竹の表面から何層かまではプロテクトされているといえる。

インプリロッドの製作方法としては、オービス社（Orvis）のように接着したブランクをレジンにしばらく浸けて浸透させる方法や、真空な状態の中で強制的に浸透させる方法などがある。これにより、バンブーの外側ではなく内側に塗装がされ、水を全く通さない耐水ロッドができあがる。ご存知の通り、湿気はバンブーロッドの大敵だ。

□インプリロッドの祖、オービス社

バンブーロッドの世界には神話が多いが、インプリロッドに関する神話もかなりある。たとえばインプリロッドはバーニッシュロッドより重いのではないか、したがってアクションも伝統的なロッドに比較すると抜けが悪いのではないか。この二つの話題はよく取り沙汰される。

もしインプリロッドが樹脂の影響を無視して伝統的なロッドと同様に設計されているのであれば、たしかに神話の言うとおりかもしれない。しかしロッドメーカーが最初からインプリグネーテッドの影響を考慮してロッドを製作しているのであれば、パフォーマンスは伝統的なロッドと何ら変わらないはずだ。

インプリロッドにも立派なメーカーが存在する。まずオービス社が最もよい例だろう。

オービス社はインプリロッドをきっちり製造している会社だ。私はこれまでバーニッシュロッドやインプリロッドなどいろいろなメーカのものを使用してみたが、結局オービスのバンブーロッドが好きだというところにたどりついた。なぜオービス社を例に出すのかといえば理由は二つある。

ひとつは、オービス社は最も軽いバンブーロッドを製造しているということ、もうひとつは今日まで最も長く生きながらえているメーカーであることだ。

もし重いロッドを作り続けていたらオービス社は生き残ることができなかっただろう。オービスの8フィート半、6番ライン向けのバンブーロッドを持っているが、重量は4と8分の1オンスであって、同じ長さで同じ番手のいかなる伝統的なバンブーロッドよりも軽く、また同じ長さと番手のグラファイトでできたマルチピースロッドと比較しても、重さに遜色がない。

オービス社の作る8番や9番など高番手のバンブーロッドは、他のメーカーの6番向けのロッドと同程度の重量しかないことで有名だった。

1930年代後半にオービス社に採用されたウェス・ジョーダン（Wes Jordan）が、当時不可能と言われていたインプリグネーテッドの方法を開発した。

1946年になるとオービス社はバーニッシュロッドからの撤退を開始し、1948年には全てのモデルラインをインプリロッドに変更した。そして今でも昔から引き継いだ方法でロッドを作り続けている。ジョーダンが設計したインプリロッドはまさにオービスの名前を不動のものとした。

□　インプリロッドのメーカーたち

オービス社以外ではフィリプソン社のビル・フィリプソンがインプリロッドを手がけていた。フィリプソン社の歴史で見れば後半にあたる時代のことだ。

同社の7フィート半のインプリロッドである「ピアレス（Peerless）」を使ってみるとわかるが、しゃっきりしたファストアクションに仕上がっている。ポケットウォーターの流れでピンポイントにドライフライを投げ込むようなシーンにふさわしい、キャッツキルでよく見られる短くてファストなアクションだ。

オービス社がインプリロッドで賞賛を浴びるようになると、多くのメーカーが追随し始めた。そしてそのような会社も自分たちの市場シェア以上に評価を高めていった。

1940年代にグレンジャー社（Granger）のロッドを復活させたライト&マクギル社（Wright & McGill）も、バンブーロッド作りの歴史では最後のほうでインプリロッドを製造した。「ウォーター・シール（Water Seal）」と名付けられたこのモデルは、他社のインプリグネーテッドよりは少し重量があった。

五角形のロッドで知られるネイサン・ユスラン（Nathan Uslan）は、自分のモデルにインプリグネーテッドとバーニッシュの両方を用意していた。

有名なH・L・レナード社も「デュラケーン（Duracanes）」と名付けられたインプリロッドのシリーズを出していた。釣り人からの評判は高く、ビンテージ市場でも近年は値が張るようになってしまった。ただしこのロッドはレナードのショップで作られたものではなく、スコットランドのシャープ社（Sharpe）製であることは巷ではあまり知られていないようだ。

トーマス・ドロシー（Thomas Dorsey）とトーマス・マックスウェル（Thomas Maxwell）がトーマス&トーマス（Thomas & Thomas/T&T）という商号で1970年代にバンブーロッドを製作し始めたとき、一番初めに出したのはインプリロッドだった。トーマス&トーマス社はバーニッシュロッドと並行して今でもインプリロッドを製造している。インプリロッドといえば、必ず名前の出てくるメーカーだ。オービス社と同様で最も軽いバンブーロッドを製造しており、アクションもシャープだ。

サーモンフィッシング・ロッドとなると誰もが重量のあるロッドをイメージするだろう。しかしトーマス&トーマス社は、5オンス（約141グラム）もないサーモンロッドを提供している。

□ 現代に受け継がれているインプリロッド

ここで、バンブーロッドとグラファイトロッドの重さを比較してみよう。実は9フィート8番のグラファイトロッドでも5オンスに達することがある。たとえばオービス社製グラファイトロッドのTLSモデルの重量は9フィート8番で4と8分の7オンスだが、トーマス&トーマス社のサーモン向けのインプリロッドは8フィート半8番手で同じ重量だ。

最近のロッドビルダーでもインプリロッドを提供している人がいる。最近人気が出てきたマーク・ルー（Mark Ruhe）や、モントリオール在住のテリー・アークランド（Terry Ackland）などがそうだ。ブルックサイド・ロッド・カンパニー（Brookside Rod Company）のゲイリー・ダブロウスキー（Gary Dabrowski）や、ロン・キューシー（Ron Kusse）も出している。

もしインプリロッドに関するマイナスの神話が正しいのであれば、オービス社は、あるいはトーマス&トーマス社はロッドメーカーとして成功していなかっただろう。ウェス・ジョーダンの開発により何千本というオービス社のインプリロッドが世間に出まわっているが、今でもビンテージロッドのカタログに掲載されるとすぐに売れてしまう。イーベイでも同様だ。

もしインプリロッドに優位点がなければ他のメーカーも追随しなかっただろうし、現代のメーカーまでその製法が引き継がれることはない。読者の皆さんは巷で言われている神話にくみすることもできるし、自らがインプリロッドを購入して自分なりの意見を持つこともできる。

いくら水に強いからといって、インプリロッドもメンテナンス不要ではない。それなりの手入れは必要だ。手入れや管理となるとバンブーロッドは面倒な点がいくつかある。たしかにグラファイトロッドよりは少し気を使わなければならない。

バンブーロッドでは水とブランクの境界を分けるのは、幾重にも塗られたバーニッシュの層だ。以前のバーニッシュでは水が浸み込んでバンブーロッドを駄目にしてしまうことがあったが、スパー・バーニッシュか最近のウレタンであればそのような問題はないだろう。

バーニッシュ仕上げのロッドの場合、見落とすほど小さくても塗装に剝がれた部分があったら、ロッドを保護する役割を果たさなくなってしまう。使用しているうちに剝がれた部分が徐々に大きくなり、何シーズンか使用すると、ロッド全体を再塗装しなければならなくなる。

もし自分でレストアや再塗装ができなければ、専門家に頼まなければならない。そしてレストアを手掛ける人によって、バーニッシュロッドは時としてその見た目と性格が大きく変わってしまう。しかしインプリロッドであれば、そのような問題は初めから存在しない。

□ インプリロッドの日常メンテナンス

日常の湿度であれば、インプリロッドは釣りから戻ってきたあと、そのまま放置しておいても問題は発生しない。とはいっても古いタイプのインプリロッドにはタングステンのガイドが付いていて、クロームメッキのガイドとは異なり錆びていることが多々あるため、新しいガイドに取り替える必要が出てくる。

もしあなたがグラファイト製のロッドのガイドを取り替えることができるのであれば、インプリロッドのガイドも苦労なく取り替えることができるはずだ。インプリロッドの仕上げは外側の塗装ではなく、内側に施されているため、心配しなければならないのはガイドの脚のラップに何を塗るのかだけだ。

インプリロッドでもバーニッシュロッドと同様に、同じような状況下で曲がりが発生する。違いといえばインプリロッドの曲がり癖を取るほうが、少し手間がかかるということだ。ブランクをドライヤーで温めて癖を取る手順は一緒だが、インプリロッドのほうが少し時間がかかる。

気をつけて欲しいのは、温める温度を高くするのではなく、温める時間を長くするということだ。あまり高い熱をあてると、インプリロッドもバーニッシュロッド同様に駄目になってしまう。

ただインプリロッドでは、曲がりの生じた箇所がガイド部分にかかっていなければ、バーニッシュロッドでの場合のように、表面の塗装部分を取り除く必要がない。

□　インプリロッドの汚れとり

インプリロッドもバーニッシュロッドと同じく、表面をきれいに磨いてあげる必要がある。バーニッシュロッドではトリポリ石や目の細かいグリット研磨が必要だが、インプリロッドは拭き磨きで元の輝きを取り戻すことができる。

私の場合、古い綿製のおむつを使っている。片手でおむつをきつく持ち、その中にロッドを走らせる。数分後にはロッドに輝きが戻り、汚れは布側に移っている。フライラインの汚れをとる方法と同じだ。

ガイドをラッピングしてあるバーニッシュ部分もこの布で磨けばいい。息を吹きかけて少し湿気を与えてから擦ると、ほとんどの場合でバーニッシュの輝きが戻る。ひどい汚れは磨き剤を使ったほうが良いかもしれない。私は緑色の缶に入っている「タートルワックス（Turtle Wax）」を使っている。指先を濡らしてワックスを指に取り、ラップ部分に塗りつけ、それを柔らかな綿で拭き取る。すると新品の状態に戻る。

□インプリロッドを自分で組んでみよう

バンブーロッドを手にしたいが、初期コストがかかりすぎるというのなら、インプリグネーテッドのロッド・ブランクを手に入れて自分でロッドに組上げる方法がある。

リールシート、グリップの順に装着し、次にガイドをラッピングし、仕上げるだけだ。ブランクをタンクでドブ付けする必要はないし、スプレーをするためのブースもいらない。最終塗装を繰り返して、その都度拭き上げる手間も必要ない。

ラッピングの上からスパー・バーニッシュを5、6回薄く塗り、塗るたびに毎回72時間ほど乾燥させれば終了だ。乾燥時間の少ないウレタンを使用するのであれば、短時間でロッドを完成させることができる。

またフレックス・コート・ライトを使って上手にラップ部分を塗装しているロッドもあり、バーニッシュとの違いがほとんどわからないほどだ。

1ティップでフェルールの取り付けられたインプリグネーテッド・ブランクであれば、ディーラーから200ドルで購入できる。2ティップだと400~450ドルで販売しているディーラーもいる。

有名な大手どころのグラファイト・ブランクと同程度の金額を出せば、誰にでもバンブーロッドで釣りができる。自分で完成させればいい。ぜひ試してみて欲しい。

インプリグネーテッドロッドは比較的安価だが、アクションに問題があるわけでもなく、またブランクに二級品を当てているわけでもない。メーカーはインプリグネーテッドという特徴を活かした設計を施し、テーパーを損なうことなく、よいロッドに仕上げている。

0・8ドルから買えるバンブーロッドを製造していたホックス&イボットソン社は、いろいろな種類のバンブーロッドを販売していた。その中にはたしか「カナダ・クリーク」という名前の、バーニッシュ仕上げを施されたインプリグネーテッドロッドもあった。

このロッドは同社の品揃えの一環という意味合いが大きかったが、当時はインプリグネーテッドロッドが導入されたばかりで、釣り人側もまだ半信半疑であったのは事実だ。カルカッタケーン全盛期にトンキンケーンが受け入れられなかったのと同様の傾向だ。ユーティス・エドワーズ(Eustis Edwards)などはトンキンケーンに火入れして、ロッドをあたかもカルカッタケーン製のように見せかけて販売したりしていた。

(サンテ・L・ジュリアーニ)

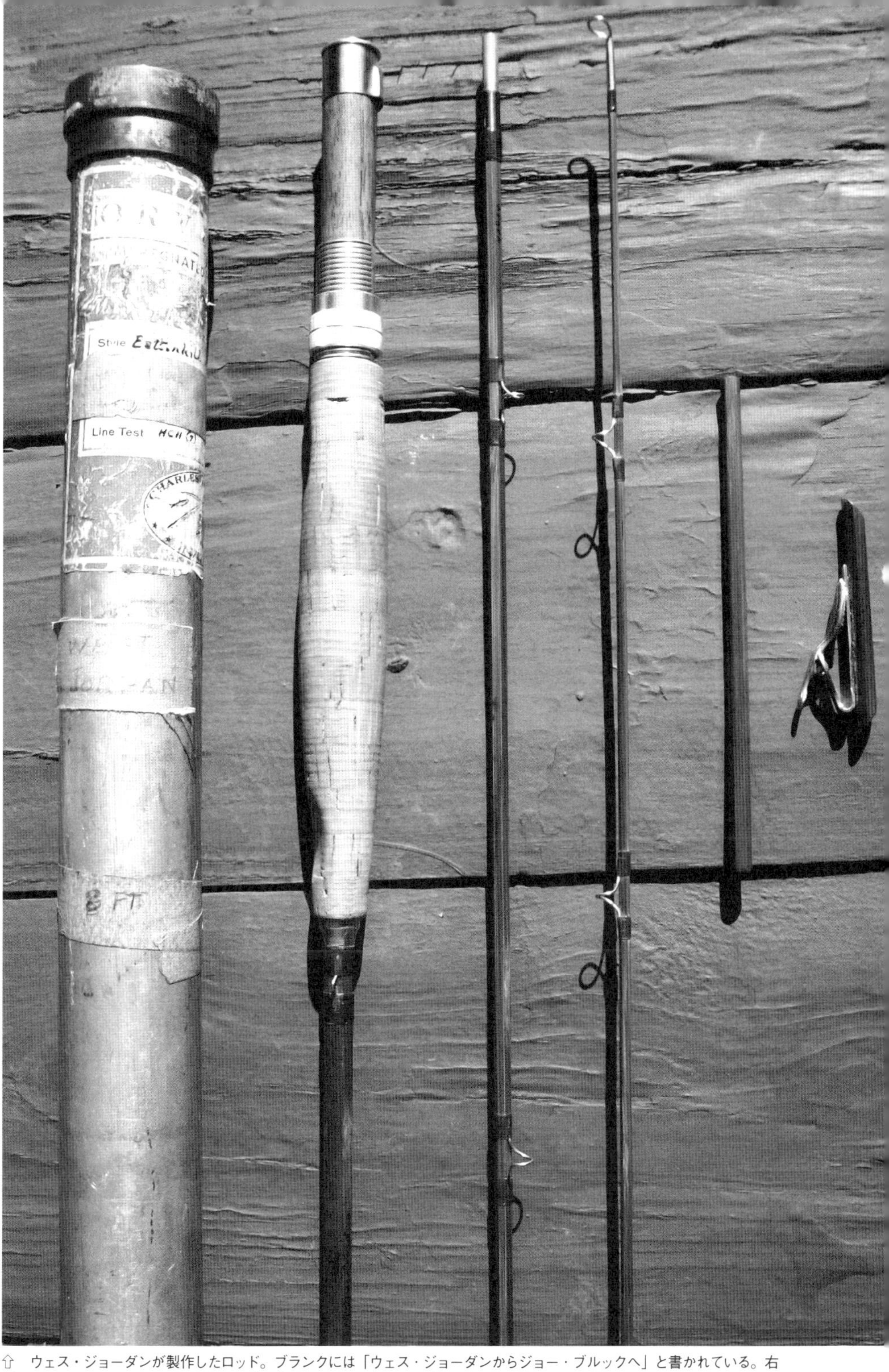

⇧　ウェス・ジョーダンが製作したロッド。ブランクには「ウェス・ジョーダンからジョー・ブルックへ」と書かれている。右側にあるステアラーとタイピンにもインプリグネーテッドのブランクが使用されている。

Chapter 07

ロッド・テーパーについて考える

ウィリアム・〝ストリーマー〟・エイブラムス

どんなロッドにもテーパーがある。ではどのテーパーが一番よいかと問われれば、それは使い手の主観次第だ、と答えよう。これからバンブーロッドの様々なテーパーについて書き記していくが、バンブーの素材そのものの品質は均一という仮定で、私の話を聞いてもらいたい。

□ フライロッドは梃子とバネである

フライロッドは梃子《てこ》である。ただし日常で使われている梃子とは働きが異なる。梃子は一般的には小さな力を大きな力に変えることで、動作の効率性を高めてくれる道具を指す。キャスティングをする腕の動きも梃子そのものだ。梃子としてのフライロッドは、腕の動きをとてもうまく捉え、腕から発せられたエネルギーを距離に変換する設計がなされている。

ラインを通じてロッドにかかった力（負荷＝ストレス）は、ティップからバットにかけて増大していく。ロッドを滑らかにしならせるためには、ストレスが最もかかるバット部を強くして（太くして）、ストレスが最もかからないティップ部分を細くすることになる。これがテーパーと呼ばれるロッドシャフトの形状変化だ。

キャスティングや魚とのファイティング時には、ロッドの根元に行くほど負荷が高くなる。したがってフライロッドのデザインはそれに耐えられるストレート・テーパーが基本となる。

フライロッドとはバネでもある。このバネはキャストする方向（前後）が変わるときのショックを吸収する役割を果たしてくれる。また梃子がたわむのを助け、ロッド・ティップが空中にあるラインを直線的に引っ張れるように、キャスティングによって生じるシャフトの弧（直径）を理想的な形へと潰してくれる。

ロッドのバネはまた、キャスティングに必要なエネルギーを溜める役割も持っている。そして最後にラインをシュートしてくれる役割を果たす。

□ パラボリック、プログレッシブ、セミパラボリック

バンブーロッドの勃興期は、それ以前の時代に木で作られていたロッドのテーパーを、そのまま使用していた。ロッドにかかるストレスやリフティングにかかわる負荷は計算されていなかった。したがってロッド・アクションは柔らかく、弾力性に富んで深く曲がった。そういったロッドは、当時のウェットフライを投げるのには適していた。

しかしドライフライの発明とともに、水面からフライと濡れたラインを素早く引き上げられる、ファストなアクションが求められるようになった。さらにキャスティング競技の影響もあって、ラインを遠くに飛ばせるパワフルなデザインが求められるようになった。

硬めのロッドに軽めのティップを持たせると、近距離の釣りのみならず、遠距離の釣りに必要なパワーを備えさせることが可能となった。しかしこういったロッドは、中距離でのコントロールや釣り味に関しては理想からかけ離れていた。

バンブーロッド勃興の黄金期を築き上げたE・W・エドワーズ（E.W. Edwards）、F・E・トーマス（F.E.Thomas）そしてジム・ペイン（Jim Payne）たちは、竹という素材の能力を最大限引き出すために、火入れを行った。ペインやディッカーソンなどのハイエンドなロッドは、ライズに向けてすばやくキャストできる梃子の機能と、気持ちよく距離が出せるバネの機能の両方の実現を目指した。

シャルル・リッツ（Charles Ritz）は折れたロッドからヒントを得て、バット部分が深く曲がるパラボリック（放物線）・アクションのロッドを販売した。ペインもポール・ヤングも、そして他のビルダーもパラボリック・アクションのロッドを製作し、様々な釣りの状況へマッチするように各自でテーパーを調整した。

エヴァレット・ギャリソン（Everett Garrison）は、ロッドのある一部分にかかる負荷と、それによる張力や圧縮の限界値を数学的に示した。彼は、バットからティップまでが均一に屈曲するアクション、つまり彼が〝プログレッシブ〟と呼んだアクションを科学的に導き出した。さらに〝セミ・パラボリック〟と呼んだアクションも同様に導き出した。

フライロッドのアクションは、梃子とバネの機能をテーパーでうまく組み合わせることでデザインされる。

□ ストレート・テーパーとコンプレックス・テーパー

どんなバンブーロッドもそれぞれテーパーには工夫が凝らされていて、独自のアクションを備えている。

負荷をかけた時に深く曲るロッドは、バネとしての機能が強調されていて、スローなアクションを持つと考えられる。そのためゆっくりとしたタイミングと、長めのキャスティング・ストロークが必要となる。一方、曲げた時に角度が浅く大きな勾配ができるロッドは、梃子としての機能が強調されてファストなアクションを持つと考えられる。つまり速いキャスティング・ストロークがパワーを産み出す。

ラインをリフトしたときの負荷が、一体どのようにまたどの程度ロッドの梃子に働きかけ、バネを作動させるのか。またその際どうやってエネルギーを溜め込み、またそれを放出させるのか。これらの要素はテーパーが決定づけ、全てキャスティングに影響を与える。重要なことは、それぞれのロッド・テーパーごとにマッチした適切なタイミングと力の入れ方である。

まず、ストレート・テーパー（バットからティップまで直線的に細くなっているテーパー）での場合を考えてみよう。ストレート・テーパーの場合、ブランクの太さの違いが、ロッドの曲がる箇所や曲がる度合いを決定する。したがってバットなりティップなりロッドの特定部分を太くするとロッドは硬くなり、梃子の機能が増す。しかし一方でロッドの柔軟さは失われ、バネの機能は低下する。

コンプレックス・テーパー（コンパウンド＝複合テーパー。直線的ではなく、途中に変化のあるテーパー）は、ラインによるロッドへの負荷をコントロールするばかりでなく、力をどこに溜めるのか、すなわちキャスティングの最終段階においてその力をどこから放出するのかも、コントロールする。ロッドの持つバネ機能がラインの負荷を吸収し、梃子機能がそのエネルギーを遠くへと放出してくれる。

バンブーロッドを削る工程では、入念にテーパーが決められるものだ。そのデザインに沿ってバットからティップへとブランク全体のテーパーが調整される。プレーニングフォームでは5インチごとにブランクの太さを変化させることができる。ベベラーやミリングマシーンのような機械を使用する場合は、無段階に変化をつけることができる。

ある人はバネを強調したロッドが好みだろうし、ある人は梃子を強調したロッドが好みだろう。各人の好みと釣りの状況に応じて、求められるロッドも異なってくる。

きちっと設計されたコンプレックス・テーパーは、バネと梃子の機能をロッドの中にうまく組み込んで、使い手の好みや釣りの状況に応じた独自のアクションを生み出すことができる。

□ バンブーロッドの**個性**を**形作**るもの

ロッドのテーパー形状を見れば、キャストしなくともその特徴を分析できるものだ。過去のビンテージ・クラシックロッドのテーパー数値（5インチ刻みの数値）は、新しいロッドテーパーを設計するときの出発点になるし、青写真にもなる。

現代のテーパー計算に使用されているストレスカーブの数式では、Y軸へロッドの直径を入力して、キャスティングの負荷をかけた際のロッド・アクションの特徴を描きだすことができる。異なるテーパーの特徴を比較するのにこのストレスカーブは便利だ。釣り人のニーズやその人のキャスティング能力に合ったテーパーを設計する際にも役立つ。

現代のバンブーロッド・ビルディングは、新しい機械技術の進展や精緻な計測機器、そして強力な接着剤などの恩恵を受けている。バンブーロッドの製作には大変な労力を伴う。製作過程において新しい科学的な実験を試みようとしても、ゆっくりとしか進まない。しかしそれを避けて通ることはできない。

一生懸命製作を続けるロッドメーカーたちの発想はみなとても柔軟だ。テーパーや素材でわずかな調整を行えば、特徴あるロッドが作れることを知っている。キャスターにもいろいろな人がいるのと同様で、生まれてくるバンブーロッドの個性も様々だ。

ロッドデザインの中心を占める原材料がバンブーであることに、今も昔も変わりはない。しかし私の工房でも新素材の併用を始めるなどの新たな実験を試みている。今後バンブーロッドの世界がさらに広がることを期待して、私は筆を置こう。


テーパーとその働きについて分かりやすく説明してくれたストリーマー氏に感謝したい。ストリーマー氏はフライロッドの持つ梃子とバネの機能についての解説もしてくれた。もちろん彼の意見に同意しない人もいるかもしれない。それはそれでひとつの考え方だと思う。

（サンテ・L・ジュリアーニ）

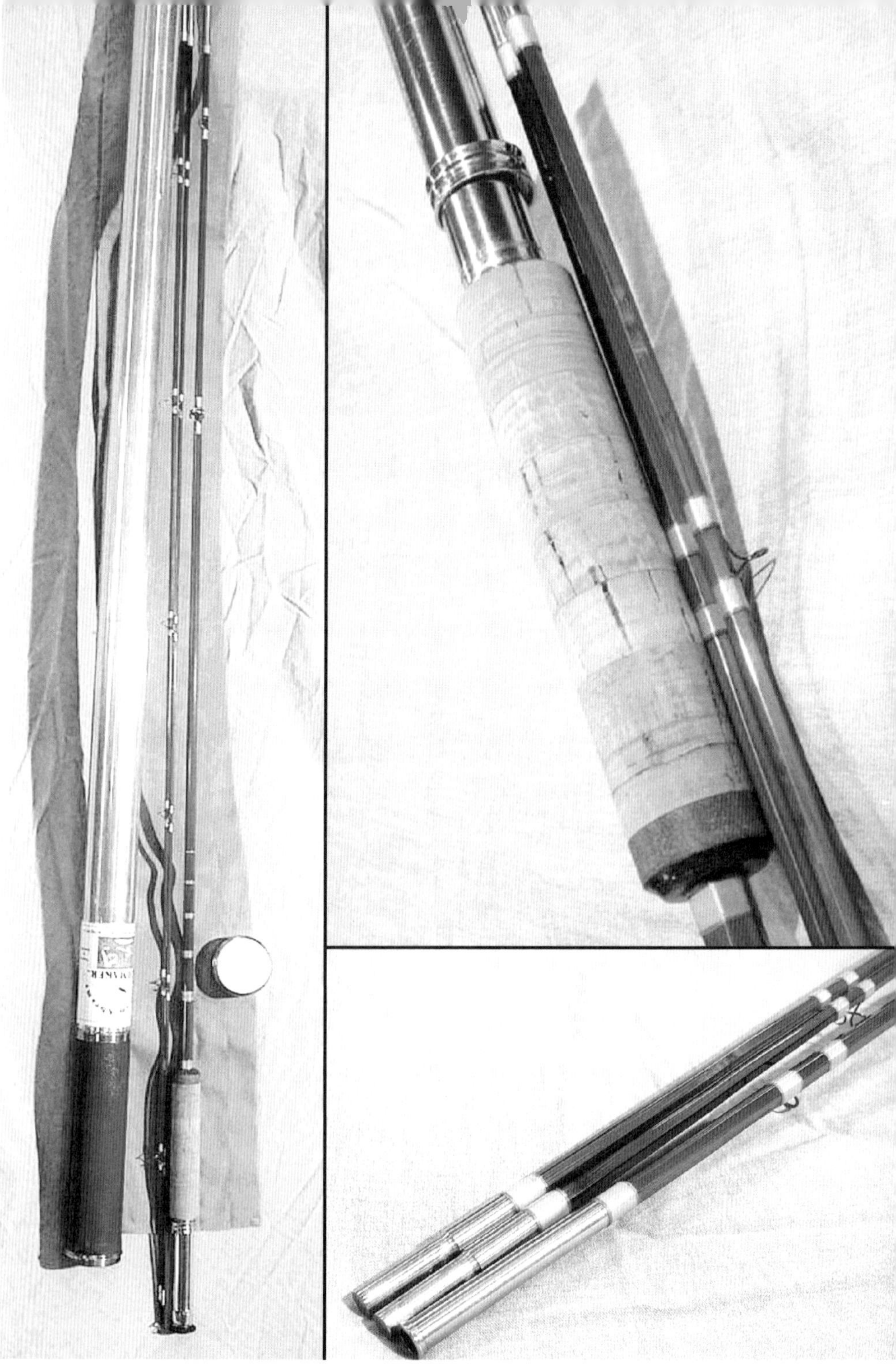

⇧ 〝ストリーマー〟エイブラハム氏のロッド作例。7フィート2ピース、ホロービルト（中空）。courtesy　C.R. Russell

Chapter 08

ビンテージ・ロッドのテーパーデザインとアクション

サンテ・L・ジュリアーニ

本章では、複数メーカーによる何本かのロッドのアクションとテーパーを、具体的に比較するという試みにチャレンジしてみたい。ロッド・アクションなんて実際にキャストしてみないと分かるはずはない、という意見には全くもって賛成するものの、テーパーのストレスカーブやベンディングカーブは、釣り人が自分好みのロッドテーパーを把握するのに有効な手立てとなる。

しかしながらあなたがもしバンブーロッドに一度も触れたことがないなら、これらの手立ても無意味かもしれない。なぜならバンブーロッドはグラスロッドやグラファイトロッドとは全く別物だからだ。ここでは、バンブーロッドを持ったことがない方にもできるだけ分かるように、著名ビンテージ・ロッドのアクションとテーパーの違いや類似点について説明していこうと思う。

□ 最初のバンブーロッドは**四片構造**だった

バンブーロッドが登場する以前の時代を少し早足で振り返ってみよう。当時のロッドはスプライスト・ジョイント（長細い斜めの切り口を貼り合せるジョイント）を採用していて、なめされた獣皮の紐でロッドを繋いだり、くくりつけたりしていた。繋げると長さは12、13、15フィート、あるいはそれ以上が普通であった。ロッドの作り手は大半が漁師で、いろいろな木が材料として使われていた。ロッドには餌を投げ込むための小さなリールも取り付けられていた。これらのロッドは、その後に登場してくるフライロッドとの関連性は少ないと考えられる。できるだけ川をカバーするためにより長いロッドが好まれた。

竹を素材に採用したバンブーロッドが初めて世に登場した時、原材料はカルカッタケーン（南インド地方を産地とした竹）だった。いろいろな形をしたロッドが作られたが、最も多かったのは4本の竹片（ストリップ）を貼り合わせた四片構造（クアッド）のロッドで、スプライスト・ジョイントと金属フェルールが混在していた。六片構造と金属フェルールが一般的なバンブーロッドの標準になったのは、ハイラム・L・レナードが登場してからのことだ。

□ キャスティング・トーナメントとロッドアクション

初期のバンブーロッドはとてもスローで長さもかなりあった。当時は8フィートのロッドですら短いと思われていた。釣り方もニンフフライやウェットフライが主だったので、釣り人はスローなアクションとロッドの長さ以上に、ロッドへ期待するものはなかった。そして当時の釣り人は3本針のリグを使用していた。

キャスティング・トーナメントが開催され、キャスティング・クラブが設立されるようになると、メーカーはこぞって最新の技術開発を競い合い、新しいロッドを世に出していった。そもそも多くのメーカーがトーナメント・キャスターだった。E・C・パウエル（E.C.Powell）、ルーベン・レナード（Ruben Leonard）、そしてハイラム・ホーズ（Hiram Hawes）など名前を挙げれば枚挙に暇がない。

ドライフライ・フィッシングが熱を帯び始めると、フライを乾かすためにファストなアクションが求められるようになった。トーナメント向けのロッドテーパーが転用され、研究開発はいっそう進展した。

□ 時代を越えて評価されてきたロッドメーカーたち

フライロッドを製作するにあたり、実現可能なテーパーの数は限られている。前章でストリーマー氏が述べていたように、コンパウンド・テーパーを採用することで、多くのロッドメーカーは自分が良いと思うロッドアクションを素直に表現できるようになった。彼らは、バラエティー豊かで、投げて楽しく、しかも独自性があり、時として行き過ぎたテーパーを提供してくれる。

余談になるが、セオドア・ゴードン（Theodore Gordon）はかつて、エド・ペイン（Ed Payne）にロッドを作ってもらう代わりに、自分が巻いたフライを3ダースも渡したといわれている。そのロッドはペイン製であると同時に、著名なセオドア・ゴードンが所有していたということで希少価値はあるものの、今やゴードンの巻いた36個のフライのほうがずっと価値が高い。というのは現在彼の巻いたフライは1個2000ドルもするからだ。

それでは、代表的なビンテージロッドのテーパーをいくつかみていこう。

これから示すロッドは、昔から徹底的に多くの人の批評にさらされてきたロッド、そして時代を越えて高く評価されてきたロッドを選んである。結果的に、どのロッドも似たような特徴を持つに至ったのだが、よくよく考えるとそれは自明の理だ。というのは、指定されたラインをもとに高機能を追及するべく設計されたロッドがその時代の最も優れたメーカーたちに作られたなら、アクションもテーパーも似てくるのはごく自然なことだといえるからだ。

本章で扱う代表的なメーカーは、H・L・レナード・ロッド・カンパニー（H.L. Leonard Rod Co.）、ジム・ペイン（Jim Payne）がいた時代のE・F・ペイン・ロッド・カンパニー（E.F. Payne Rod Co.）、フレッドとレオン（Fred and Leon）がいた時代のF・E・トーマス・ロッド・カンパニー（F.E. Thomas Rod Co.）、ギラム・ロッド・カンパニー（Gillum Rod Co.）、E・C・パウエル・ロッド・カンパニー（E.C. Powell Rod Co.）、ポール・ヤング・ロッド・カンパニー（Paul Young Rod Co.）、そしてL・L・ディッカーソン・ロッド・カンパニー（L.L. Dickerson Rod Co.）などだ。

□ 長さと継ぎ数別・著名ロッドのアクション

7フィート・2ピースのロッドたち

H・L・レナードのモデル38シリーズには38L、38そして38Hとあるが、どれもドライフライ向けのミディアムファスト・アクションだ。パリッとしたテーパーは7フィートロッドのお手本で、多くの人に好まれるテーパーだ。

E・F・ペインのモデル97と98もドライフライ向けのミディアム・ファストなアクションで、レナードのロッドのようにエレガントだ。

L・L・ディッカーソンのモデル7011と7012は、前者がミディアム、後者がミディアムファストなドライフライ向けのロッドだ。7011のほうがややデリケートで、7012はレナードやペインと等しいアクションだ。

F・E・トーマスのスペシャルとブラウン・トーンはミディアムからミディアムファストなアクションを持つドライフライロッド・シリーズだ。現存本数は少ないが様々なアクションを揃えている。特にフェアリー・ワンズ（妖精の杖）と呼ばれるモデルは、軽いラインを乗せてとてもデリケートなプレゼンテーションができる。幸運にも手に入れた人は二度と手放せなくなるだろう。

7フィート半・2ピースのロッドたち

E・F・ペインのモデル100と101はドライフライ向けのファストアクションロッドで、この長さのカテゴリーでは、最も優れた4本のロッドの内の2本にあたる。

L・L・ディッカーソンのモデル7612と7613もドライフライ向けのファストアクションで、最も優れた残りのロッドの2本だ。

これら4本のロッドのアクションはあまりにも優れているので、その後のモダンなロッド、すなわち多くのグラファイトロッドのテーパーに取り込まれている。

7フィート半・3ピースのロッドたち

H・L・ナードの49DFや38と2分の1、そして40シリーズにあるキャッツキルやベビー・キャッツキルはミディアムからファストなアクションで、その何本かは先に述べたトーマスのロッドと同様にフェアリー・ワンズの範疇に入る。キャッツキルは、その名のとおり特定の川に向けて作られたロッドだが、もちろん他の川でも問題なく使える。ニューヨークやニューイングランド地方には多くのロッドメーカーが点在していたので、自分たちの会社のそばを流れる川で使うロッドを製作するのは自然だった。

Ｅ・Ｆ・ペインのモデル197と198は、前者がライトミディアムで、後者がミディアムファストなロッドとなっている。これらもまたレナードのように素晴らしい。

Ｌ・Ｌ・ディッカーソンのモデル761510は、ペインの197と同様に素晴らしく、198よりも良いかもしれない。オーナーからはとても大切にされるロッドだ。

8フィート・2ピースのロッドたち

Ｅ・Ｆ・ペインのモデル102と103はミディアムからファストなアクションを持つ。どんな釣り場にも対応ができるオールマイティーなドライフライロッドだ。

Ｌ・Ｌ・ディッカーソンには、モデル8012、8013、8014、8014ガイド、8015、8015ガイドスペシャル、8016などがある。8フィート・2ピースでこれだけのラインナップを用意しているメーカーはディッカーソンをおいて他にない。

8012は完成されたソフトでミディアムな感じ、8013と8014はオールラウンドに使えるミディアムなドライフライロッド、8015はファストなドライフライロッドだ。8014ガイドとそれより強めの8015ガイドスペシャルは非常にファストなアクションで、フォルスキャストなしにピンポイントで目標を正確に狙えるロッドだ。これらはロングボートに乗ってブルーリボン水系の川を案内するガイドたちに使ってもらうために用意されたロッドだ。8016については資料がほとんどなく、私も手にしたことがない。もしディッカーソンが自分の信念を貫いているとすれば、おそらくファストでヘビーなドライフライアクションのロッドに違いないと想像する。

ポール・ヤング・ロッド・カンパニーのパラボリック15（K．T．ケラー・モデル/K.T.Keller）と、ボート・ロッドまたの名をエンキャンプメント・スペシャル（Encampment Special）は、ディッカーソンのガイドシリーズが高い評価を得たので、対抗商品として導入されたロッドだ。

パラボリック15は、釣り人がキャスティングスタイルを変えることなく、ドライフライ向けのティップとウェットフライ向けのティップの両方で、驚くほど正確にプレゼンテーションできるように設計されている（釣り人は両方のティップを注文できる）。エンキャンプメント・ロッドはディッカーソンのガイドロッドに並び称され、まるで大砲のように力のあるロッドだ。

なおパラボリック15より速めのアクションで、いっそう洗練されたロッドがR・W・サマーズのモデル８５６だ。サマーズは独立する前に16年ほどヤングのショップで働いていた。

８フィート・３ピースのロッドたち

H・L・レナードのモデル50ＤＦ（トーナメント、ハント、ハント―トーナメントの各モデルを含む）は、みんなが認める代表的なドライフライ・ロッドだ。50ＤＦシリーズには、ドライフライ・フィッシングの状況に応じてスローミディアムからファストまでの各種アクションが用意されており、本当に素晴らしいテーパーを備えたロッドシリーズといえる。

E・F・ペインのモデルには２００、２０１、そして２０２がある。２００がライトなドライフライロッドで、２０１がミディアムなドライフライロッド、そして２０２がファストでパワフルなドライフライロッドとなっている。

L・L・ディッカーソンのモデル８０１５０と８０１６１は、それぞれペインのモデル２００と２０１のテーパーに似ている。

8フィート半・2ピースのロッドたち

E・C・パウエルとR・L・ウィンストン（R.L. Winston Rod Co.）によって作られたホロー・ビルト（中空）ないしセミホロー・ビルト（半中空）のロッドは他に比較できる存在がないものの、今まで作られた同じ長さのロッドの中で、もっとも優れたドライフライ向けのロッドだといえる。

8フィート半・3ピースのロッドたち

この規格では多くのメーカーがロッドを製作していて、名前を列挙すると何ページにもわたってしまうのため割愛する。とはいうもののやはりE・F・ペイン・ロッド・カンパニー、つまりジム・ペインが最も優れた8フィート半の3ピースロッドを製作している。モデルは204と205で、ライトの「L」と、ヘビーの「H」シリーズがある。

9フィートのロッドたち

9フィートになるとさらに多くのメーカーがロッドを製作している。私が良いと思うのはディッカーソンのモデル9015と9016、ペインのモデル208と209、E・C・パウエル、R・L・ウィンストン、そしてギラムのロッドだ。しかしギラムの場合はカスタムオーダーが多かったため、標準的なテーパーと呼ばれるものはほとんどない。

クラシックロッドメーカーのテーパーはこのウェブサイトに行けば見つけられる。

http://www.hexrod.net

もっともテーパーのバリエーションが多く存在するのは、おそらく8フィートから8フィート半にかけてだろう。なぜならば、ドライフライ・フィッシングにおけるスタンダードを目指して、どのメーカーも既存のテーパーに改良を加えてくる。そして、スタンダードが達成されたと思えるまでそれが続けられるからである。

※訳注：　本章で紹介されているロッドは一番短いもので7フィート＃4です。日本のヤマメやイワナを釣るにはおおむねオーバーパワーではないかと思います。とはいうものの宮城の荒雄川や北海道での、大型のニジマスやアメマス、あるいはサケなどの釣りにはそのまま素直に当てはまるでしょう。

戦後から1980年代までの米国のバンブーロッドは総じて、長いロッドほどラインの番手が高いという関係にありました。もともとバンブーロッドの歴史は長いロッドから始まったので、持ち運びを考えると3ピースが主流でした。その後ロッドが短くなってくると、2ピースも積極的に作られるようになりましたが、利便性を考えて短いロッドでも3ピースは引き続き製作されています。

アクションの良し悪しについては、最終的には個人の感覚ですが、ロッドバランスが良く、タイトなラインが力強く出て、比較的大きなフライもきっちりターンオーバーさせられるロッドが良いアクションだとされます。ここではグラファイトロッドを開発するベースになったバンブーロッドのアクションについて書かれていますが、釣り人から好まれるアクションが良いアクションだ、という説明のほうが正しいでしょう。

Chapter 09

バランスとパフォーマンス

サンテ・L・ジュリアーニ

□ フライロッドとリールの理想的なバランスとは

台に乗ったトーナメントキャスターの足元にコイル状になったフライラインが置かれていて、ロッドにはリールが付いていない。そして彼はその状態でキャストし始め、自らが持っていたフライキャスティングの最長到達距離の記録を塗り替えた。1889年のことだ。彼の名はR・C・レナード、そうH・L・レナード・カンパニーのルーベン・レナードだ。

このエピソードこそが、リールの重量はロッドのパフォーマンスに何ら関係ないと考える人々の、古くからの拠り所だ。その考え方は、数多くの著名なキャスターたちが証明してきたように、決して間違ってはいない。リー・ウルフ（Lee Wulff）をはじめとした優れたキャスターは、リールやロッドすらない状態でフライラインを投げることができた。

リー・ウルフやトーナメントキャスターのような特別な人たちの話は横に置いておくとしても、多くのフライフィッシャーたちはロッドのバランスが良いほうがパフォーマンスも良いと感じていることもたしかだ。それではフライロッドとリールの理想的なバランスとは、どんな状態を指すのだろう。

昔のロッドカタログの多くにはフライロッドとリールの理想的なバランスに関する記述があって、ラインの番手はもちろんのこと、リールの重さまで指定していた。ロッドメーカーの説明はこうだ。ライン、リーダー、そしてバッキングなど全てが巻かれた状態のリールをロッドに取り付けて、グリップのちょうど1インチ上のところで（指で支えて）ロッドとリールが水平を保つ、これが良い状態だ。ロッド全体のシステムを見渡した時、ちょうと梃子の支点で均衡するというのは納得のいく言い方だ。

しかし話をそこで終えてはいけない。ガイドにラインを通さずして釣りをする人が、一体どこにいるだろう。ラインも通さない状態でロッドとリールのバランスを考える古い方法には、やはり意味がない。というのは、ラインがロッドから出始めると梃子の支点も移動し始めるからだ。そして、リールとロッドが水平を保っている状態がキャスティングを手助けしてくれる場合と、そうでない場合があって、どうもその分岐点があるようなのだ。

□ F・E・トーマスと3つのリール

それではまず、キャスティングを手助けしてくれる場合を見てみよう。8フィート6インチ、あるいはそれ以上の長さのあるバンブーロッドでは、水平でバランスの取れたリールとロッドの関係が、キャスティングのパフォーマンスを向上させてくれる。私は重量が5オンス（約141グラム）以上のロッドのことを念頭に置いているが、8フィート6インチ以上のバンブーロッドは、そのほとんどが5オンス以上の範疇に入る。

私が持っているF・E・トーマスのストリーマー・スペシャル（3ピース・2ティップ）という9フィートのロッドを例にとる。このロッドの重さは5と4分の3オンスである。ストリーマーは1930年代初頭に製作されたロッドで、同社の1935年のカタログに掲載されている。メイン州のフライフィッシャーマン向けに作られたロッドで、ラングレーボート（Rangeley boat：製造された地名からそう呼ばれる）という四角い船尾をしたカヌーに乗って湖やあるいは大きな川でストリーマーを投げて、ランドロック・サーモンや大型のブルックを釣り上げる目的で作られたロッドだ。ストリーマーフィッシングの場合、水面下を釣るので実際はキャストの正確さはあまり要求されないものだが、このロッドは4番より大きなフライを85フィート以上も正確に投げることができる。

このストリーマー・スペシャルを初めて手にした時、私は大型のリールを3台持っていた。ひとつはビリー・ペイト（Billy Pate）のスティールヘッド用のリール、2つ目はL・L・ビーン（L.L.Bean）のトロフィー・ターポン・リール、そして3つ目はオービス（Orvis）のSSSラージ・ソルトウォーター・リールである。ペイトとオービスのリールには7番ラインが、またビーンのリールには8番ラインが巻いてあった。

F・E・トーマスのロッドといえば、私は別途9フィート6インチのサーモンDFスペシャルを持っていて、それにはオービスのリールを装着していた。しかしどうもリールが軽すぎてロッドのバランスが悪く、キャスティングすると疲れてしまう。そこでもう少し重量のあるビリー・ペイトに付け替えたら、その方が断然キャストがしやすくなった。

そこで私はストリーマー・スペシャルでも、両方のリールを装着して試してみることにした。オービスのリールはサーモンDFロッドと同様で、あまりうまくキャストができない。ビリー・ペイトのほうがはるかに投げやすいが、しかしサーモンDFロッドほど投げやすくはならない。一体何が違うのだろうか。

□　バランスはロッドごとで異なる

調べてみると、2つのロッドの全体質量は同じだが、ストリーマーロッドの方がサーモンDFよりティップ部分が重い（ティップヘビー＝ティップの返りが速い、いわゆるティッピー〝Tippy〟とは違う話であることに注意してほしい）。結局ストリーマー・スペシャルは、バッキングとコートランドのレイザーライン7番を巻いたハーディー（Hardy）のパーフェクト3と8分の5LHW（左手巻き）をセットすることで、息を吹き返した。

パーフェクトリールを手にする直前、私はディッカーソンのモデル9016を手に入れていた。このロッドは7番ラインのライトサーモン、ないしスティールヘッド向けのロッドで、重量は5オンス以下だ。オービス、ビリー・ペイトならびにパーフェクトの、いずれのリールを付けても気持ちよくキャスティングができた。

要するに、いろいろな重さのリールに適合する能力をもつロッドも存在するということだ。ロッドのキャスティング能力はリールによって変わるわけではない。ただしストリーマーロッドはパーフェクトリール以外を装着すると明らかにパフォーマンスに難があった。そして皮肉なことにF・E・トーマスのカタログには、「パーフェクトリールを使用するとバランスがよい」と書かれている。

したがって、〝ロッドによっては組み合わせるリールにより、パフォーマンスが落ちたり向上したりする〟と言える。たかだか4台のリールと3本のロッドで全てを語るには無理があることを、充分承知している。とは言うものの、私は今までバンブーロッドとリールとの組み合わせを色々試すことで、自分が良いと思うロッドバランスを何度も見つけてきた。今後も今までどおりにあれこれと試していくつもりだ。

あなたの使用しているバンブーロッドの長さが、8フィート6インチ以下で重さが4・5オンス（約126グラム）以下であれば、ティップヘビーなロッドほど、軽いリールのほうが投げやすい。リールが重すぎるとロッドパフォーマンスが悪くなり、ラインの飛距離は落ちる。

このようなロッドバランスに関する私の意見は、皆さんが一般的に受け入れている内容と異なるかもしれない。しかし私自身はかならずや皆様のお役に立つ内容だと考える。

□　リールが軽い場合の調整方法

ロッドにフィットする適当なリールが手当てできない場合はどうしたらいいか？　そんなリールが手元になく、また買うこともままならない場合のアイデアを紹介する。

今日フライフィッシングで使用するリールの大半は、スプールを交換できる。釣りの状況に応じて先端が沈むウェットティップのラインや、番手の異なるラインを何種類か用意してスプールに巻き、1台のリールで何本かのロッドに合わせて使うのが普通だ。スプールの溝に鉛か、あるいは鉛でなくとも柔らかな金属オモリをセットすれば、リールの重量を増やし、ロッドのバランスを取ることができる。

あるいは私がやっているように、テフロンコーティングされたレッドコアラインをスプールに巻くのもひとつの方法だ。まずバッキングとラインとリーダーを巻いたリールをロッドに装着して全体のバランスを見る。次にレッドコアラインを両手に持って左右にひろげ、6フィートのセクションを10回、およそ60フィートの長さを取る。それをコイル状にしてグリップの中間地点に巻き、ロッド全体のバランスを確認する。

コイル状の6フィートごとのセクションをロッドに足したり引いたりしてみて、バランスが取れるレッドコアラインの長さを決める。長さが決まったらリールからフライラインとバッキングを全部外し、スプールにバッキング、レッドコアライン、フライラインの順に巻き直す。

これは私のやり方だが、情報としてシェアする価値はあると思う。

※訳注：　ロッドとリールのバランスは重要です。加えてリールーシートがアップロッキングなのかダウンロッキングなのか、そのどちらでもないダブルスライドバンドなのか、とリールの装着位置でもバランスは変わってきます。また最近はグリップの形状も島崎憲司郎氏考案のフラット・グリップのように、先進的な考えが出てきており、それにより手にするロッドの感じ方も大きく変わってきます。

フライラインもダブルテーパー、ウェイトフォワードに加えて、様々な形状をしたものが出ていますので、それらとのバランスも重要です。さらに最近ではシルクラインの使用者も増えており、これまた違うバランスをもたらします。本章に出てくるビンテージロッドの時代は、戦後時間が経過していることもあり主流はすでにPVCラインでした。当初はレベルライン（テーパーが付いていないライン）やダブルテーパーが一般的でした。ウェイトフォワードラインが盛んになるのはもう少し先の話です。

Chapter 10

ウィンストンの呪い

サンテ・L・ジュリアーニ

ウィンストンのバンブーロッドでの過去3回の釣りは、ランディングネットを壊したりして非常に不愉快なものだった。私はウィンストンロッドによくないカルマのようなものを感じていた。

バージニア州はシェナンドー・バレー（Shenandoah Valley）へ仲間と釣りにでかけた。私は自分のコレクションの中から5本のバンブーロッドを選んで、友人のロルフの車に乗せた。仲間たちが私のロッドを振ってみたいのではないかと思ったからだ。釣り場はスミス・クリークのスージーQ農場（Suzie Q Farm / Smith Creek）か近辺の地区で、いずれもプライベートな川だ。

風は強かったが、ラインを思いきって長く出せるポイントが確保できたので、ディッカーソンの8615を使うことにした。1匹目こそチャブ（ウグイ）だったが、初日は数多くのレインボートラウトやブラウントラウトを釣った。2日目の午前中はモーリス・クシュナー（Morris Chestnut）のバンブーロッドで釣りをし、15から19インチのブラウンをかなり釣り上げた。流木が溜まっているプールでは苦戦を強いられたが、それにしてもクシュナーのロッドはスマートに魚を釣り上げていく。

天候はなかなか回復せず、雨風は前日同様に激しかった。昼食を終えていざ出発する段になって、ロルフは私が手にしていたクシュナーのロッドを指して、「どうしてウィンストンを持って行かないんだい。」と聞いてきた。私は「雨も降っているし風も強いので、7フィート半（7フィート6インチ）で4番指定のウィンストンより、ディッカーソンの8615や、クシュナーの8フィート半の5番のほうがいいと思う。」と答えた。「それじゃウィンストンを次に使うのはいつなんだい？」と、ロルフはまじめな顔をして聞いてきた。「来年の4月までは使わないな」と答えると、彼は、それは残念、という顔をした。そこで私はクシュナーのロッドをケースにしまい、ウィンストンのバンブーロッドを手にした。この川には何がどうあっても魚はいるのだから、ウィンストンでも必ず魚を釣り上げることは間違いないだろう。

この日、フレッドとコルストンは、激しい雨のためにおそらくゴールデントラウトが溜まっていると思われる上流部に入った。ロルフと私は中流域から入って下流部に向かう予定でいた。年老いたカズは下流部から入って中流へ釣り上がることにした。

私は昨日良い思いをした場所に向かい、ウィンストンロッドでファーストキャストをした。しかしフライラインやリーダーが鳥の巣のように絡んでしまった。25分近くも大変な思いをしてラインとフライと格闘した後、再びキャストした。ところが2投目でも再び絡んでしまい、今度はそれを解くのに30分もかかってしまった。およそ1時間が無駄になったわけだ。

そして3度目の正直と思ったところ、ラインはまたもや絡まってしまった。しかも今回のちじれ方は今までに見たこともないほどひどかった。今度は40分かけてフライとリーダーとラインを解き、なんとか投げられる状態に戻した。私は口元にウィンストンロッドを近づけて、大きく息を吸って、「邪魔しないでくれよ！」と叫んでからキャストした。

キャストされたフライが期待通りに流れながら沈んでいったのを見て私は少し驚き、そしてまた前向きな気分になった。ラインの先にはフレッドが巻いたすばらしいフライが付いている。ふとフライの動きが止まったのでアワセをいれてみたが、木の根に引っかかったようだ。ラインを軽く引っ張って根がかりを外し、フライを手繰り寄せて16番フックのハリ先を確認してからキャストした。

これもいいキャストだった。フライが流れながら川底をコツコツと触っているのがわかる。さきほど根がかりした場所で再びフライが止まったので私はアワセをいれた。ラインを引っ張ると今度は逆にラインが引っ張られた。魚がかかった。かなり重い。力強いファイトだ。ウィンストンはクシュナーやディッカーソンより短いために余計にそう感じるのかもしれない。ネットを持っていなかったので浅い砂地に引き上げた魚は、24インチもある立派なレインボートラウトだった。私は喜びのあまり立ち上がって大声を上げた。

レインボートラウトの頭にはブルーヘロンに突かれたと思われる穴が空いていた。すぐにフライを外し、大きさが分かるようにウィンストンロッドのバット部分に魚を並べて置いた。コルストンとフレッドが駆け寄ってきたのは、魚をちょうどリリースするところだった。

「いい魚だったね。」とフレッドが言った。「ありがとう。」と私は答えた。「長さを測ったかい？」とフレッドが聞いた。「ウィンストンのブランクに印を付けておいた。」と言うと、彼は「24と16分の13インチ（約62センチ）だ。いい魚だ。」と言ってくれた。

魚の頭には穴が開いていたことだし、これできっとウィンストンの呪いも解けたのではないかと、笑った。その日の午後も引き続きいい魚を釣り上げることができた。

そして最後には、今回の釣りでもっとも思い出に残った魚、婚姻色の出た13と2分の1インチのブラウントラウトを釣り上げることができた。

⇧ サンテ氏と彼の介助犬、ワイマラナーのレヴィ

Chapter 11

裁判官とバンブーロッド

キャシー・スコット

北半島部（スペリオル湖とミシガン湖に挟まれたミシガン州北西部）では彼のことを「裁判官《ジャッジ》」と呼ぶ。彼の名はジョン・ドナルドソン・ヴォルカー（John Donaldson Voelker）、ミシガン州最高裁の裁判官を務めた。文学や映画の世界ではロバート・トレーバーのペンネームで、『殺人解剖学（邦題：錯乱）』（Anatomy of a Murder）、釣り人には『釣り人解剖学（Anatomy of a Fisherman）』あるいは『トラウト・マジック（Trout Magic）』の著者として知られている。彼が亡くなったのは1991年だが、その時すでに多くの人にミシガン州の伝説的な人物と思われていた。

ウェス・クーパー（Wes Cooper）は、ミシガン州フレモントでバンブーロッド・ショップを経営している。80歳に届こうとする彼はミシガン州のフライフィッシングの歴史に多く触れてきた。ウェスはバンブーロッドビルダーで、今まで238本のロッドを世に出しているが、ビンテージロッドの修理や原状回復《レストア》の専門家としても有名だ。

「クシュナーとレナードのレストアを終えたところだよ。」と、地下の作業場で彼は言った。

ミシガン在住の機械工の鬼才で、クシュナー・スプーンと呼ばれるルアーの製作者でもあるモーリス・クシュナーが製作したバンブーロッドは、どれも存在感があって興味深い。Ｈ・Ｌ・レナードは、１８６０年代にメイン州でロッド作りを始めた創業者の名前を冠したロッドメーカーだ。２本ともジョン・Ｄ・ヴォルカーのかつての持ち物だった。そしてどちらもよく使い込まれていた。

「裁判官は、彼の丁寧で細かいロッドケアについてはほとんど知られていないね。」とウェスは笑いながら言った。その表情は、ミシガン州の人間なら裁判官と聞けば誰もが見せる愛情たっぷりのものだった。

ロッドメーカーとして、あるいはレストアラーとして、ウェスはそれらのロッドがほったらかしにされてきたのではなく、実際の釣りによく使われてきたと見ている。それは裁判官の義理の息子にあたる、アーニー・ウッディー・ウッド（Ernie〝Woody〟Wood）にとっては幸運だった。

アーニー・ウッドは裁判官の末娘のグレース（Grace）と１９７５年に入籍、２００１年に引退して、裁判官が昔住んでいたディア・レイクの家に移った。１６０エーカーの土地に裁判官が建てたキャビンがあった。裁判官が保有していたという何本かのロッドを見たという話を聞いて、ウッディーとグレースは、地元の骨董品店を訪れた。

いろいろ調べた結果、それらのロッドが裁判官の知り合いで、近所に住んでいたビル・スカーフ（Bill Scarffe）が持っていたことを突き止めた。ビルは、裁判官の最も仲の良い釣り仲間だったヘンリー・ハンク・スカーフ（Henry〝Hank〟Scarffe）の甥っ子だ。『釣り人解剖学』の中で裁判官はハンクのことを「濁水の溜め池でも楽しそうに釣りをする。そしてそこでちゃんとトラウトを釣る。」と記している。

ロッドは壊れていたが、売りに出ていた。ウッディーはウェス・クーパーのロッドティップのスカーフィング（新しいティップを折れて残った既存部分に継ぎ目なく接着する手法）は、世界一上手だと称賛する。ウェスは2週間という速さでロッドを修理した。スカーフィングに加えて、いくつかの修理を行い、グリップを取替え、塗装をしなおした結果、裁判官のロッドには命が再び吹き込まれた。それがモーリス・クシュナーの8フィート、#5エクセルリーヌロッドと、レナードの8フィート6インチ・#5／6向けのトーナメントロッドだ。

義理の父親と同じように、ウッディーは2本のロッドで釣りをした。

「このロッドでたくさん魚を釣ったよ。本当にロケットのようなロッドだ。」

2本のロッドが表舞台に戻ってくると、裁判官が持っていた他のロッドも続々と表舞台に姿を現した。ウェスから戻ってきたロッドを車に乗せたウッディーは、裁判官のかつての友人の、年老いた隣人が庭に出ていることに気が付いた。彼＝ルー・ローゼンバーム（Lou Rosenbaum）は、ハンク・スカーフの自宅の向かいに住んでいる。

クシュナーとレナードをウッディーから見せられたルーは、自分も裁判官が持っていたクシュナー・ロッドを一本持っていたけれど、それは売ってしまった、とウッディーに伝えた。しかし裁判官がくれたレナードはいまだに持っているという。高齢のローゼンバームは、ウッディーにそのレナードを渡したほうが良いと考えた。そのため先の2本に加え、ウッディーは8フィート6インチで1ティップのレナードも、家に持って帰ることとなった。

ウッディーは、裁判官の孫で、これまた熱心なフライフィッシャーマンのアダム・ツアロフ（Adam Tsaloff）をすぐに呼んだ。その1ティップのレナードを見たアダムは、そのレナードをウッディーの手元に少し置いておいて欲しいと言った。

アダムは裁判官の亡くなった後、地下室に残されていた何本もの半端なロッドティップを保管していた。それらをトラバース・シティーに住むボブ・サマーズに見せたところ、そのうち1本のティップはレナードだとわかった。ローゼンバームのレナードと2本のティップは、ウェスの手で修理された。そして2本目のティップは1本目と完璧にマッチし、30年振りの再会となった。

「裁判官に試して欲しくて、多くのメーカーが彼にロッドを渡していたのではないか。」とウェスは推測する。「しかしクシュナーと裁判官の間には何か特別な関係があったようだ。」

裁判官は『トラウト・マジック』の中でバンブーロッド全般に対する愛着を書いている。「夢見る戦前のグレンジャー」、あるいは「勇ましい古いポール・ヤング」といったものだ。モーリス・クシュナーに関しては「ロッドメーカーのモーリス」と題した一章を割いている。

ウッディーは言う。「今のところ、裁判官は5本のクシュナーロッドを保有していたことがわかっている。」

1本目はハンク・スカーフに渡されたロッドで、クシュナーにより〈1964年、親愛なる友人John D. Voelkerへのカスタムメイド〉と記されている。ロッドはいまだにセロファンで包まれている。クシュナーはどうも竿袋が嫌いだったようだ。2本目はルー・ローゼンバームに渡されたロッド。

3本目のクシュナーは裁判官が友人のエド・ロッツピーチ（Ed Lotspeich）に渡したロッドだ。

ウッディーによれば、エドは政治的にはかなり右寄りで、左寄りの裁判官とは正反対だった。なんとこの二人が、釣りをしているときに川の真ん中で出会った。『トラウト・マジック』には、「二人のぶつかりあう剣は魔法をかけられてバンブーロッドに変身し、何も話さずに二人で釣りをして、至福の時を何時間も過ごした。」と書いてある。

ウッディーによれば3本目のこのロッドはメイン州のサンテ〝バンジョー〟ジュリアーニ(Sante〝Banjo〟Giuliani/本書の著者)が保有している。フライフィッシングの世界は小さい。筆者はバンジョーのことを知っているし、ロッドメーカーの集まりでそのクシュナーのロッドをキャストさせてもらったこともある。ホールがよく効くロッドとして秀逸だ、というのが参加したロッドメーカーたちの一致した意見だった。

裁判官の4本目のクシュナーロッドは、地元のホリディー・イン(モーテル)を経営するテッド・ボグダン(Ted Bogdan)が保有していた。しかし彼は車のボンネットにロッドを載せたまま車を走らせたため、ロッドを紛失してしまった。

5番目のロッドは裁判官の孫のアダム、長女エリザベスの息子が持っていた。

ウッディーは裁判官のバンブーロッドとしては、先に述べたレナード2本の他に、サム・カールソン(Sam Carlson)製作のロッドを持っている。

「ジョン(裁判官)は1962年に作ったカールソンのロッドを私にくれた。私には釣りをしなかった時期があったので、そのロッドをアダムにあげたが、私が再び釣りをするようになると、彼はこのロッドを私に戻してきた。カールソンが亡くなる前に、新しいティップを作ってもらおうと、ロッドをカールソンのもとへ送った。彼はお金を取ることなく、ミッドセクションまでも交換してきた。カールソン曰く、『このロッドは本来表に出せる代物ではなかったんだ。』」

カールソンにはきっと何か思うところがあったに違いない、とウッディーはカールソンの晩年を想うようにして、少し間を置いた。

「今のウェスもまさにそうだが、偉大な連中とは、そういうものなのさ。」

『トラウト・マジック』にはクシュナーの息子の文章が載っている。そこには父クシュナーのクラフトマンシップに対する飽くなき探求心と、完璧さを追い求める姿勢への思いが綴られている。裁判官は、クシュナーのロッドは宝物だと言っている。作り手が好きだからこそできる、採算を度外視したロッドだ。ウェス・クーパー、サム・カールソン、モーリス・クシュナー、皆偉大な連中だ。そしてこれらのメーカーは、自分たちの手がけたバンブーロッドが世代をまたいでトラウトの住む水辺へ再びもたらされ、釣りに使われることを心から喜ぶだろう。

ロッドを修理に出したことをウッディーは一度だけ後悔したことがある。

「裁判官はコルクグリップにフライを刺す癖があって、グリップがほとんど壊れかかっていた。最初にウェスへ送った2本のロッドはグリップを交換するようにお願いした。グリップはきれいになって戻ってきたが、やはりやるべきではなかった。だから3本目はグリップをそのままにしてある。」

裁判官の名前は、半島北部の象徴的なメーカー、マーブルズ・ナイフ・カンパニー（Marbles Knife Company）とともに挙げられることも多い。マーブルズ・ナイフやブラス製のコンパスで有名な会社だ。

マーブルズの特約小売店を経営しているジム・ビューロー（Jim Bureau）というロッドメーカーがいる。彼が古くからの釣り仲間と話をしていた時、その仲間が19歳の時にバーテンダーをしていて、裁判官のヴォルカーととても親しくなったという話を聞いた。

「裁判官はね、」とミシガン特有の愛情を込めた表現で、その釣り仲間は話したという。

「バンブーロッドを使った釣りがどれだけ上手だったのか、人にはあまり知られていないのさ。」

Chapter 12

クリス・マクドウェル

バンブーロッド・メーカー探訪① オレゴンの夏

ジョー・ビーラート

午前9時、私はブリツェン・リバー・ロッド・カンパニー（Blitzen River RodCompany）のクリス・マクドウェルに、彼の自宅で会うことになっていた。車をガレージに入れると、私が今まで見てきた中でもっとも明るく清潔で、整理された作業場が目に入った。中央の大きな作業台の下には、長い竹が束ねて置かれていた。束ねた竹をガレージの中に置いておくなんてバンブーロッドメーカー以外にない。

クリスは傍にいつもいて欲しいと思うほどのナイスガイだ。30代半ば、背は高くとても健康的だ。モダンで清潔で、太陽光にあふれる2階建の自宅は若い家族にふさわしく、バンブーロッドの製作にもってこいの場所だ。ダイニングテーブルの布の上に古いロッドがのっていた。1インチごとに巻かれた金色の段巻きは、ストリップがばらばらにならないように施された強化ラッピングで、古いバンブーロッドではよく見られるものだ。ラベルには「ティップ-トップ」（Tip-Top）と描かれている。

クリスによれば、このロッドはモンタギュー（Montague）社製のロッドで、おそらくカルカッタケーンによるもので、第一次大戦が勃発する直前の1915年あたりに製造されたものだろうということだった。初期のハード・ラバー製リールが取り付けられていたが、クリスは、ペンネル（Pennell）社製のリールだろうと言った。クリスのリペアは素晴らしい仕上がりだった。

最も重要なことは基本だ

クリスはバンブーロッドのリペアを1995年に開始し、A・J・スレイマーの指導の下、1997年から自分のロッドを製作し始めた。クリスが初めて製作したロッドは8フィート・5番ラインの3ピースで、スレイマーのDXシリーズのテーパーを模したロッドだ。彼はフェルトの竿袋からロッドを取り出し、机の上にのせた。ブランクの色濃い火入れは、ロッドを作り始めた当初から、クリスが自分の署名のように大切にしているフィニッシュだ。それはまるで真夜中に見る虎の縞模様のようである。

クリスは金色に近いジャバ・ベージュ（java beige）という色でラッピングをしている。彼は色止め加工をしたラップと、色止めをしていないラップの違いを見せてくれた。彼が使用するスレッドは、色止めをしないと濃い紅茶色に変化する。バーニッシュを施すとガイドの足が透けて見える。もしスレッドを色止めすると、ガイドの足は透けて見えない。そのかわりスレッドのもともとの色が残り、仕上がりが少し艶やかになる。

色止め剤では「アルの色止め」（Al's Color Preserver）が最も優れているという。クリスはシルクの上からマリン・スパー・バーニッシュを施すことで高い透明性を得ている。スタンダードモデルはラップが色止めされていない。ガイドを取り付けたらその後2、3回、液の入ったチューブに浸してフィニッシュ・コーティングを行う。毎回のディップの間にはかならずサンディングをかける。商品として、美しい仕上げはとても大事だとクリスは言う。「見た目は重要なんだ。」と彼は何度となく強調した。

バンブーロッドを製作するにはいろいろな事を学ばなければならない。学びに終わりはない。しかし最も重要なことは基本だ。クリスは、A・Jが基本を強調していたことを繰り返し語ってくれた。

クリスのロッドにはまず4桁の年号が入り、次にその年の何番目に作られたかの数字が入る。200209であれば2002年に作られた9番目のロッドということだ。ロッドの長さと重さもシャフトに書いている。オリジナルロッドなら自分の名前とともにモデル名が入る。彼のインスクリプション（シリアルの記入）に例外はない。

ザ・スティーンズ

クリスは4フィート9インチ・3ピースの4番ロッドを机に置いた。オレゴン州南東にある不思議な砂漠地帯で、普通の人はあまり近寄らないスティーンズ山の周辺で釣りをするために製作されたパックロッドだ。

約8年前、クリスと彼の友人は8月に一週間ほど休みをとって、スティーンズ山周辺を釣り歩いていた。

「暑かったかって? もちろんだよ。標高9000フィート（約2700メートル）の尾根から谷へ下って釣りをするのなら、そうでもないけどね。ウェーダーを履かず、半ズボンで歩き回ったんだ。ガラガラ蛇だけには気をつけたよ。」

彼らはいつどこで冷たい風が吹くのかを学んだ。人と会うことはほとんどなかった。夏にスティーン山周辺を訪れる人は多くない。スティーン山はブリツェン・リバーの水源だ。クリスはこの川が好きで、自分のショップの名前に冠したほどだ。ブリツェン、リトル・ブリツェン、インディアン・クリーク、キガー・クリーク、マッコイ・クリーク…。遠くを見つめながら楽しそうに、彼は川の名前を呼ぶ。

スティーン山の川で、ちょっとしたポケットや小さな流れにフライを投げ込むために作ったロッドがこれだ。とてもデリケートだが、今まで誰一人としてティップを折ったことがない。バンブーロッドは美しいけれど道具だ。アクシデントでもない限りティップが折れることはない。1ティップか2ティップか、それは買い手の好みによるものだ。このロッドは普通の4番リールを付けられない。クリス曰く、非常に小さなリールがいいね。投げるポイントは近いし、夏は川幅も狭い。

スティーンズの山々に関して筆者の記憶といえば一つだけだ。私たちがオレゴンに移り住んだ1962年当時、根っからのオレゴニアン（Oregonians）が2人近所に住んでいた。毎日森に入る木こりとその妻だった。そしてこの夫妻は動けなくなるまで、スティーンズの山々へ毎年のように狩りにでかけていた。

色々なテーパーを試してみたい

クリスはマーケティングとロッドの販売について、手短に語った。ビジネスだから他のロッドメーカーと競わなければならない。マーケティングや販売にかかわる活動をクリスが少し厄介に思っているのは明らかだった。ある程度ディーラーとも付き合うし、ロッドも提供する、広告にも協力する、とクリスは言った。クリスはカタログを発行しているディーラーを特に大事に思っている。釣り人はカタログを大事に持ってくれ、カタログの内容をいつも話題に出す。カタログはまた、ビルダーの名前と作品を記録して歴史に残してくれる。

年に1、2本だけ製作するバンブーロッド・メーカーは数多くいる。この手のメーカーは、製作にかかる費用を賄えない。クリスのように年間15～20本のバンブーロッドを製作するのであれば、それを売らなければならない。理由は簡単だ。パーツが高価なので、ただで上げるわけにはいかないからだ。

なぜ年間20本もロッドを作るのか？　バンブーロッド製作のとりこになってしまったからだと彼は言う。一本のロッドを仕上げるのに必要な、細かい作業の数の多さに我を忘れることができる。ロッドメーキングは心をリラックスさせてくれる趣味だ。ロッドメーキングのおかげで、家で家族と過ごす時間も多くとれると彼は言う。

クリスはキッチンで本格的なカフェ・ラテを作りながら、テーパーについて語り出した。

「バンブーロッドを数多く作る理由は、色々なテーパーを試してみたいからだ。テーパーの違いを自分の目で確かめ、実際に感じたい。」

クリスはロッド製作の手始めに巨匠たちのテーパー、ディッカーソンとギャリソン、そして次にペイン、レナード、ヤングのテーパーを製作した。クリスの好みは、ロッドが全体に深く曲がるミディアム・ファストなテーパーだ。

自分のオリジナル・テーパーにはディッカーソンの影響があると彼は認める。顧客もディーラーもテーパーに興味を持ち、その特徴を聞いてくる。自分としてはしっかりと回答したい。顧客が要望するロッドアクションを理解することが、顧客を満足させられるロッド作りに繋がる。顧客が心地よいというものを提供することが重要だ。「バンブーロッドのテーパーとアクションについて、多くの人がいろいろな意見を言う。」とクリスは言った。「ミディアム・ファストだ、スローだ、パラボリックだ、フル・フレックスだ、ティップ・アクションだ、そしてもっとたくさんのテーパーとアクションについて語りたがる。」

実際にはほとんどの顧客が、よく知られたクラシック・テーパーを希望する。しかしいずれは自分のオリジナル・テーパーをラインナップしたいとクリスは思っている。それはメーカーとしての〝統一性〟を保つために重要なことだ。〝統一性〟があれば、ディーラーにも顧客にもオリジナリティを訴えることができる。

色の濃い仕上げもそのひとつだ。無垢材やメープルをリールのスペーサーに使うのもそうだ。クリスのリールシートは、ダウンロックのスライドバンドでガンメタル染めが施してある。グリップは前方がスウェルしたシガーだ。先へ行くほど広がっていて、後ろへ行くほどすぼまっている。フォワード・スウェル形状のグリップは、一般的なシガーグリップよりもキャスト時の親指への圧力を和らげてくれる。その結果、手首を柔軟に使え、手の動きをロッドへ効率的に伝え、手とロッドの結びつきをしっかりとしたものにしてくれる。

職人気質

クリスの作業現場はきちっと整理整頓されていて、光にあふれている。クリスはハンドプレーニングで竹を削る。プレニーングフォームの台は大きな壁に沿って設置されている。台の向こう端には削られた竹屑がリサイクル袋に詰まっていた。花のアレンジをする人が使うんだ、材料は最後まで無駄にしないよ。

カンナの刃の鋭さが、正確で迅速な作業のカギだとクリスは言った。クリスは選別もれした袋から1本の竹片を取り出して、デモのため、それをプレーニングフォームの上に置いた。彼はカンナを手にして、手慣れた長目のストロークを何度か繰り返し、その度に丸く縮れた竹の屑が刃の間から気持ちよく出てきた。竹の内側にある節をきれいに素早く取り除くため、クリスはベンチプレーン（大型のカンナ）を使用している。表皮側の節を平たくするときは、ライ・ニールセン（Lie Nielsen）のスクレーパー#212を使用する。粗削りには、スタンレーの9と2分の1カンナを使用する。仕上げ削りにはスタンレーの12-020カンナを使用する。

クリスは、奥さんが作った茶色とオリーブ色の厚手の生地でできている竿袋を見せてくれた。袋自体にすこしテーパーがかかっていて、ケースから取り出しやすいように、気の利いた耳がついている。ケースに入れたロッドは直径3インチの水道パイプに入れて発送する。発送はかならず保険のかかったプライオリティー・メールで行う。今までのところ輸送上の問題は一つも起きていない。

「もしロッドの製作過程において何かがうまくいかなかった場合、それは作業を急いだからか、あるいはショートカットしようとしたからだ。」

クリスはいわゆる職人気質が重要だと言った。長い間製作し続けることで職人は成長し、より効率的にロッドを作れるようになる。6本の竹のストリップが集まって、釣りをこよなく愛する人々の手足となるロッドに仕上がるなんて本当に驚くべきことだよ、とクリスは言った。

それから我々はしばらくの間、釣りの話しをした。子供たちのお昼の時間となった。お別れの時間だ。彼は家に戻り、私は自分の車の運転席に座った。私の頭の中はバンブーロッドのことで一杯だった。時計を見ると訪問してから、ぴったり3時間がたっていた。

Chapter 13

ジョン・デノーマ・シニア

バンブーロッド・メーカー探訪② レストアの神様

ジョー・ビーラート

夏の早朝、ウィラメット・バレーに通じる道を快適にドライブしていると、気がついたときにはジョン・デノーマ氏の自宅に到着していた。すてきなログ・キャビンだった。家は大きく張り出した丘の反対側に建てられていて、谷間に広がる原野や森林が織りなす稜線、そして海岸の景色と非常に調和がとれていた。一帯にはデノーマ氏の家以外に建造物がまったく見あたらなかった。

ジョンはバンブーロッドの話をしようと私を待ち構えていてくれていた。自宅にはたくさんのバンブーロッドが置かれていた。木製の長いキッチンカウンターの上には、ジョンが自分で使うために製作したスティールヘッド用の、ブロンド色をしたバンブーロッドが置かれていた。エポキシで仕上げたのさ、と彼は言った。

ジョンは、ビンテージ・バンブーロッドのレストアの神様として知られている。また仕上げの権威でもある。しかしそのロッドには仕上げの美しさは見られなかった。エポキシによる塗装はバンブー同士をしっかりと接着させ、ロッドとともに曲がり、ロッドの手入れが簡単で長年の使用に耐える優れものだ、と彼は語った。

78歳のジョンは、すらっとした健康的な男性だ。若いころウェーディングをしすぎて傷めてしまった膝以外、健康面での問題は全くないと彼はいった。今はホビー・カヤックに乗って釣りをする。3年前、アラスカのカーター・リバー（Carter River）で21ポンドのチャムサーモンを筆頭に、日に100匹ほどのピンクサーモンやシルバーサーモンを釣り上げた。彼は優しく笑って、ここでも毎日釣りに出かけられるよ。4時間あれば制限一杯釣って、家に戻れる。

ジョン・デノーマ・シニアは私たちが憧れるアウトドアライフに生きている。

自分の釣りにはいい運がついている

ジョンはモンタナ州ビリングス市の北にある、家族が経営する牧場で育った。1906年に家族とともにモンタナへ移り住んだ。祖父は調馬が得意で、それはデノーマ家の伝統として今でも引き継がれている。ジョンが若い頃は、魚たちはみな大きく、力強く、貪欲で、数がたくさんいた。彼はギャランティン、マディソン、ファイヤーホールをはじめとした、名だたるウェスタン・リバーで釣りをしてきた。当時のことを思い起こすように彼は微笑み、「どの川でも釣りをしたね。」と言った。若い頃のジョンはハンティングにも熱中した。22口径の銃で多くのアンテロープを仕留めた。もともとアンテロープの肉が好きだというのが、ハンティングに熱中した理由だった。

第二次世界大戦時はロッキー山脈で訓練を受け、イタリア本土の激しい戦場に出向いた。ジョンは私を招き入れ、家の中を案内した。彼はいくつもあるロッドのラックのひとつから、1本のすてきなバンブーロッドを取り出した。このロッドはね、私とともにイタリアへ渡ったのさ。同行した料理人にこのロッドを貸して、これを最後まで守り通せよと元気づけてやったのさ、と笑った。

「イタリアではこのロッドで大きなブラウンを何匹か釣った。」と彼は言った。

「イタリアでは、川は地主や貴族たちのために保護されているので、いい魚がたくさん棲んでいるんだ。」

戦争が終わると、ジョンはダンジネス川が流れるワシントン州のピュージェット湾からさほど遠くない場所に居を構えた。家族は川や湾で獲れる貝やカニ、そしてサケを食べて生活をした。

自分の釣りにはいつもいい運がついている、とジョンは語った。理由のひとつは、フライは自分で全て巻いているからだ。もうひとつは、一年を通じて釣りばかり真剣にしてきているからだ。

オレゴン州はカスケード山脈の中央部に位置するダイヤモンドレイクで釣りをした時のことだ。ジョンと彼の息子は毎年そこで一週間ほど過ごし、フライフィッシングに興じる。ある年、彼はフックサイズ16番のドレイクを2本、メインとドロッパーに結んでキャストした。そしてなんと13投連続で2匹の魚を同時に釣り上げた。

うそじゃないね? と私はジョンに聞き返した。13投連続して毎回10インチの魚が2匹かかるなんて驚くべき経験だ。それは夜明けに起きたという。しかしジョンがお気に入りの7フィート半・4番のバンブーロッドには物足りない相手で、簡単に釣り上げられてしまったという。

最初のバンブーロッドを作ったのは16歳

廊下に据えられた小さな棚にはバンブーロッドが並んでいる。バンブーロッドの合間には家族の写真や思い出の記念品がおかれ、棚の一番上には古いフライリールたちが座っていた。

いくつかのリールは古いラインが巻かれたままであり、どのラインも薄く色褪せていた。ボンホフ・リールのようなコレクターズ・アイテムはひとつもない。彼の奥さんダグニーが使ったものか、それとも息子のものなのか、あるいは知り合いの釣り人からもらったものなのか、リールひとつひとつに物語がありそうだった。

ジョンは古いバンブーロッドを60本近くも集めたが、お金を払ったものは1本もない。自分は馬の優秀な調教師だったので、みんなが友達の証しとして持ってきてくれた、とジョンは言った。

彼は15歳や16歳の時分から、バンブーロッドが欲しいと思っていた。そこで彼はプレーニングフォームを自作し、竹を買ってきて最初からバンブーロッドを組み上げてしまった。1924年生まれのジョンが初めてのバンブーロッドを作ったのは、だから1940年のことだ。そのロッドは長さ9フィートのスティールヘッド向けのロッドで、当時彼はシアトルの学校に通っていたこともあり、主にワシントン州の川で使われた。

大学時代、ジョンは18フィートのオールド・タウン社製の木製カヌーを一艘持っていた。金曜日の夜になると彼は友達とともに釣り道具を抱えてカヌーを引っ張り、大学のそばの高速道路に繰り出した。水があるところならどこで下ろしてもらってもOKということでヒッチハイクをし、日曜日の午後になると再びヒッチハイクをしてシアトルへ戻ってきた。カヌーといっしょに立っていると誰かが必ず助けてくれた、と彼は言った。

第二次世界大戦後しばらくしてから、彼はシアトルで特別なロッドをプレゼントされた。ジョンはエディ・バウアーの知り合いだった。ジョンが結婚すると、お祝いということでエディはジョンにフィリプソン社のパシフィック・モデルと呼ばれるハイグレードで美しいバンブー製ボートロッドを手渡した。ジョンはそのロッドを何年も愛用した。エディ・バウアーの古い店には、入り口に大きなシロクマの剥製が飾られていたのが印象的だったとジョンは回顧する。

家族は魚好きなんだ

ジョンは言う。昔のロッドには美しいものが多い。ほんのちょっとした手入れで、良い状態を保つことができる。フェルールは抜いた状態でシャフトとガイドは布で汚れを取り、ケースに入れて横に置いて保管する。きちっとした方向でロッドが収まっているのであれば、ケースを立てた状態で保管しておいても問題はない。

彼の母親のフェイ・タラガは、若い頃フレッド・デバイン・ロッド・カンパニー（Fred Divine Rod Co.）で働いていた。何年か前にデバイン家が7フィート半で4ピースの特別ロッドの修理を2本、ジョンへ依頼してきた。ジョンが修理して渡すと、そのあまりの出来映えに感動したデバイン家は、報酬として1本をジョンに渡すといってきた。

そのような歴史的に重要なロッドは受け取れないとして彼は断ったが、最終的にはコネチカットのフライフィッシング博物館に寄贈することで話は折り合いがついた。

レナードのテーパーはいろいろ修理してきているのでその良さはわかっているが、個人的にはギャリソンのほうが優れていると思うとジョンは言う。レナードのテーパーに関する本が一冊ぐらいあってもいいね、と言った。

ジョンはデッキへと私を案内した。エサをついばむ鳥が観察できるとても気持ちの良い場所で、日差しは家で遮られていた。自分も妻もお気に入りの場所さ、特に昼食をとるには最高だ、と彼は言った。そして、控えめながら健康に気づかっているという自信を少しのぞかせるような声で、「家族は魚好きなんだ。」といった。晴れると彼と妻のダグニーは、チーズやスモーク・サーモン、スモーク・トラウト、そしてクラッカーなどを、このデッキでつまむ。今年はもう50匹以上の魚をスモークしたな、と彼は言った。

デッキを降りて、工房がある地下へと向かった。部屋の一番奥には石を積み上げた土台と、背後を壁に囲まれたポットベリー（樽型）のストーブが鎮座していた。このストーブは一家がオハイオに住んでいた1863年頃に購入したとのこと。鉄製で暖かく、薪はあまり使わない。ストーブのそばにはカウボーイ・ハットがたくさん掛けられており、いくつかは使い古されていたが、残りはお出かけ用なのか、きれいな状態に保たれていた。

ストーブのそばには木製の大きくて頑丈な作業台が置かれていて、その先に大きな窓がある。作業台の前は作業がしやすいように広く開けられていて、窓の横にはラッピング装置が置かれている。古い整理ダンスはバンブーロッドや毛ばり作りに必要な材料で一杯になっている。

天井からはロッドをしまっておくためのラックが吊り下げられていて、グラスロッドやグラファイトロッドが顔を覗かせていた。大切なロッド、つまり彼のバンブーロッドはメタルかプラスティックのチューブに納められているので、裸のまま置かれていることはなかった。

子供たちに使ってもらいたい

ジョンのもとには、ロッドビジネスに携わる人々からフィールドテストをして欲しいと、グラファイトのサンプルロッドが何本も送られてきている。ジョンは驚くようなことを口にした。

「最も嬉しいのは、古くてもいいから、使えるグラスロッドを人が持ってきてくれたときだ。」。間をおいて、「まず、もらったグラスロッドを直すだろう。次に1ドルか2ドルしかしないようなラインの付いた古いリールを手に入れて、それをセットで子供たちにあげるのさ。」

バンブーロッドを修理して子供たちに渡すことができるのであれば、それに越したことはないと彼は考えている。しかし現実的には子供たちにちょうど合うようなバンブーロッドがなかなか出てこない。なぜなら、それはコレクターたちがよく集めている、7フィート半で4番ラインを乗せるようなロッドだからだ。

ジョンは修理したロッドを年間6本程度、ワシントンのライオンズクラブに寄贈する。そのロッドが特にハンディキャップを背負った子供たちに渡されると彼はいっそう嬉しくなる。子供たちにロッドを使ってもらいたい。使い終わったら必ずロッドを拭き、季節の終わりにはかならずフライラインを拭くという教えを、彼は子供たちに伝えるようにしている。慈善活動の話になるとジョンの顔がほころんだ。

一般的な修理の場合、ジョンは報酬の額を言わない。条件は交渉次第で、ほとんどの人がフェアな対価をくれるものだ。彼の仕事は全てクチコミで、その大半がカルフォルニア州のお客さんからの依頼だ。彼は、横に置いてある何本ものロッドの束を指して言った。これはカンサスのお客さんが、何をどうするのかは任せるのでと記した手紙と一緒に、10本のロッドをまとめて送ってきたのさ。

ジョンは1本1本を手に取って簡単な説明をしてくれた。彼のロッドに対する知識は尋常ではなかった。送られてきたロッドの中で、J・C・ヒギンズ（J.C.Higgins）のモデル3034は、とても作りがいいので驚いたと言った。そのロッドを最初に見たとき高品質とは感じたものの、汚れがひどくてラベルを覆い隠していたので、大衆向けのヒギンズのロッドだとは夢にも思わなかった。ロッドのストリップを剥がし終えた時、その素晴らしい作りに驚いてしまった。

しかし残念なことに、いつ、だれがどのような契約でこのロッドを製作していたのかはジョンでも謎だ。ジョンは、ロッドに残されたマークやラベルは、できるだけ残すようにしている。このJ・C・ヒギンズのラベルがきれいになったのも、彼の微に入り細に入る温存技術の賜物だ。経年変化は別として、素人目の私には全く問題は見当たらなかった。

ジョンはオリジナルにできるだけ近いラッピングを施す。主な参考文献はマイク・シンクレア（Mike Sinclair）が著したペーパーバックの『ザ・バンブーロッド・レストレーション・ハンドブック』（The Bamboo Rod Restoration Handbook）だ。ジョンはラッピングの章を私に見せてくれた。ロッドに合ったシルク糸を見つけるのは大変だ、特にまだら染めの各種シルクはなかなか手に入らない。あちらこちら探して、高いお金を払って何とか手に入れているのが現状だ。古手の材料は英国のほうが入手しやすいものの、彼らはまとめてグロス（12個×12）単位で商売がしたいようで、どんな色のシルク糸も144個なんて生涯かかっても使いやしない、と彼は笑いながら言った。

レストアはとにかく面白い

椅子に腰かけたジョンは、バンブーロッドのレストアについて語り始めた。

今日ではレストアに興味を持っている人はあまり多くない。ジョンからフライタイイングやフライキャスティングを教わる生徒は多いものの、レストアの教室となると、巷にいくら修繕を必要としている良いロッドがあっても、興味を持つ人がほとんどいないと彼は嘆く。

レストアは時間がかかるし、特にストリップを剥がす薬剤を使用するときなどは細心の注意が必要だ。ジョンの場合、レストア作業をするときは、ロッドにもよるが一日6時間ほど作業場に入っているという。

ジョンはできるだけオリジナルなガイドを使用するために、岩石の収集家が宝石を磨く時に使用する回転ドラムまで用意して、サンドペーパーで磨いていく。ガイドがきれいになるばかりでなく、そこに付着したいろいろな物も取り除くことができるという。レストアの難しい、あるいはレストアに値しないロッドからもガイドを外して取っておいてある。パーツの箱から1880年代のニッケルシルバー製のガイドを取り出して見せてくれた。年季の入ったアゲートのガイドや、折りたたみ式のガイド、ラッパ型のガイドも見せてくれた。

ジョンは朝からあまりにも多くのことを私に語った。情報がまるであふれる川のように流れていくので、私はメモをとることがほとんどできなかった。

バンブーロッドのレストアとは一体何なのかと整理すると、彼が認めたのは以下の3点だった。レストアとは、「ある程度やると、ロッドが右足で踏まれたのか左足で踏まれたのか見分けることができるようになること」、「ガイドの装着面が壊れている場合、それが魚のせいではないと明白にわかること」、「やっていてとにかく面白いこと、まあこれが一番重要かな。」

ジョンは私の目が彼の左手の親指に残る深い傷跡に向いていることに気がついた。ジョンは、これは釣り人による傷だと言った。

ジョンがシアトルの北を流れるスカイコミッシュ川で釣りをしていたときのことだ。18ポンドもある大きなスティールヘッドをかけた。すると他の釣り人が凄まじい勢いでやってきて、ジョンがまだ魚と格闘しているプールに割り込んできた。そしてその釣り人がキャストした2本針のフライが、ジョンの手に深く刺さってしまった。ラインが絡まった時の優先順位に従って、ジョンは後から入ってきた釣り人のラインを切って自分の魚を取り込んだ。手に刺さったフライはプライヤーを使っても抜くことができなかった。針が骨まで刺さっていたからだ。その釣り人は申し訳なさそうだったが、ではなんで割り込みなんかしたのだろうか?

ジョンは主治医の診療所を訪れた。主治医はフライが刺さった場所を大きく切り開き、針を取り除いた。手術のあと、ジョンと主治医は良いスコッチを飲み、夜中までフライフィッシングを語り合った。

釣り人を長くやっていれば、帽子やサングラスが飛ばされたり、皮膚や服装に肌に針を刺したりするような事故や怪我はしょっちゅうだ。しかし、これはその中でも最悪の事故だった。

彼は突然、笑って私にごく普通の腕時計を見せてくれた。

彼がダグニーとワシントン州のセダー川へ釣りに出かけたときのことだ。二人は小さな滝のある上流部で、冷たくて速い流れの川の反対側に渡ろうとしていた。厄介な荷物はジョンが引き受けることにした。彼はダグニーに時計を預けたほうが良いと思い、絶対に濡らさないでと言ってそれを渡した。

かしこい読者の皆さんならもうお分かりのことと思うが、彼が気づいた時には、彼女は魚籠《クリール》を片手で空に突き上げながら滝を滑っていた。大丈夫かと慌てて駆け寄っていくと、彼女は、ほら濡らさなかったでしょ！と自慢げに叫んだんだ。——

他にも何頭も来るはずさ

ジョンは、面白いものを見せようといった。頭上のラックから大きなロッドケースを取り上げ、中から長い竿を引っ張り出した。つなぎ合わせてみると本当に長いロッドだ。それはルーミス（Loomis）社の15フィートもあるグラス製のスペイロッドで、彼はそれを「鞭《ムチ》」と呼んでいた。

そのロッドは相当長く、しかもとても柔軟だ。外で振ってみようと彼は言いだしたが、窓の外を見ると、牧草地の前に置かれたエサ箱にメス鹿が来ていた。ジョンは彼女を驚かしたくなかった。他にも何匹も来るはずさ。しかし今朝は現れるのがずいぶん遅いな、と彼は驚いたような口ぶりだった。

彼は私をバインディング・マシンの下にあるキャビネットの元へ案内した。引き出しを開けると、いくつかのリールケースが入っていた。大きな2つのリールケースを触りながら、彼は「使用する釣り道具はほとんどこのキャビネットに入っている。」と言った。大きなリールのひとつはラムソンで、もうひとつはループだった。どちらもラインが巻かれていて、きれいだったが、よく使い込まれていた。

ジョンは、今はこの2台のリールと何本かのスペイロッドを使用してクース湾（Coos Bay）のストライプト・バスを狙っていると言った。けれど実は、ジョンは今までにストライプト・バスをランディングした経験が一度もない。というのはいつも魚の引きに負けてしまい、ラインを杭に絡まれてしまうからだ。今後もチャレンジし続けるよ、と彼は言った。その場所は見すごされている穴場らしい。

窓越しに目をやると、牧草には立派な角を持ったオス鹿が先ほどのメス鹿に加わっていた。メスはジョンがキャスティングを練習する小さな池で水を飲んでいた。オスは用心深く、しかし物怖じしない態度でエサ箱に口を運んでいた。

彼らは一種ペットのようなものだ。ペットのようにふるまうし、ペットのような態度を見せる。両親のところにいる鹿たちと同じだ。でも自然界に生きているので、自分たちで安全は確保しなければならないけどね。

自分でフライを巻かないなんて

次の引き出しを開けると、何個ものフライボックスがきれいに整頓されて入っていた。ジョンは使用目的別にフライをしまっていた。ジョンがフライボックスを次々と開けるたびに、長くはないけれど、それぞれのフライにまつわる、ちょっとした物語を語ってくれた。

どのフライボックスも片側にフライが整然と並んでいる。まだ使われたことのないフライたちだ。反対側に並んでいるフライの数は少なく、それらには使われた痕跡がある。

ジョンは今までフライを購入したことが一度もないという。私は持っているフライのほとんどを購入していると話した。すると彼のわずかな表情の変化、いや表情というよりはむしろ彼のテレパシーのようなものを感じた。

すなわち、自分でフライを巻かないなんて、正しいフライフィッシングの道に反するよ。――それは非常に重みのあるメッセージで、フライを巻くことに自分の時間を割くこともなく水辺に立つとしたら、その釣り人は何か大事なものを失うよ、というメッセージだ。

トラウトたちが一体いつ、そしてなぜ特定の昆虫たちを捕食するのか理解しなさい、という教えだ。私を気がつかせてくれる本当に優しいメッセージだ。それ以外の意味はない。

ジョンはカラフルなスティールヘッド向けのフライが入ったフライボックスを開いた。そして次に、ジョンが全て巻いたに違いない、何百もの小さいフライの入った、小さくて緑色をした英国製のフライボックスに目をやった。

「写真を撮ってもいいかな？」

「どうぞ。」

私はとても光栄な気分になった。

古いフライロッドが語るもの

彼は書斎から、竿袋に入った2本のロッドを持ってきた。彼が持っているロッドの中で最も古いものだという。

1本は古いラッピング・スタイルに身を包み、折りたたみ式のガイド、スクリュータイプのフェルール、籐巻きのグリップで1879年の英国製ロッドだと説明してくれた。そのロッドは非常に美しかった。オーナーを喜ばせただけではなく、たくさんの大きい魚を求めて川や湖へとオーナーを引っ張っていったに違いない。

2本目のロッドは、色の濃い古い木製のロッドで、グリーンハート材から作られており、グリップは組み木によるものだった。ブランクにはトランペット型のガイドがしっかりと固定されていて、ちょっと変わった三角形のトップガイドが付いている。

どれほど古いロッドなのだろうか？　どこで作られたのだろうか？　対象魚は何か？　当時バンブーロッドは入手できたのだろうか？　バンブーよりも木製のロッドのほうが値段が安かったのだろうか？　どれほどの耐久

性があるのだろうか？

多くの質問がどんどん私の頭に思い浮かんでくる。しかし私は質問をしなかった。

ジョン・デノーマ・シニアは私を完全に圧倒していた。

彼の作ったスティールヘッド用のロッドのテイップを眺めていたとき、奥さんのダグニーがやってきた。ジョンがお互いを紹介してくれた。こざっぱりとした彼女は、大きな笑みを浮かべ、目の前にいる来訪者に興味深げだった。しかし何か仕事をやり残しているらしく、鳥の群れが去るようにさっといなくなった。私もそろそろお暇する時間だ。

ジョンの家に通じる道を戻っていく時、例の池の前に車を止めた。オオアオサギが浅瀬にしっかりと立っていた。彼はとてもリラックスしているように見えた。オオアオサギは私に何枚か写真を撮らせてくれた。しかしプライバシーを侵害するのはもう充分だろうという態度に変わった。


ジョンはレストアも含めて、自分が関わったバンブーロッドの詳細なデータを全て記録している。彼は自作ロッドのラッピングに関しては、地味目のオレンジのラッピングに黒のティッピングが好みだ。緑色を基調とした斑模様のラッピングに、赤ないし銀色のティッピングもする。ティッピングに金色を使うこともある。

彼は、自作ロッドには単純なサインを記す。ブランクの一つの面に、黒色の読みやすい字で自分の名前を書き入れる。9フィート・#10／11番のスティールヘッド用のロッドなら他の面に「9」と書き入れ、他の一面に「10-11」と書き入れる。シリアルナンバーは残った面に書き込む。1998年5月なら「5/98」と書き入れ、その年のその月の何番目に作られたロッドなのか、通し番号を「3/1」（その年通産3本目、その月通算1本目に製作の意）と標記する。

Chapter 14

ロジャー・フェアフィールド

バンブーロッド・メーカー探訪③　妥協なき実験者

ジョー・ビーラート

晴れて爽やかな10月の初旬、私はオレゴン州シスターズ市から少しだけ西に行ったロジャー・フェアフィールドの自宅を訪ねた。電機技師を引退した彼はバンブーロッドの製作を日々楽しんでいて、他のビルダーが見過ごすような技術的なことにもあれこれと頭を回していた。彼はたいしたことなんて何もしていないような口ぶりで「車輪を一から開発しているわけではないからね。」と語った。

現代はインターネットや印刷物でバンブーロッドに関する重要な情報や実証データが手に入る。ロジャーはそれらの情報と、電機技師としてのキャリアと、一冊のマニュアルをもとにロッドを製作している。ウェイン・カタナーク（Wayne Cattanach）が著した小さなリングで束ねられた本（『Handcrafting Bamboo Fly Rods』）のことだ。

バンブーロッド・ビルダーとしてのロジャー・フェアフィールドの特徴は、彼が実験者であるということだ。多くのビルダーが手がけてきたことは彼もひと通り全て試してきている。ロッドをいじってみて、そしてここが重要なところだが、自分自身がフィールドに実際に出て釣りをして、ひとつひとつ検証を重ねていく。

ロジャーはチューブから「０３３」と番号のついたロッドを取り出した。竿袋に染みついた汚れがとても誇らしげだ。このロッドはそれほど多くの場面でテストされてきたということだ。

「このロッドは10ヶ月の間に70日間を川で過ごした。」と彼は言った。「033番のテーパーは使えるとわかった。実験は大成功だ。」

ロッドは魚を釣るためにある

ロジャーは父親からフライフィッシングを学んだ。ボーイスカウトでも手ほどきを受けた。バンブーロッドを使い、カルフォルニアのシエラ・ネバダ山脈を流れる川が教室だった。それから40年もの間、自分の手でラッピングしたグラスロッドや、グラファイトロッドを使い、フライフィッシングを続けた。

バンブーロッドに対する興味は長らく持っていて、1994年にはじめて仕事仲間の持つバンブーロッドを修理する機会に恵まれた。すると自分もバンブーロッドで釣りがしたいという気持ちが、自然と湧き上がってきた。

彼は9フィートの古いバンブーロッドを見つけ出して修理を行い、そのキャスティングを楽しんだ。1996年には自らバンブーロッドを製作するようになる。彼の初めての作品はパウエルのテーパーを持たせた7フィート半のロッドだ。

最初の001番ロッドを作り終えると、彼はバンブーロッドの製作に魅了されてしまった。初年度は月1本というしんどいスケジュールをこなしたが、2年目から少し余裕を持たせるようにした。現在1本のバンブーロッドを仕上げるのにおおよそ15~20時間かかるが、できれば10~12時間で仕上げたいと考えている。

バンブーロッドの製作に早道はない。ロジャーは時間をかけて徹底的に準備をする。リールシート、ガイド、それにフェルールは既製品を使う。てらいのないラッピングはとても丈夫だ。彼は1ティップしか作らない。少し誇張した口調で、「折れたティップを見たことがどれほどある?　ティップ交換だって簡単にできるしね。」

フライフィッシャーマンは、特に長旅をする連中は、かならずバックアップのロッドを持っている。ロジャーはオレゴン州メトリウスで一度ロッドのティップを折ったことがあるという。「ドリー」と名付けたドリーバーデン、あるいはブル・トラウト（釣り人が投げるものには何でも喰らいつくイワナ属の大型魚）向けのロッドだった。ロジャーが自分でデザインした長さ8フィート半で7番向けのロッドだ。

彼は私に「ドリー」を見せてくれた。なんの変てつもない普通のラッピングだ。薄い赤に、緑や青や赤などちょっと派手めのスレッドが使われていた。スパー・バーニッシュが当たり前のように使用されていた。スパー・バーニッシュは非常に丈夫で機能的だ。

彼は、要するに実証研究なんだという。ロッドはきれいでなくても良い。ロッドは魚を釣るためにあるから。「ドリー」はバット・ホロー構造だ。大型のブル・トラウトが絶対にかかるであろうという楽観的な見通しのもと、彼はファイティング・バットまで作っていた。このロッドには通し番号が付けられていない。メトリウス川では29インチ、9ポンドという大型のドリーバーデンがヒットし、やり取りの中でティップが折れた。

うまくいく例もあれば…

ロジャーはつい先ごろ、039番のロッドを完成させた。そしてかなり控えめな価格で3本のロッドを売りに出した。ここに来る前日に私がシスター市のフライショップを覗いた時、たしかに彼のロッドが500ドルで1本売りに出ているのを見た。残りの2本は地元の教会とホスピスで開催されるラッフル（ラッフル券を買って、欲しいものに投票し、抽選でその商品を得るチャリティー行事）に出展された。39本の中で販売されたのは現在のところその3本限りで、残りは実験と自分のためのロッドだ。

彼は今でも001番のロッドを持っている。1997年5月、彼がまだカルフォルニアで過ごしていた時代に製作されたロッドだ。彼曰く、アメリカ川のノース・フォークやミドル・フォークでこのロッドを早く試したくてしようがなかった。001番と同じPVCケースには、やはり1997年に作られた005番が入っている。長さ9フィート、5番ライン向けのロッドだ。ロジャーによれば7番も8番ラインも投げることができるという。

しかしこの005番に関してはひどいデザイン、うまく投げられない、驚くほどスローアクション、機能不全、使用期間4日のみ、そして疲れるロッドなんだ、と彼は評した。彼がこの005番ロッドについて話し終える頃には、私はラインを3種類持って試し振りに行きたい気持ちになっていた。このロッドは作っている矢先から、大きな実験だとロジャーは感じていたようだ。

005番ロッドは、接着剤の線は目立たず、外見はどちらかと言えばシンプル。明るい青色のラップをしたフレックスコート仕立てのロッドだ。こんなラッピングを見るのは生まれて初めてだった。仕上げが重要なのではない。大事な点は、自分の時間を使ってロジャーが何か新しい、今までとは違う試みにチャレンジすることだ。とにかく彼は何でも実験する。うまくいく例もあれば、そうでないものもある。

多くのロッドメーカーは、巷にあふれる本やパターンに従って、毎回少しでも成功に近づきたいと考えている。人は本当にそのようなやり方で学べるのだろうか？　そうやって作られたロッドがロジャーの005番より良いロッドといえるのだろうか？

ロジャーは自分のテストロッドについてこうも述べている。

自分はかならずテストロッドに戻る。テーパーに変更を加えたり、新たに開発したときには、そこに至るまでの過程を思い起こすため、かならず当初のテストロッドを振りなおしてみる。

11番目のテストロッド

彼は再び倉庫に入っていった。次に出てきたときに彼が手にしていたのは「021」と書かれたロッドチューブで、「ニュージーランド・エキスプレス」と名づけたロッドだった。2000年にニュージーランドに釣りへ出かけた際に、ロジャーが作って持って行ったロッドだ。ポール・ヤングのパラボリック・テーパーを持った、ダブルテーパー・フローティング7番ライン用のロッドだ。ニュージーランドでは27インチのレインボーを筆頭に、数多くの大物をこのロッドで釣り上げたと彼は静かに言った。

ロッドを出してくるたびに、私が大きく微笑む姿を見て、ロジャーは不思議そうにしていた。ロジャーのロッドバッグは食卓の敷き布で作られている。きわめて実用的だが、様々な色彩や模様や生地が組み合わさっており、見ているととても楽しくなる。販売用のロッドやチャリティー向けのロッドには、それ用のロッドバッグを作るから、と妻が言って聞かないんだ、とロジャーは怪訝そうな顔をした。

直径の大きいPVCチューブには、補強用と持ち運びのハンドルを作るためにダクトテープが巻かれている。飛行機に持ち込むためのケースだ。ロジャーによれば、11本目まではテーパーの実験を主体としてロッドを製作してきたという。011番が完成したのは1998年3月だ。彼はこのロッドのアクションが好きだという。

011番はソフトなティップとバットを持ち、ミッドセクションは逆にやや硬い。グラファイトのようなキャスティングを見せながら、ゆったりとラインの動きが手に伝わる。バンブーらしさを本当に感じさせてくれるロッドだ。長さ7フィートで4番ライン向けのこのロッドはヤングのテーパーを参考にしつつ、ティップはオリジナルよりやや硬めだ。011番以降のロッドは9割方が基本的にこのテーパーを下敷きにしている。

ロジャーはチューブに入っていない、よく使い込まれた古いロッドを出してきた。それは彼の父親のロッドだった。父親の死後、ロジャーの弟が住むシアトルの自宅の地下室に20年もの間忘れ去られていた。ケースもバッグもなく、ガイドは錆びつき、ラッピングはほつれていた。メーカーの刻印もない。おそらく1950年代にカルフォルニアのバークレーで、父親が歳をとってから買ったロッドだろうと、ロジャーは言った。緑色のラップがロッド全体に1インチ間隔でらせん状に巻かれている。リールシートはプラスティック製だが、バンブーの肌をよく見ると、状態は驚くほど良好だ。

バンブーロッドの歴史を辿って、どこのメーカーのものか引き続き調査を続けたいと彼はいった。

原材料は徹底的に選別する

ロジャーは私を作業場へ案内した。ガレージの中には竹を保存しておくラックが天井から吊られていた。全てチェック済みのいいバンブーだよ、と彼は言った。ロジャーは竹のディーラーを直接訪問する。自分の目で見ていい材料を仕入れるための労力とコストは厭わない。ロッドの製作費を計算するときには、無駄になる材料や自分の労賃も含める。数字は物語ってくれる。そしてよい材料を仕入れるために追加的なコストをかけても、経験上問題ないと、ロジャーは考えている。

栽培（伐採）業者の刻印が表面にあったり、質そのものに問題があったり、輸送中の傷など、バンブーを仕入れる時の注意点は多い。ロジャーはパワーファイバーに細心の注意を払う。8万~10万本のパワーファイバーがあるバンブーは、4番ないし5番ロッドに向いている。より高番手のロッドには最高品質の竹を使用する。中番手のロッドなら1万本や2万本のパワーファイバーを取り除いても大丈夫だ。ロジャーがマイクロメーターを片手に容赦のない目で材料を精査する傍らで、どれも素晴らしいバンブーですよ、とおどける業者の姿が目に浮かぶ。

ロジャーは会話の冒頭で、「実験がしたい」と言っていた。と同時に、彼は一貫性も保ちたいのだ。実験を行う第一の理由はクオリティ・コントロールだ。完成度のばらつきをなるべく避けることが目的だ。原材料であるバンブーをきちんと選別することは、ロッド製作において最も重要な要素となる。

ロジャーの作業場は広く、清潔で、明るい。壁の高い位置に空調が据えられている。床に落ちているはずのバンブーの削りかすはきれいに掃除されている。工具類は一切かかっていない白い壁が部屋一面に光を反射し、作業場には陰の部分がない。よく考えて作られた作業場であることがわかる。

ロジャーはミンワックス社のヘルムスマン・スプレーオン・スパーバーニッシュを使用している。彼は小さな特殊な布を使って、色落ちや液垂れなしに2、3回シャフトへ擦り付ける。そしてコーティングの合間に非常に目の細かいスティール・ウールで磨きをかける。こうすることで塗装ののりがよくなり、重ね塗りがきれいにできる。最後にやや厚めにスパーバーニッシュを噴き付け、回転式モーターの付いたラッピングマシンにかける。

チューブでドブ漬けする方法は製作本数や置き場所、温度管理や液の補充を考えると、採算に合わないということで見合わせた。実験を繰り返すための手作業にはこのラッピングマシンがぴったりだ。ロッドの六角形が立っているかどうか、コーティングをどのタイミングで行うか、研磨をどうするか、最終仕上げをいつ行うかなどがよく分かる。ラッピング作業では、ティップ部を構成する6片のストリップを捻らないことが最も重要だ。また、接着後にバット部をまっすぐにしようと過度な熱を与えると、ストリップが剝がれてしまう、注意が必要だとロジャーは言う。

ロジャーが使っているバインダーは、カルフォルニア州の中部に住むバンブーロッドのご意見番として有名なジェリー・フォスター（Jerry Foster）がくれたものだ。二人は2002年8月にメテリウスで開催されたフライとバンブーロッドのイベントで会った。ロジャーがバインダーを持っていないことを知ったジェリーは、釣りをするために9月に再びオレゴンを訪れ、自分の予備のバインダーをロジャーに直接手渡した。

039番以前のロッドでは、ロジャーはバインディングの糸に合わせてラッピングマシンのテンションを調整していた。あるいは単純に手で巻いたりしていた。ラッピングマシンを使った糊付けはめちゃめちゃで、ましてや手でやるとなるとひどいものだった。ロジャーはジェリーの親切に心から感謝している。

500ドルの分岐点

ロジャーはエンジニアとしての経験に裏打ちされた土台をもってバンブーロッド作りに臨んでいる。

彼によれば、ロッドには癖がつきやすく、しかも元に戻りにくい直径の臨界点（長さ）があるという。ロッドの重さもアクションもこの直径の臨界点に影響を受ける。ただしこれは科学的に実証されたものではなく、ビルダーの間で普通に話されている話題だ。

バンブーロッドの抱える問題として、番手が大きくなると重くなることがあると、ロジャーは言った。軽ければ釣り人にとって都合は良いが、軽くするにはロッドとしての限界がある。

ロジャーはカタナークとギャリソンの作ったストレスカーブでテーパーを評価するのが好きだ。ストレスカーブを測るための、インターネットで提供されているコンピュータープログラムもよく利用する。今はたくさんの情報をインターネットや印刷物経由で簡単に入手できる。ロジャーはこれらの情報とツールを使ってストレスカーブの計算を行い、ロッドの直径を決めていく。どうすれば生産性を向上させられるかに興味があるんだと彼は言う。

ロジャーは部屋を見回して、自分の製作してきた数々のテストロッドのことを思い起こすように、バンブーロッド製作に関してこう述べた。

「ロッド作りに関して今言える最後のことは、『まっすぐに伸ばす、まっすぐに伸ばす、まっすぐに伸ばす』だ。」

人は値段を気にする、とロジャーは言う。彼の経験では、一般的に人がバンブーロッドを購入するかしないかの価格の分岐点は、500ドルのようだ。だからその価格に合うように、色々と調整をする。しかし価格がどうであれ、ロッドが売れることに感謝している。この価格だと1ティップ仕様にならざるをえないが、丈夫で、機能的で、美しく、店頭で買い手を悩ませないロッドにしなければならない。

ロジャーの製作するロッドのシリアルナンバーは単純明快だ。ロッドの表面には通し番号に加えて、完成日、ロジャーの名前、テーパーの種類とラインの番手が記載されている。

Chapter 15

バンブーロッド・リファレンス

もっとくわしくバンブーロッドを知りたい方の参考資料

サンテ・L・ジュリアーニ

グラファイトロッドなら、通常どのフライショップでも試し振りができるように在庫を持っている。しかしバンブーロッドではそうはいかない。バンブーロッドを扱う店は多くないし、あったとしても本数が少ない。

バンブーロッドにはモデルが何種類も存在するわけではないし、メーカーの数もたくさんあるわけではない。しかしバンブーロッドの長い歴史において、今ほどロッドメーカーの数が多い時代はない。バンブーロッドを語るには、知っておくべきことがたくさんある。

全てはレナード社から始まった

昔のバンブーロッドメーカーには、そのメーカーが所在する地域の釣りにマッチしたロッドを作るという共通した特徴があった。H・L・レナードは典型例だ。

ハイラム・L・レナードは、若い頃に住んでいたペンシルバニアで使われていたロッドを改善することから出発した。当時のフライロッドはフライを川へ単純に投げられればこと足りたので、ロッドテーパーはスローで、長さもかなりあった。

自然主義者のレナードは木こりでもあり、メイン州の森でハンターや釣り人のガイドをしていた。レナードは短期間でロッドを進化させたが、すでに一人前の銃職人であったレナードには、各種の作業をこなすのは当然のことだった。

釣具商のブラッドフォード&アンソニーは、レナードのロッドを見るやいなや自分たちの店で売りたいと思い、レナードをすぐさま説得した。その後何年にもわたって、レナードはブラッドフォード&アンソニーの店でロッドを販売することとなる。

レナード社は、ブラッドフォード&アンソニーに始まり、ウィリアム・ミルズ&カンパニーとの提携を経て、その後ニューヨークのセントラルバレーに移転する。レナードはショップの傍を流れるキャッツキルの清流で釣りをするためのテーパーを、次々に作り出していった。

レナードの職人たち

エド・ペイン、ローマンとハイラム・ホーズ、フレッド・トーマス、ユーティス・エドワーズ、トーマス・チャブ、ジョージ・バーニー、そしてフレッド・デバイン――。彼らはレナード社に採用された職人たちだ。彼らはその後自分のロッドを作るようになる。

トーマス・チャブは自分の名前を冠した会社をバーモント州ポストミルズに設立した。モンタギュー・シティー・ロッド&カンパニーがチャブ社を買収した時に、ジョージ・バーニーがロッド製作の指揮をとることになる。

ローマン・ホウズ、フレッド・トーマス、そしてユーティス・エドワーズは、ニューヨーク近郊に、トーマス、エドワーズ&ホウズ・ロッド・カンパニーを設立するためにレナードのもとを離れた。しかしローマン・ホウズが突然亡くなると、レナードにいたエド・ペインが二人に加わって、トーマス、エドワーズ&ペイン・カンパニーと衣替えする。

彼らはU・S・ネット&トワイン・カンパニーにロッドを卸していた。トーマス、エドワーズ&ホウズ時代から提供してきたコズミック・ロッドについてもトーマス、エドワーズ&ペインのブランドで供給し続けた。

その後エド・ペインは自分でベラーを購入してセントラルバレーに、E・F・ペイン・ロッド・カンパニーを設立した。彼はキャッツキルの伝統に則って、自分が独自にデザインしたロッドを販売したため、直接レナード社と競合するようになってしまった。

トーマスとエドワードはメイン州ブリューワーに戻り、トーマス&エドワード・カンパニーを立ち上げるものの、これは短命に終わってしまう。少ない収入では一人しか食べていくことが出来ない。

ユーティス・エドワーズは友人フレッド・トーマスのもとを去り、写真家を目指して西へ向かった。残されたフレッド・トーマスはF・E・トーマス・カンパニーの名前に衣替えしてロッドを製作し続けた。

バンブーロッド新時代の誕生

フレッド・デバインは、ニューヨークの近くにデバイン・ロッド・カンパニーを設立した。レナード社に残ったのはハイラム・ホウズだけとなった。ホウズはその後、彼の仲間でトーナメント・キャスターだったルービン・レナードとともに、近代レナード・ロッドのテーパー開発の中心人物となる。

ホウズとルービン・レナードは、ハイラム・レナード亡き後、トーナメントキャスティングで今までの記録を打ち破り、キャスティングチャンピオンとなった。さらにドライフライ向けのテーパーを開発し、レナードの新たな歴史を作っていった。彼らのロッドは一体どこで売られたのだろうか?

ウィリアム・ミルズ&サンズは、レナード社の独占的な代理店として彼らのカタログを発行し、カタログを通じて注文を取り、またニューヨークにある工場に併設したショールームでも注文を取った。「Wm & Mills」というモデルも売られたが、それはもちろんレナード社の製作によるものだった。

当時ボストンには、ブラッドフォード&アンソニー、ニューヨークには、ヴォン・レンジャーク&デットモールドというような大手の釣具店があり、今日同様にフィッシングショーも開催されていた。そして多くのメーカーが、国際博覧会で新作ロッドを発表していた。

当時はまだ、クチコミでロッドの販売数が増えたり、川で出会った釣り人に、持っている新しいロッドを振らせてもらい、その入手方法を聞きだしたりする時代だった。多くのスポーツ雑誌がロッドの広告を掲載し、新作ロッドを手にしたライターが最新の釣行記を掲載することで、新しいバンブーロッドの業界が生まれていった。

自分がその時代に住んでいたらどんなに楽しかっただろう。しかし考えてみると、当時のメーカーの情報については現代のほうが良く知られているかもしれない。

ここまで登場してきたいずれのロッドメーカーも、自分たちでカタログを発行し、複数の釣具店と提携していた。いずれもメイン州に始まり、そしてニューヨークへと広がっていった。

一方、アメリカ西部、中西部には、E・C・パウエルやR・L・ウィンストン、グッドウィン・グレンジャー、ポール・ヤング、L・L・ディッカーソン、ヘドンやサウス・

ベンド社がある。

バンブーロッド全盛期、大量生産の時代

バンブーロッドの製造は1920年代に入って爆発的に増加した。シアーズ&ローバック、モンゴメリー・ワード、ウェスタン・オートのようなアウトレット店が登場してロッドを販売するばかりでなく、街の雑貨屋でまでバンブーロッドを販売するようになるなど、世の中が変わっていった。販売先の名前でロッドを製造することが一般的となり、いわゆるトレード・ロッド（OEM）が全盛期を迎えた。

しかし、雑に取り扱われたり、リフィニッシュされるたびにデカール（シール）や手書きのロッド名、タグなどが失われ、その後なんの証拠も残らないままにロッドが流通するので、どこの何というロッドなのか判らず、混乱を招く結果となった。

ロッドに目立った印もなく、竿袋についているタグも失われた状態では、自分の持っているロッドがどこのメーカのものであるのかを特定することはきわめて困難だ。

センテニアル出版社を運営するディック・スパーと、著者のマイケル・シンクレアの手により『バンブーロッド修繕ガイド』（A Restoration Guide to Bamboo Rods）が出版され、1920年代以降に、雨後の筍のように現れた多くのバンブーロッドを識別できるようになった。

この価値ある本は、ペインやレナード、トーマスのような著名なメーカーは取り扱っていないものの、大量生産していたプロダクションメーカーであれば、何というモデルなのか、あるいはどこのメーカーの手によるトレードロッドなのかが特定できる。

プロダクションメーカーの緻密な社歴解説に始まり、各ロッドモデルの装飾、ラッピングのカラーチャート、メーカーのシールなどがていねいにイラストされている。また出荷時の状態にレストアすることができるよう、ロッドのオリジナルな様子が描かれている。多くの参考文献や、レストアを請け負ったり、修繕に必要な部品を供給してくれる会社が紹介されている。

著名なロッドメーカーは一般的に自社名をロッドに記しているが、フェルール、トップガイド、特許取得日、あるいは何らかのマーク（PFとあったらPerfection tip topsと

いうように）によってモデル名を特定することができる。

ディッカーソンやウィンストン、エドワーズ、グレンジャー、ヘドン、パウエルなどはロッドシャフトに社名を入れているが、名前が消えているならモデル名の特定は困難となる。他社と差別できる小さな証拠は結構あるものだが、熱狂的なバンブーロッド愛好者以外は見逃してしまうかもしれない。

ウェブサイト

バンブーロッドの各ディーラーは、販売ロッドの写真や特徴をアップしているので、希少性の高いロッドの場合、とても重要な情報を提供してくれる。私が気に入っていて毎日見に行くサイトをいくつか紹介する。

http://www.rwsummers.com/

ミシガン州トラバースシティーのR・W・サマーズ氏のサイト。ボブ・サマーズはポール・ヤングの元で長い間働き、彼が死んだ後も息子のジャック・ヤングと会社を切り盛りした。その後サマーズは独立して自分のロッドシリーズを出すようになる。

http://www.swiftriverflyfishing.com/

マサチューセッツ州ニュー・セーラムのリック・タウピア氏（ナイトヘロンという愛称で親しまれている）が経営する〈スウィフト・リバー・フィッシング〉のサイト。リックはロッドの修理に忙しくて、更新頻度はあまり高くないが、ロッドに関する情報提供には常に前向きだ。

http://www.housatonicrods.com/

コネチカット州ワーレンの〝ストリーマー〟の愛称で知られるウィリアム・エイブラムス氏が運営する〈フーザトニック・ロッド〉のサイト。彼はロッド修理も行うがビンテージロッドも販売している。キャスティングも見た目も垂涎の的である、ディッカーソンの素晴らしいレプリカを提供している。

http://www.codella.com

レン・コデラ氏の〈スポーティング・コレクタブル〉のサイト。彼は数多くのロッドメーカーと通じている。インターネット上とカタログ（年間10ドルで3、4回発行される）の両方でビジネスを展開している。

http://classicflyrodforum.com/forum/

クラーク・デイビスはロッドのレストアもビンテージロッドの販売も行っていたが、バンブーロッドの初心者のみならず、いろいろなレベルの人に向けて素晴らしいフォーラムを提供してきた。もしバンブーロッドに興味がある方であれば、一度覗いたほうがいい。

※訳注　〈ザ・クラシック・フライ・ロッド・フォーラム〉はフライフィッシングでは全米最大級のフォーラムに成長。現在はホワイトフィッシュ・プレスのトッド・ラーソン氏が引き継いで運営している。

ディーラー・カタログ

Classic Rods & Tackle, Inc.

クラシック・ロッド&タックル

代表：マーティン・J・キーン（Martin J. Keane）

年間10ドル払うと3冊のカタログが送られてくる。何かを購入すると3年間無料でカタログが送られてくる。

Rods & Reels

ロッド&リール

代表：ボブ・コルセッティー（Bob Corsetti）

年間10ドル払うと3冊のカタログが送られてくる。何かを購入すると3年間無料でカタログが送られてくる。

The Jordan-Mills Rod Co.

Classic and Vintage Fishing Tackle

ジョーダン・ミルズ・ロッド・カンパニー

クラシック・アンド・ビンテージ・フィッシング・タックル

代表：カーマイン・リセラ（Carmine Lisella）

カタログは年3回で無料。

Adams Angling

アダムス・アングリング

代表：ジム・アダムス（Jim Adams）
カタログは年3、4回発行で無料。彼の書籍リストは膨大である。

書籍

多くの書籍が幾多のバンブーロッド・メーカーを取り上げているし、特定のメーカーだけに絞って書かれた本もある。どれもかけがえのない情報源だが、中には調査不足なのか、著者による勘違い、校正ミスなのか、不正確な記載もあったりする。しかしそれはそれで、重要な情報源であることに変わりはない。

ここで紹介する本は残念ながらほとんど絶版（OOP＝Out of print）になっている。

American Fishing Books, 1743-1993
K・A・シーツ（K.A.Sheets）
バンブーロッドについて書かれた本ではないが、1743年から1993年までに発行された釣りに関する本やカタログ、雑誌を紹介し、それらの中古市場における価格に言及している本だ。入手する価値はある。

Classic Rods and Rodmakers（1976）
マーティン・J・キーン（Martin J. Kean）
昔のメーカーから1976年当時に現存したメーカーまでを数多く取り上げた初めての本だ。彼は全米を回って多くのメーカーを訪問し、その家族や従業員にインタビューした。とても貴重な情報が詰まっており、写真もカラーと白黒で提供されている。絶版で入手困難。

Fly Tackle：A Guide to the Tools of the Trade
ハーモン・ヘンキン（Harmon Henkin）
バンブーロッドに付随する様々な道具に関して、有益な情報を提供してくれる。ヘンキンは自分の主張にとらわれすぎる傾向があり、知識ある釣り人の笑いを誘うような間違いもあるので、バンブーロッドの初心者が混乱する場面もあろう。しかし全般的には良く書かれた本で、ところどころ素晴らしい情報が含まれている。絶版。

Trout : Volume1 and Volume2

アーネスト・シュワイバート（Ernest Schwiebert）

「Volume1」の方がページ数が多くて情報が詰まっており、彼の手描きイラストであふれている。シュワイバートの優れた詩的な文章表現が、読み手を和ませてくれる。ハードカバーもペーパーバックもある。絶版。

The Idyl of the Split Bamboo（1920）

ジョージ・パーカー・ホールデン博士（Dr George Parker Holden）

著者はエバレット・ギャリソンの友人であり、師匠でもあった。ギャリソンがバイブルとして仰いだのはまさにこの書籍だった。バンブーロッドの黄金時代に書かれたもので、素材としての竹そのものの性質から、取り扱い方、加工方法などが記載されている。非常に価値のある歴史的な書籍で、オリジナル、再販版ともに入手困難。

The Bamboo Rod（1951）

クロード・クレイダー（Claude Kreider）

パーカー・ホールデンの本と同様に、バンブーの取り扱い方やその入手方法、必要な道具類までをカバーした内容で、歴史的な考察や、たとえばテーパーをどのように決めていくのかなど有益な情報を提供してくれる。ペーパーバック版が出ているが、入手困難。

The Practical Fly Fisherman

A・J・マクレーン（A.J.McClane）

単なるバンブーロッドの本ではなく、シルクラインとシルクガットを使用して釣りをするのであればとても参考になる情報が含まれている。ハードカバーとペーパーバックの両方があり、入手は容易。

Modern Fly Casting

ジョン・アルデン・ナイト（John Alden Knight）

ジョンは著名なアングラーで作家だ。バンブーロッドをベースにした有益な情報を数多く提供してくれる。絶版で入手困難。

The Well-Tempered Angler

アーノルド・ギングリッジ（Arnold Gingrich）

Trout Magic

ロバート・トレイバー（Robert Traver）

2冊とも入手可能で、一読の価値がある。後者はモーリス・クシュナーについて丸ごと一つの章を割いている。

In the Ring of the Rise

ビンセント・マリナロ（Vincent Marinaro）

バンブーロッドについて知るのであれば一読しておいたほうが良い本だ。マリナロは熱狂的なアングラーだ。絶版のため、見つけるのは難しいかもしれない。

The American Sporting Collector's Handbook

アラン・J・リユウ（Allan J. Liu）

アランはニューヨーク州でタックルショップを営んでいる。この本はバンブーロッドの話のみならず各章ごとにルアーやハンティングやデコイなど違った話題を提供している。絶版で入手困難。

A Master's Guide to Building a Bamboo Fly Rod

エバレット・ギャリソン（Everett Garrison）

ホーギー・B・カーマイケル（Hoagy B. Carmichael）

ギャリソンが口頭で伝えたことを元に、カーマイケルがギャリソンの死後完成させた。バンブーロッド作りの教科書として今も君臨しており、他のどの本よりもバンブーロッドビルダーたちに影響を与え続けている。

The Angler's Workshop

レッチャー・ランバス（Letcher Lambuth）

素晴らしい内容の本だ。この西海岸の偉大なアングラーの人となりに触れられるとともに、バンブーロッド作りについて学べる。想像以上の反発力をもたらす螺旋状の「ツイステッド・ロッド」を紹介。ランバスはウェストコーストのスティールヘッド・アングラーから信頼されている。入手困難で高価。

※訳注：ツイステッド・ロッドについては『フライの雑誌』第99号にくわしい。

The Fine Bamboo Fly Rod

スチュワート・カークフィールド（Stuart Kirkfield）

ロッドメーカーの視点から良く書かれた本だ。ロッドの修繕に関する参考情報が多い。第2版が出たようだ。

Classic & Antique Fly Fishing Tackle

A・J・キャンベル（A. J. Campbell）

A・Jが調査した新しい情報を含め、マーティン・キーンが『Classic Rods and Rodmakers』で取り扱ったメーカーについての詳細な話を載せた驚くべき本だ。この本単独で充分な内容を誇るが、マーティンの本とは補完関係にあるといえる。ハードカバーは絶版、最近ペーパーバックが出版された。

Bamboo Rod Restoration Handbook

マイケル・シンクレア（Michael Sinclair）

秀逸な一冊だ。著者はバンブーロッドの修復家で歴史家。出所の不明なロッドが、大量生産メーカーのどこの時代のトレード・ロッドであったことがわかる。本はバインダーで閉じられているため、本を開いた状態でロッドを横に置きながら調べられる。残念ながら絶版。

The Lovely Reed：
An Enthusiast's Guide to Building Bamboo Fly Rods

ジャック・ハウエル（Jack Howell）

著者は週末の趣味的なビルダー。数多くのテーパーやバンブーロッドの情報が網羅されたとても良い本だ。

入手は容易だ。

※訳注：ハードカバー版の値段は高騰している

Fishing Bamboo

ジョン・ギラーク（John Gierach）

バンブーロッドに関する大切な情報が書かれていて、入手しやすいのでぜひ読んでいただきたい。

Splitting Cane:
Conversations with Bamboo Rod Makers

エド・イングル（Ed Engle）

前書と対をなす一冊。ジョン・ギラークが前書きを提供している。エド・イングルが雑誌に書きためた記事をまとめたもので、バンブーや魚やロッドデザインについて、多くのロッドメーカーと語りあった内容が記されている。最近のメーカーも登場しており、興味深い本に仕上がっている。本は入手しやすい。第2弾の予定もある。

※訳注：残念ながら後続は出ていないようだ。

Fishing rods by Divine
Heddon the Rod with the Fighting Heart

マイケル・シンクレア（Michael Sinclair）

デヴァインとヘドン、この二つのユニークなロッドメーカーの歴史と作品を取り上げている。

Classic Bamboo Rodmakers　Past and Present

ディック・スパー（Dick Spurr）

過去に、あるいは現在活躍している著名なロッドメーカーたちのアンソロジー。読んでいてとても楽しい本だ。残念ながら絶版。

Colorado Classic Cane:
A History of the Colorado Bamboo Rod Makers

ディック・スパー、マイケル・シンクレア共著

本書ではグッドウィン・グレンジャー社（Goodwin

Granger Co.）に焦点が当てられ、同時代のライト&マクギル社（Wright & McGill）やフィリプソン・ロッド社（Philipson Rod Co.）も取り上げられている。多くの写真、歴史的なドキュメント、そしてカタログが掲載されており、現代のロッドメーカーであるマイク・クラークなども紹介されている。ハードカバーの印刷部数は200冊だけで、非常に高価だ。ペーパーバック版もあるが入手が難しい。ともに絶版。

Wes Jordan : Profile of a Rodmaker

ディック・スパーとグロリア・ジョーダン（Gloria Jordan）共著。クロス・ロッド社（Cross Rod）、サウス・ベンド社(South Bend)そしてオービス社(Orvis)時代のウェス・ジョーダンについて書かれた本で、絶版だが入手は可能。

Dickerson : The Man and His Rods

ジェラルド・S・ステイン（Gerald S. Stein）、ジェームス・W・シャーフ(James W. Schaaf)の共著

大不況時代にフルタイムでロッドを作り始め、それを一生の仕事とした情熱的で素晴らしいロッドメーカー、ディッカーソンの話である。ディッカーソンの数あるモデルに関して貴重な情報を提供しており、ディッカーソンファンにはとってかけがえのない一冊となろう。残念ながら絶版で高価だ。共著者のシャーフはロッドメーカー。

今後も書籍がバンブーロッドの世界へ新しい情報をもたらしてくれることを期待する。

Photo by K.Kitaoka

バンブーロッド教書

Part II

竹の国の釣り人たちへ

日本では竹はどこにでも生えている植物だ。人々は古くから、竹を様々に利用して暮らしてきた。もちろん釣り竿としても、竹は身近な素材だ。〝竹の国〟に暮らすフライフィッシャーにバンブーロッドはよく似合う。

Fishermen in BambooLand

フライの雑誌

Chapter 01

世界のバンブーロッド最新事情

現代はバンブーロッドの黄金期である

永野竜樹

世界中に広がっているバンブーロッド

□ 米国、カナダ、南米、日本、ヨーロッパ…

エバレット・ギャリソン（Everett Garrison）とホーギー・カーマイケル（Hoagy B. Carmichael）による『A Master's Guide To Building A Bamboo Fly Rod』の初版が米国で出版されたのが1977年のこと。バイブルと呼ばれる本が出てからすでに36年が経過しました。

イギリスで生まれたバンブーロッドは20世紀にアメリカで大きな発展を遂げ、今や本国米国に留まらず、隣国カナダ、あるいは南米のアルゼンチンにまで広まり、そして日本でも大きな発展を遂げるようになりました。

さらに北欧のデンマーク、フィンランド、あるいは南欧のイタリア、加えてドイツやスイスでもバンブーロッドは広がりを見せています。特にイタリアは米国、日本に次いで、バンブーロッド・メーカーの多い国となりました。ここ10年~20年の間にグラファイトやグラスロッドメーカーの数とは比較にならないほど多くのバンブーロッドメーカーが出てきました。これは驚くべき事実です。

それではバンブーロッドがここまで世界中に広まったのはなぜでしょうか?

フライフィッシングの世界では、ロッドの軽量化、大型化、高弾性化が進み、近代はその性能を大きく高めてきました。それにつれてターゲットとなる魚たちも、トラウト、サーモン、スティールヘッド、シートラウト、ボーンフィッシュ、パーミット、ターポン、マーリンと魚種が増えていき、世界中の釣り場へとフライフィッシングのフロンティアを広げていくことになりました。

バンブーロッド・ビルダーの北岡勝博氏はこの流れを〝スポーツ化〟と表現しましたが、まさにこのスポーツ化こそが近年のフライフィッシングにおける大きな特徴です。最近ではインターネットの動画を通じて、世界中でスポーツ化するフライフィッシングの最前線を垣間見ることもできるようになりました。

□ 〝スポーツ化〟と〝趣味化〟

しかしながら、フライフィッシャーマンという人種はとてもへそ曲がりで、スポーツ化が進むと今度は〝趣味化〟を目指すようになります。

それは釣り味や道具に対して、人間的な温かさを求める本能であり、また独自の文化に帰属することで差別化を楽しむという特異な行動様式でもあります。ですから、スポーツ化が進むほど趣味化が進み、フライフィッシングのパイが広がるほど、バンブーロッドの世界も広がるのです。

グラファイトやグラスがバンブーを駆逐するなどは全く正反対で、全てのロッドが共存し、繁栄しあっているのです。日本でも海やサーモンフィッシングにはグラファイトロッドを使用し、ヤマメやイワナにバンブーを使用する釣り人も多いのではないでしょうか。

そんな状況にある現代の米国や欧州のバンブーロッド事情を、順に見ていきましょう。

米国のバンブーロッド事情

米国における現在のバンブーロッドの状況を知る上で、米国におけるバンブーロッドの歴史を少し見ておくと非常にわかりやすいと思います。本書のＰａｒｔＩでも触れましたが、米国のバンブーロッドの歴史について簡単に整理しておきましょう。

20世紀を迎えた頃から米国では、いわゆるプロダクションメーカーと呼ばれる普及版のバンブーロッドを大量に製作する会社が、何社も存在しました。そして、その上にやや上級のブランドメーカーが何社かいて、さらに最上位にハイエンドのメーカーなり個人ビルダーがいるという三重構造を長らく取っていました。

それはファッション界が、レディメードな大量の既製服から、プレタポルテ、そして最高級のオートクチュールという階層を作り上げているのと似ています。

□ 米国プロダクションメーカーの歴史

米国フライフィッシング百数十年の歴史にあって、バンブーロッドの厚みは日本の比ではありません。1870年代から1900年初頭にかけてのフライロッドの素材は、ランスウッドやグリーンハートといった木材が中心でした。その後カルカッタケーンでバンブーロッドが作られるようになりました。

米国東海岸を中心に、最大手であったニューヨーク州ユチカ市のホロックス&イボットソン・カンパニー（Horrocks-Ibbotson Company）、マサチューセッツ州モンタギュー市のモンタギュー・ロッド&リール・カンパニー（Montague Rod & Reel Company）、火災などで3度も工場を失い、最後はモンタギュー社に吸収されたバーモント州のチャブ・フィッシュ・ロッド・カンパニー（Chubb Fish Rod Company）などのプロダクションメーカーが、庶民の釣り具を製造して大きな成長を遂げます。

そしてトンキンケーンに火入れして六角に貼り合わせるという、現在のバンブーロッド作りの基本が固まったのはこの時代です。また、ウエットフライ一辺倒であった釣り方にドライフライが加わったのも20世紀初頭です。

釣り方の多様化とともにロッドテーパーの種類も当然増えていきました。ロッドを構成する各種のパーツ、たとえば現在見られるリールシートやフェルール、ガイドなどの形状が決まったのもやはりこの時代でした。

東海岸以外の地域で活躍したプロダクションメーカーといえば、ミシンガン州のサウス・ベンド・ベイト・カンパニー（South Bend Bait Company）で、同社はサウス・ベンドのブランド名で普及版ロッドを販売し、後に買収したマサチューセッツ州のクロス・ロッド・カンパニー（Cross Rod Company）のブランド名で高級なロッドを販売していました。

ブラックバス・ルアーで有名な、ミシンガン州はダウワージャックにあるジェームス・ヘドン&サンズ社（James Heddon & Sons）も、バンブーロッドメーカーとしては米国で非常になじみの深いブランドです。同社はいろいろなランクのバンブーロッドを幅広く提供していました。

西側に目を移すと、コロラド州デンバーにはグッドウィン・グレンジャー・カンパニー（Goodwin Granger Company）が立ち上がり、少し高級なラインで勝負していましたが、戦後はライト&マクギル・ロッド・カンパニー（Wright & McGill Rod Company）にそのまま引き継がれました。またグラスロッドで有名なフィリプソン・ロッド&タックル・カンパニー（Phillipson Rod & Tackle Company）も、もとはといえば比較的高級なバンブーロッドをコロラドで製造していました。

東海岸はバーモント州マンチェスターにあるザ・オービス・カンパニー・インク（The Orvis Company Inc.）も、忘れてはならない重要なブランドです。1856年の創業以来、高級路線を歩み続け、現在もグラファイトからバンブーまで、フライフィッシングにおけるトップブランドのひとつとして君臨しています。

□　米国フライフィッシングの四つの聖地

さて、ここまででお気づきになられている方もいらっしゃるかもしれません。あたりまえといえばあたりまえですが、米国におけるバンブーロッドメーカーは、トラウト・フィッシングの盛んな地域、つまり河川や湖沼の多い地域で発祥しています。

①ニューヨーク、バーモント、マサチューセッツなど米国東海岸（北東部）、②ミシガンなど五大湖に流れる河川の多い米国中西部、そして③ロッキー山脈の豊かな水源を背景にトラウトが多く棲息するコロラド州、あるいはワイオミング州などの米国西部、さらに④カルフォルニア州のようなロッキー山脈の西側に位置する西海岸。以上、大まかには4つの地域が米国フライフィッシングの聖地です。バンブーロッドもそれ

ぞれの聖地を中心に発展してきました。

なお、カルフォルニア州にはいわゆるプロダクションメーカーは存在しませんでしたが、1933年にサンフランシスコで創設されたトーナメント・キャスティングの会員組織、ザ・ゴールデンゲート・アングリング&キャスティング・クラブ（The Golden Gate Angling & Casting Club）の存在が、西海岸のバンブーロッドを支えてきました。そこに集まるキャスティングの達人がバンブーロッドやグラスロッド、そしてグラファイトロッドのイノベーターとして活躍しました。F1が自動車の様々な技術革新をリードしてきたのと同様で、トーナメント・キャスティングこそがロッドやラインの可能性をとことん追求してきたといえます。

□ 地域ごとに見るハイエンドメーカーの歴史

それでは次にハイエンド、ないし最上位にランクされてきたメーカーやビルダーを、地域ごとに見てみましょう。

①米国東海岸（北東部）の最上位に属するメーカーやビルダーは、その人々が活躍した地名から、ハドソン・バレー・キャッツキル・スクール（Hudson Valley Catskill School）と呼ばれます。

大元はハイラム・レナード（Hiram L. Leonard）がはじめたH・L・レナード社（H. L. Leonard）で、そこからはエドワード・ペインやジェームス・ペイン（Edward & James Payne）、フレッド・トーマス（Fred Thomas）、ユースティス・エドワード（Eustis Edwards）、それにハイラム・ホーズやローマン・ホーズ（Hiram & Loman Hawes）などキラ星のごとく輝く職人たちが、自らのブランドを立ち上げていきました。

また彼らと比較すると最近の人だと思われがちですが、バンブーロッドのテーパーに数学的な理論を持ち込んだエヴァリット・ギャリソン（Everett Garrison）も1920年代にバンブーロッドを作り始め、1930年代には北東部では知られたビルダーでした。

さらにここ数年でギャリソンを抜いて、最も高額で取引されるようになったハロルド・ピンキー・ギラム（Harold "Pinky" Gillum）も1920年代から亡くなる1966年までの40年以上にわたり、フライロッドを製作していました。長期休暇を取る巨匠ウェス・ジョーダン（Wesley Jordan）のピンチヒッターとして、1942年からオービス社のショップを2年間任されたのもこのピンキー・ギラムでした。

余談になりますが、ジョーダンは自分のブランドを生涯持つことこそありませんでしたが、若い時にクロス社創設の中心人物となり、その後サウス・ベンド社、そしてオービス社の発展に大きく貢献しました。ジョーダンが巨匠たる所以は、ロッド製作に必要な機械を自分で作り上げ、ラインの番手に合わせてロッドを製作するという現在のスタイルを確立し、スクリュー型のリールシートも開発し、そしてインプリグネーテッド（樹脂を浸透させせた）ロッドを開発したことです。

ギャリソンもギラムもジョーダンも何と全員1890年代の生まれでした。才能豊かな人材が同じ時代に同じ場所へ忽然と現れるのは、何か新しいことが世の中に起きる時です。

②米国中西部では、パラボリックアクションで有名なポール・ヤング（Paul H. Young）が筆頭です。彼は1925年にロッドの製作を開始したといわれています。1930年代に入ると息子のジャック・ヤング（Jack Young）も一緒になって製造を支えてきました。中西部ではもう一人、パーツを作り出す機械から全て作り始めたライル・ディッカーソン（Lyle Linden Dickerson）が有名です。1929年の大恐慌で債券や不動産のセールス業務を追われなければ、ディッカーソンがバンブーロッドを製作することはありませんでした。

③米国西部では、先に見たグッドウィン・グレンジャーとライト&マクギルが当時メーカーとして最上

位にランクされていました。なおフィリプソンの創業者であるビル・フィリプソン（Bill Phillipson）は戦前グレンジャーでプロダクトマネジャーを務めており、戦後は数々のバンブーロッドを出し、また一時はグレンジャーを買収しようとしたりしました。

最後に④西海岸です。1930年代初頭に中空ロッドを完成させたE・C・パウエルや、息子のウォルトン・パウエル（E.C.& Walton Powell）、それに1930年代初頭にE・C・パウエルとは別の方法で中空ロッドを完成させたルー・ストナー（Lew Stoner）が率いるR・L・ウィンストン社（R.L. Winston Rod Company）がいます。ストナーの後をついだダグ・メリック（Doug Merrick）、そしてウィンストンで一時働いていたゲーリー・ハウエルズ（Garry Howells）などが有名です。西海岸のメーカーはこの中空構造（ホロービルト）が大きな特徴です。

□ハイエンドロッドを通じて広がった個性の時代

第二次世界大戦を迎えると、軍事に関わる技術革新でナイロンやグラス繊維が発展し、戦後はバンブーロッドに代わってグラスロッドが市場を席巻するようになりました。シルクラインもナイロン製やナイロンをコアとしたPVC（ポリ塩化ビニール）ラインに取って代わられます。中国産トンキンケーンの禁輸もあって、1950～1960年代にアメリカのバンブーロッドの市場は衰退していったと指摘されます。

しかしよく見ると、消えていった多くのバンブーロッドは、実はプロダクションメーカーのものでした。禁輸でトンキンを大量に安価で仕入れられなくなったという理由もありましたが、戦後の技術革新にともないグラス繊維を安価で製造することが可能となり、どのメーカーもバンブーに比べ軽くて頑丈なグラスロッドを安定的に市場へ供給できるようになったからです。プロダクションメーカーのバンブーロッドは、グラスロッドや１９７０年代に本格化するカーボンロッドとの競争に負けていったのです。

一方、戦後の大量消費時代に迎合したグラスロッドに飽き足らず、工芸的な雰囲気を残しつつも、キャスティング感覚に優れ、釣り味も重視したバンブーロッドに対するニーズは脈々と生き続けました。

だからこそ、バンブーでも高級なブランドやメーカーが残ったのです。たとえばポール・ヤングは競争の激しい価格帯を中心に80近くあった商品ラインをいっきに絞り込み、高級ラインだけを残すことで会社を存続させることに成功しました。

初めて手にするフライロッドがプロダクションメーカーのバンブーロッドから、グラスロッドやカーボンロッドにとって代わっただけで、フライフィシングが盛んになるほど、またフライ歴が長くなるほど、釣り人はハイエンドなバンブーロッドを求めるようになりました。

結局、先に見た四つの地域で活躍するハイエンドメーカーやビルダーが製作するバンブーロッドは、グラスロッドやカーボンロッドが席巻する'70年代、'80年代以降も生き続けることができました。

それでは、それぞれの地域ごとの現代の代表的ビルダーさんたちと、ロッドの市場価格を見てみましょう。

①東海岸　シムロー、テイラー、アロナー、カーペンター、クーシー、ドロシー

いわゆるレナードの残党といわれる人たちです。みなさん高齢になられ、生きる伝説と呼ばれる人もいますが、ロッドの製作はまだまだ頑張っておられます。

ただ巨匠たちのロッドの価格はここ10年で大きく高騰してしまいました。テッド・シムロー（Ted Simroe）は１９６０年代、１９７０年代とレナード社のビルダーを務めた人で、プリ・ファイヤー時代（火災以前の時代：

レナード社は1964年に火災で機材などをいったん焼失した）のレナードの特徴である、やや柔らかめのロッドが持ち味です。レナードといえばシムロー氏のロッドを好まれる方も多く、2ピース2ティップで1650 USドルはそんなに高い値段ではありません。

ロバート（ボブ）・テイラー（Robert. E.Taylor）も1965年からレナードに勤め、その後トーマス&トーマス（Thomas & Thomas Rod Company）にも在籍し、通算40年を超えるキャリアがあります。落ち着いた色調のロッドは3350 USドルからのスタートです。

破綻したレナード社のミリングマシンをオークションで安く手に入れたことで有名なマーク・アロナー（Marc Aroner）は、1972年からトーマス&トーマス社で5年働き、その後トーマス・マックスウェル（Thomas Maxwell）とともにレナードへ移籍、数年勤めた後に自分のブランドを立ち上げます。現在はスピノザ・ロッド（Spinoza Rod Company）を主宰し、マックスウェル・レナード（トーマス・マックスウェルがレナードに移籍した1979年からレナード社が実質的になくなる1984年までに製作されたロッド）と称されるテンポの良いロッドを製作しています。現在アロナーは2ピース2ティップで3950 USドルからのスタートです。

ウォルト・カーペンター（Walt E. Carpenter）は1973年からレナードでバンブーロッドを5年ほど製作し、その後ペインに移籍し2年ほど販売マネジャーを担当したとされます。その後は自分のブランドでロッドを製作していますが、1988年にはフォーチュン誌（Fortune）でアメリカ製商品100選に彼のロッドが選ばれたこともあり、名声が一気に高まります。事実バンブーロッド好きの集まるサイトを見ても、レナードの残党としては最も高い評価を受けているビルダーです。健康問題があると噂されていましたが、最近公開されたホームページで本人曰く「健康そのもので、ますますロッド作りに情熱を燃やしている。」とのこと。彼のロッドは2ピース2ティップで4950 USドルからのスタートです。

ロン・クーシー（Ron Kusse）はここ数年体の調子を崩されたようで製作活動が止まり、ホームページも閉鎖されていて、とても気がかりです。

トーマス・ドロシー（Thomas Dorsey）はトーマス・マックスウェルとともに１９６９年にトーマス&トーマスを立ち上げましたが、トーマス・マックスウェルが去った後は、ドロシーがロッドのチーフデザイナー兼制作の総責任者として活動を続けています。ただしトーマス&トーマス社の経営権自体はかなり昔に第三者へと譲渡されています。トーマス&トーマスのバンブーロッドは投げやすさとともに美しさも秀逸で、レーガン大統領時に米国政府の意向を受けて、英国のチャールズ皇子とダイアナ妃向けにバンブーロッドを２本製作しています。代表的なモデルの〈パラダイム〉は2ピース2ティップで現在３１５０ＵＳドルです。

②中西部　サマーズ

中西部のプレミアムメーカーは、日本でもファンの多いロバート（ボブ）・サマーズ（Robert Summers）です。１９５６年、当時まだ学生だったサマーズは16年間ヤングのショップで働き、その後独立します。ディッカーソンとも交流があり、中西部を代表する大御所です。まだまだお元気ですが、だいぶお年を召されました。パラボリックアクションの代表的なミッジモデルは2ピース2ティップで現在２２５０ＵＳドルです。

③米国西部　クラーク、ジェンキンス父子、ラマノスカス

グレンジャーロッドを中心としたバンブーロッドの祭典であるコロラド・ケイン・コンクレーブ（Colorado

Cane Conclave）を毎年主宰する、マイク・クラーク（Mike D.Clark）が第一人者と目されています。１９７９年からコツコツとバンブーロッドを作り続けているマイク・クラークは、サウス・クリーク（South Creek, Ltd.）というブランドで毎年40本しか製作しません。近年は２００本近いバックオーダーを常時抱えるようになったため、オーダーの待ち時間は4～5年に達します。彼のロッドは基本的に一本一本がオーダーメードです。現在の価格は直接問い合わせないとわかりませんが、３０００ USドルに近いのではないかと推測されます。

チャーリー・ジェンキンスと息子のスティーブ・ジェンキンス（Charlie & Steve Jenkins）も西部コロラドでは欠かせない存在です。チャーリーは１９６０年からロッドを製作し始めましたが御年92歳、教員をしていたスティーブもすでに26年近いキャリアを持っています。外見はシンプルながらも滑らかで力強いアクションに定評があります。２ピース2ティップで現在１７７０ USドルです。

エデン・ケイン（Eden Cane）のブランド名で知られるベルナルド・ラマノスカス（Bernard Ramanauskas）は、自分のブランド以外にスコット社のバンブーロッドを5年以上製作してきました。そして現在は大御所ブローカーのレン・コデラ（Len Codella）とともにフリーストーン・カンパニー（Freestone Company）を結成し、そこで自分のバンブーロッドを販売しています。ノードレスを世に広めた彼のロッドは小渓流にも合うといわれており、日本でも人気が高いビルダーです。彼のロッドは2ピース2ティップで現在３９５０ USドルです。

ウィンストン社やスイートグラス社（Sweetgrass Rod）のロッドデザイナーであったサム・ドラクマン（Sam Drukman）がフリーストーン・カンパニーのグラファイト部門の責任者として参加して評判になりましたが、急性白血病により残念ながら２０１２年7月に54歳という若さでお亡くなりになられました。

④西海岸　ウジニッキ、ブランディン、ブラケット

マリオ・ウジニッキ（Mario Wojnicki）が有名ですが、彼は最近ドイツやスイスとの国境に近い、フランスのミュンステールという町に第二の工房を構えました。ウジニッキはもともとポーランド移民です。１９７５年に若くしてアメリカへ移住してきましたが、60代になってやはりヨーロッパに居を構えたかったのではないかと思われます。故郷のポーランドはドイツを挟んですぐ東にあります。

フランスの工房はカルフォルニアより機材も揃っているようで、最近はアメリカでも日本でも、ロッドがフランスから送られてくることが多いようです。グラスロッドやグラスフェルールのバンブーロッドも有名ですが、彼の通常のバンブーロッドは2ピース2ティップで３２００ＵＳドルからのスタートです。

ウジニッキと並び称される有名ビルダー、ペア・ブランディン（Per Brandin）も、もとはといえば東海岸出身の人間で、１９９０年にカルフォルニアに移り、ウジニッキとともに工房を構えたりしました。彼はゴールデンゲートやオークランドキャスティングクラブなどトーナメントにも積極的に参加してきましたが、現在は東海岸に舞い戻り、マサチューセッツ州のシェルボーンに工房を構えています。２００７年10月以降いまだ新規のオーダーは受け付けていないようですが、なぜか価格がホームページに出ており、２０１０年現在2ピース2ティップのホロービルトで４２６０ＵＳドルです。これは最低価格という意味で、実際は完成したときの時価ということになるのでしょう。

グレン・ブラケット（Glen Brackett）がウィンストン社を離れ、スイートグラス・ロッド（Sweetgrass Rod）を立ち上げたのは２００６年のことです。クオリティの高いバンブーロッドをできるだけ多くの釣り人に提供したい、ということで価格を抑えた普及版も製作した結果、世界中から多くの注文が舞い込み、拡張に継

ぐ拡張で工場も3回移転するなど、スイートグラス・ロッドは大成功を収めるに至っています。

ただ、グレン・ブラケットのパートナーとして長年寄り添ってきたジェリー・カスティッチ（Jerry Kustich）は先ごろリタイアしてしまい、とても残念です。通常のバンブーロッドは2ピース2ティップで2000USドルから、普及版は2ピース1ティップで995USドルからのスタートです。

□幅広く、奥深いアメリカのバンブーロッド

以上に挙げた人以外にも注目ビルダーはたくさんいらっしゃいます。

4番ラインのロングロッドに熱狂的なファンの多いジェームス・リームス（James Reams）、ウジニッキの弟子であるジム・ハイディ（Jim Hidy）、クワッドが光るクリス・レイン（Chris Raine）、ノードレスで有名なランディ・ジョンソン（Randy Johnson）、サム・カールソン（Sam Carlson）唯一の弟子といわれるデイナ・グレイ（Dana Gray）、ライル・ディッカーソンの機材を引き継いだジョン・ピカード（John Pickard）、ゲーリー・ハウエルズの機材を引き継いだローバート・ボルト（Robert K. Bolt）、オハイオの達人ジェフリー・ワグナー（Jeffery D. Wagner）、19世紀のロッドにヒントを得る温故知新の鬼才ジェフリー・ハットン（Jeffery L. Hatton）、グレンジャーを復活させたゲーリー・レイシー（Gary Lacey）、ハンド・プレーニングながら通常ビルダーの2〜3倍のスピードでロッドを製作するオレゴンの天才ビルダーA・J・スレイマー（A.J. Thramer）、スノーボード製作で学んだ技術をバンブーロッドに援用する鬼才ウェイン・マカ（Wayne Maca）、マツダのレーシングカーの設計技師だったティム・アボット（Tim Abbot）と、まだまだリストは続きます。

アメリカのバンブーロッド、恐るべし。

なお、本書PartⅠの第12〜第14章を担当したジョー・ビーラート（Joe Beelart）はオレゴン出身のビルダーに注目・フォローしていて、紹介されていたマクドウェル、デノーマ、フェアフィールドはみなオレゴンのビルダーです。ジョーは『オレゴン・バンブー』（Oregon Bamboo）という本を著していて、そこにはオレゴンの大御所ダリル・ホワイトヘッド（Daryll Whitehead）や先のA・J・スレイマーも取り上げられています。

今まさにバンブーロッド革命が起きている

□バンブーロッドの需要は着実に増えている

アメリカのバンブーロッドの歴史を概観すると、トンキン以前の時代、トンキンケーンロッド勃興から第二次世界大戦まで、そして第二次世界大戦以降2000年の手前までと、19世紀後半からほぼ三世代にわたってバンブーロッドの伝統が引き継がれてきたことになります。そして現在は、百花繚乱の四世代目への移行期でもあります。

1980年代、'90年代はグラファイト素材がフライロッドを席巻し、バンブーロッドが終焉を迎えると思われる時代もありましたが、今や米国ではそういうことを唱える人はほとんどいなくなりました。冒頭で〝スポーツ化〟、〝趣味化〟の話をしましたが、フライフィッシングが成長・成熟するにつれて、釣り人たちはカーボンロッドとバンブーロッド、ないしグラスロッドをはっきりと使い分けるようになってきたのです。

2013年11月現在、米国のプロと目されるバンブーロッドビルダーのウェブサイトは、確認できるだけでも何と150以上もあります。そして、ティム・アボットのようにサイトを持たない人や、地元のセミプロのようなビルダーを含めたら、相当な数に上ると推測されます。

日本では戦後数年しか続かなかったベビーブームですが、米国では1947年から1960代半ばまで続き、現在はリタイア組がどんどん増えています。そんな背景からフライフィッシングをする人が増加し、またバンブーロッドの製作をする人たちも増えています。

世界経済は2008年に起きたリーマンショックを境に大きく低迷しましたが、先のスイートグラス・ロッドの例でも見たように、米国のフライフィッシング業界に携わる人の話によれば、バンブーロッドに対する需要は、米国内で着実に増えているようです。バンブーロッドを扱うブローカーさんの在庫は近年薄く、メーカーは作るだけ売れるという状態が続いています。

ビンテージ・ロッドの世界でも、オークションサイトを見ていると10年前とは様変わりです。レナードやペイン、ヤングやディッカーソンなどいわゆるスーパー・ネームはそもそもあまり見かけなくなりました（日本のオークションで見かけるほうが多いくらいです）。そしてそれらを専門に扱うブローカーを見ると、状態の良いものは値段が驚くほど高くなっています。需要は高まる一方だということです。

また、昔はあまり関心を持たれなかったヘドンやサウス・ベンドなどのプロダクションメーカーのロッドも、じりじり値上がりしてきています。人口動態をベースに考えるのであれば、バンブーロッドに対する強い需要は新旧のメーカーを問わず当面続きそうです。

□ 世界同時に進行しているバンブーロッド革命とは

さて、現在進行しているバンブーロッド革命の特徴は、現代社会においてはいろいろな分野でも観測される現象です。ひとことで言うと、情報の非対称性からの解放です。どういうことなのか？

バンブーロッドの場合、情報とは製作方法に関する様々な知識を指します。そして非対称性とはその知識が容易には得られない（入手するのに時間や人的なコストを伴う）ことを意味します。

昔はバンブーロッドの作り方は、師匠から弟子への直接的な伝授でした。たとえばサマーズはヤングから、ブラケットはウィンストンのダグ・メリックやハウエルズから、ウォルトン・パウエルは父E・C・パウエルから学んだことをベースに、自分なりに発展させてロッドを作ってきました。しかし現在はパソコンやインターネットの普及により、今まで縦割りだった流れが一気に大きな広がりをみせることとなりました。

ギャリソンの『A Master's Guide To Building A Bamboo Fly Rod』は、バンブーロッドを科学したことで情報の非対称性を大きく改善させましたが、それも'90年代半ばまでは書籍を通じてしか得られない情報でした。現在はロッドデザインの心臓部であるテーパーの設計が、広くあまねくシェアされるようになってきたわけで、プロのビルダーも今後プロを目指すビルダーも、そしてアマチュアも、古今東西のロッドテーパーを共有することが可能になったわけです。これは今の米国のバンブーロッド事情を語る上で最も重要なポイントです。

しかし近年はさらに新たな展開が出てきました。ヤング、ギャリソン、ディッカーソン、ペイン、レナード、F・E・トーマスと名だたるロッドのアクションが共有されると、逆にそのテーパーに沿ったロッドを製作するだけでは、個別メーカーとしての特徴が出せなくなってきました。

地元の渓相にあったロッドを提供する、あるいは顧客の釣り方にあったロッドを提供する、さらにロッドの特徴もノードレスにする、あるいは金属以外のフェルールにする、などというようにメーカー間の切磋琢磨が新たな方向性を産み出しています。

似たような動きは米国以外でも見られます。まず特徴的なのは日本で、主に米国のバンブーロッドを見様見真似で作っていた時代ははるか昔に終了し、日本の魚種にあったバンブーロッドが作られるようになりました。そしてビルダーが増えるにつれて競合も増え、素材はトンキンからマダケやハチクなどへ広がり、フェルールもカーボンやバンブー・フェルール（竹製フェルール）が出てきました。竹製フェルールは今から15年ほど前に日本の島崎憲司郎氏が提唱したのがきっかけで、日本から北欧、ドイツ、イタリアへと広がりました。

欧州でも同様の動きが見られます。イタリア、ドイツ、スイスなどで才能あふれる人たちがバンブーロッドにさまざまな工夫を重ねるようになってきました。1999年のユーロの統合により、人々は今まで以上に自由に域内を移動することが可能となったのも交流に拍車をかけています。また旧ソ連崩壊により、西側のレジャーがロシア自身を含めた周辺東欧諸国へ時間をかけて浸透することで、欧州のフライフィッシングのフロンティアが格段と広がりました。それにつれてバンブーロッドビルダーも増えていったのは、自然な流れといえます。

□ フリー&フレンドリーなインターネット上の各種フォーラム

情報の非対称化を大きく崩す動きのひとつに、インターネット上の様々なフォーラムがあります。たとえば「クラシック・フライロッド・フォーラム」（http://classicflyrodforum.com）は、現在1万1600人以上の会員を誇るバンブーロッドに関する最大手のコミュニティーです。2007年8月に始まったこのフォーラムには、毎日数千人が訪れます（会員でなくともフォーラムを見ることができます）。トピック（各種の話題）は大きく分けて15種類ありますが、代表的なものに、バンブーロッドのコレクション、バンブーロッドによる釣り、バンブーロッドの製作、修理など、ロッドメーカー、テーパーに関することがあります。フォーラムには著名なプロのビルダーも、アマチュアも多数参加しており、質問者が誰であろうとみんな懇切丁寧に答えています。読んでいて大変参考になりますし、とても好感が持てます。

全米各地には、その土地の釣り状況を紹介するローカルなフォーラムが存在し、バンブーロッドはそこで必ずといってよいほど、大きなトピックのひとつにあげられています。少し話がそれますが、グラスロッドのフォーラムも活発なサイトで、多くの人が参加しています。

□ 銘竿のテーパー数値を無料で手に入れられる

ラリー・ツソーニは（Larry Tusoni）ベテランのビルダーでハイ・シエラ・ロッド・カンパニー（High Sierra Rod Company）のオーナーですが、ロッドテーパーを分析・設計できるＲｏｄＤＮＡ（http://www.highsierrarods.com/roddna.html）というソフトの製作者としても有名です。もともとシステム開発やプログラミングが彼の本業ですが、その能力をフルに活かして作られたのがこの使い勝手の良いソフトです。

彼のホームページに行けば登録するだけで誰でもダウンロードが可能で、最新のバージョン１・40には古今東西のロッドテーパー、８１４本のデータベースがあります。このシステムを使えば自分が製作するロッドのポートフォリオの管理が可能ですし、顧客やベンダーの住所管理も可能です。

ヤングもギラムもディッカーソンもギャリソンもペインもヘドンもオービスもトーマス&トーマスもレナードもカタナークも、本当に新旧ありとあらゆるテーパーがカバーされており、これが無償というところが凄いです。その中からひとつのテーパーを取り出して、自分なりのアレンジを加えて理想のテーパーに仕上げていくこともできるようになっています。

自分が作ったテーパーを、ＲｏｄＤＮＡを使用する仲間同士で交換することも可能です。これ以外に有償のテーパー関連ソフトもありますが、ＲｏｄＤＮＡではソフトを無償化することで、参加者を増やしてデータや情報を集積させ、一大データベースを作り上げることに成功しています。パーツに関するベンダーの情報リストがあり、そのベンダーたちが広告宣伝できるように配慮されています。ビジネス的にもうまくプロデュースされたソフトだといえます。

□ バンブーロッドの書籍とオンライン雑誌

トッド・ラーソン博士（Dr. Todd A.E. Larson）は大学で歴史を教えている先生ですが、ホワイトフィッシュ・プレス(Whitefish Press)という出版社のオーナーでもあります。この会社は設立されてまだ4年ですが、ルアーやフライを中心にアメリカの釣りの歴史を様々な形で伝える本を、すでに30冊以上出しています。

ギャリソンの弟子に当たるホーギー・カーマイケル（Hoagy B. Carmichael）の新刊『Eight』や、伝説のビルダー、ユーティス・エドワードの歴史を述べたパトリック・ガーナー（Patrick C. Garner）の『Playing With Fire』、あるいは消え去っていったフライロッドメーカーを特集したラーソン博士自身の手による『Forgotten Fly Rod』など温故知新に努めており、これまたアメリカのバンブーロッドの世界に厚みを提供しています。

そう、バンブーロッドに関する書籍が多いのも米国の特徴といえましょう。じつはこのトッド博士は、前述した「クラシック・フライロッド・フォーラム」の管理者でもあります。

同じトッドでもトッド・タルスマは、２０００年からスタートしたバンブーロッド製作専門のオンライン雑誌『パワーファイバー』（http://www.powerfibers.com/）の編集長です。このオンライン雑誌は毎1、4、7、10月の発行で、今年10月には第53号を迎えました。最新号のダウンロードは毎回無償です。バンブーロッド製作に関することは、本当に全てを網羅している雑誌だといっても過言ではないでしょう。

続いて、米国以外のバンブーロッド事情を見ていきます。

カナダ、アルゼンチンのバンブーロッド事情

□ カナダのバンブーロッド事情

サーモンやスティールヘッドなどの大型魚を対象としたロッドでは、ブリティッシュ・コロンビア州在住のボブ・クレー（Bob Clay）が作るダブルハンドのバンブーロッド、リバーワッチ・ロッド（Riverwatch Rod）が有名です。中空でスプライストジョイント、ないしコンポジット素材によるフェルールが特徴で、軽くて丈夫なロッドを作っています。なお、二人いるお嬢さんの一人は女性スペイキャスティングのチャンピオンです。スペイロッドは3ピース2ティップで2150USドルからです。

アルバータ州のロン・グランサム（Ron Grantham）もスティールヘッド用のダブルハンドロッドを製作しています。30年近いキャリアを持つ69歳のドン・アンダーソン（Don Anderson）はトム・モーガン（Tom Morgan）のハンドミルを入手したことで、6フィート#2から8フィート#6まで、四、五、六角のロッドを提供できるようになりました。六角の2ピース2ティップで、1350USドルからのスタートです。

アラスカのアンカレッジには、六角と四角のロッドを製作するクリス・カーリン（Chris Carlin）がいます。彼はウィンストンのようなホロービルトを得意としますが、長方形の四角も手がけています。仕上げに定評のある彼のロッドは、2ピース2ティップで1495 USドル、ホローだと1695 USドルになります。

□ アルゼンチンのバンブーロッド事情

アルゼンチンはバスやドラドだけではなく、パタゴニア地域に代表されるような大型のシートラウト、レインボートラウトなどサルモノイド（サケ・マス）の宝庫です。近年はロッジやガイドが充実し、フライフィッシングの一大メッカとなっています。

そんな中、54歳のベテラン、マルチェロ・カルヴィエロ（Marcelo Calviello）は地元アルゼンチンに自生する竹を使い、バンブーフェルールの洗練されたロッドを製作しています。5・6フィート #3から8・5フィート #7、2ピース2ティップで1900 USドルからのスタートです。

イギリス、ヨーロッパのバンブーロッド事情

□ イギリスのバンブーロッド事情

イギリスといえば、140年近い歴史を誇るハーディー社（Hardy）がまず思い起こされますが、同社の

バンブーロッドは現在トム・モラン（Tom Moran）とカラム・グラッドストン（Calum Gradstone）のベテランビルダー二人がそれぞれ製作を担当し、各々自分の名前を冠したモデルを販売しています。

　トム・モランは１９７０年代からロッドを作り始め、英国のパートリッジ（Partridge）や米国のホーマー・ジェニングス（Homer Jennings）と組んでロッドを製作し、またトーマス＆トーマスには5年在籍しました。トーマス＆トーマスのロッドで特徴的だったトム・モラン特有のスウェルバットは、ハーディーの名称を冠したロッドでも見られます。一方のグラッドストンは、リールシートに見られるように、ハーディー社特有の様式を踏襲したバンブーロッドを手がけ続けています。二人とも6・6フィート #3〜8フィート #5、2ピース2ティップで３５９５ ＵＳドル〜４６９５ ＵＳドルと高価です。

　もともとフライフィッシング発祥の地といわれるイギリスですが、多くの釣り人はゲームフィッシュとされるサケ・マス類よりは、コースフィッシング（coarse fishing）と言ってコイ科の魚やパイクを対象魚とする釣りを好んできたため、個人のバンブーロッド・ビルダーが想像以上に少ないのが現実です。

　それでも、エドワード・バーダー（Edward Barder）のように、仕上げの美しさでトム・モランに比肩すると言われるビルダーもいます。彼はハーディー社に数年勤めたのち、ワーロップ・ブルック（Wallop Brook）モデルで有名なコンステーブル・オブ・ブロムレイ社（Constable of Bromley）の機材を譲り受け、１９９０年頃からロッド製作を開始しました。

　バーダーはトム・モランとも仲が良く、彼のロッドを見るとモランやトーマス＆トーマスの影響をはっきりと見てとれます。6フィート6インチ #3〜8フィート6インチ #6まで、2ピース2ティップで２６００ポンド（２０１３年11月現在の為替換算で約４１６０ ＵＳドル）です。

□　フランスのバンブーロッド事情

ペゾン&ミチェル社（Pezon et Michel）は、現在ではルアーやコースフィッシングに力を入れる総合釣具メーカーとして認識されています。バンブーロッドはおろか、そもそも同社の総合カタログにはフライロッドが載っていません。ペゾンの名前を聞いてシャルル・リッツ（Charles Ritz）やパラボリックアクションを思い起こすのは、いまや年配の釣り人かバンブーロッドに興味の持つ人たちだけになってしまいました。

会社のオーナーが変わるということは、企業経営が変わることを意味しますが、実はフランスも英国同様に、釣りといえばフライフィッシングよりはコースフィッシングの方が都市部では盛んで、国内フライフィッシャー人口が、なかなか増えないジレンマを抱えています。

１９９９年にペゾン&ミチェルは実質的に解体され、ブランドは別の会社のものとなり、必要とされなかったバンブーロッド製造のオペレーションをフランソワ・ヒュー（François Hue）が買収しました。しかしその後も積極的な生産活動が見られないまま、２００７年になるとシルクラインの作り手として知られているジャン・ピエール・チボー（Jean-Pierre Thebault）が全てのオペレーションを購入することになります。

隣国スイスのビルダーで、鬼才と呼ばれるカート・ザンブラン（Kurt Zumbrunn）がペゾンの持っていたバンブーのデッドストックを入手したのもこの頃です。

チボーはペゾンのブランドが使用できないため、現在ブッシー・ダボワズ（Bussy d' Amboise）というブランド名でフライロッドとスピニングロッドの両方を製作しています。また、ペゾン時代の細かな部品も手元に揃っているので、古いペゾンの修理にも積極的に応じています。フライロッドは2ピース1ティップで790ユーロ（2013年11月現在の為替換算で1060 USドル）です。

□イタリアのバンブーロッド事情

イタリアのバンブーロッドに火をつけたのは、1977年に出版されたギャリソン&カーマイケルの本でした。ハーディーやペゾン&ミッチェルを除けば、ヨーロッパでバンブーロッドを作っている人は非常に少なかった時代ということもあり、米国のようなセンセーショナルな受け止められ方はされませんでしたが、ウォルター・ルミ（Walter Rumi）をはじめとした少数のビルダーたちが、この本を参考にして見様見真似で部品をつくる機械作りからはじめました。

当初はやはりアメリカのテーパー、すなわちギャリソンやペインやレナードがお手本となりました。またウェイン・カタナーク（Wayne Cattanatch）やレイ・グールド（Ray Gould）などが著したアメリカで出版される教本も、イタリアのビルダーの大事な手本となりました。

ヨーロッパのビルダーでイタリアに影響を及ぼしたのは、2007年にお亡くなりになられたオーストリアの巨匠、ウォルター・ブルンナー（Walter Brunner）です。独自のキャティング理論を持ち、バットの強いファストアクションのロッドを得意としましたが、40年以上のキャリアは、まさにヨーロッパのビルダーの象徴的な存在でした。

しかし'80年代以降、イタリアへバンブーロッドを着実に定着させたのは、イタリアの河川と釣り人が求めた自然な成り行きでした。アルプスを始めとした山々から流れでる冷たい水は、トラウトたちを育み、釣り人たちをフライフィッシングへと導きました。

事実ロンバルディア州、エミリオロマーナ州、トスカーナ州など、山と河川に恵まれた地域には多くの現役ビルダーが在住しています。そしてこれらの地域のトラウトたちの棲む河川は木が生い茂るハングオーバーが多いことから、釣り人のキャスティング技術も向上し、それにつれてバンブーロッドに対する研究や要求が高まっていきました。

２００５年にはプロのビルダーが一堂に会し、イタリアン・バンブーロッド・アソシエーション（Italian Bamboo Rod Association : IBRA）を発足します。ビルダーのガブリエル・ゴリ（Gabriele Gori）はＩＲＢＡの会長を設立当初から務め、毎年バンブーロッド講座を開いたり、年次総会にグレン・ブラケットとジェリー・クースティッチを招いたり、あるいはホーギー・カーマイケルを呼んだり、またフェルールの素材の違いによるロッドパフォーマンスの研究を指導したり、あらゆる側面からバンブーロッド業界の発展に努力しています。

特に２００８年に創刊されたＩＲＢＡのオンライン・ニューズレターである『バンブー・ジャーナル（Bamboo Journal）』は回を重ねるごとに内容が充実し、今や世界中のビルダーたちが注目するウェブサイトにまでになりました。現在会員数は25名。そしてその一人、アルベルト・ポラテリ（Alberto Poratelli）はイタリアにおけるバンブー・フェルールの伝道師として、その製作方法を『バンブー・ジャーナル』やＩＲＢＡのホームページに掲載しています。

ＭＯＧの名称で知られるマルコ・ジアルディナ（Marco O. Giardina）は、バンブーロッドの製作過程ひとつひとつを写真に撮り、プレゼン資料としてＩＲＢＡのホームページに掲載しています。彼はまた『バンブー・ジャーナル』の編集長を現在務めています。また、マッシモ・ティロッチ（Massimo Tirochhi）のように若手で今後が期待されるビルダーもいます。ちなみにポラテリのロッドの価格は2ピース2ティップで１０００ユーロ（２０１３年11月現在の為替換算で１３６０ USドル）です。

最後になりますが、イタリアには、ロベルト・プラジオラ（Roberto Pragliola）という76歳になる世界的に有名なキャスターがいます。彼が'70年代から提唱してきたTLT（Technico di Lancio Totale：別称 Italian Style of Casting）は、風が強くハングオーバーのきついイタリアの河川（特にトスカーナ州）で、そこに棲む魚をドライフライで釣るために生まれてきたキャスティング・テクニックです。とてもタイトな高速ラインを操り、フライをハングオーバーしたスポットへ投げ入れていきます。

ＩＲＢＡはＴＬＴ向けに7フィート2インチ ＃3ライン、2ピース、バンブー・フェルール、そしてアクションやスレッドカラーまで指定した、ＩＲＢＡ標準仕様のバンブーロッドを発表しています。基準に適合したロッドだと協会が認定すれば、会員ビルダーはＩＲＰ７２３２（IBRA Robert Pragliola の頭文字）認定ロッドとして名乗ることができます。異なるビルダーが同じ仕様のバンブーロッドを製作するというのは今までにない発想で興味深い試みです。

□ ドイツのバンブーロッド事情

１８７５年に創設されたD.A.M社（Deutsche Angelgeräte Manufaktur：ドイツ釣具製造）の歴史は、ヨーロッパ大陸の釣りの歴史でもあります。同社は１９１３年から六角竿を作り始めます。そして独自のフェルールや、インプリグネーテッド製造などで国内特許を取得します。

インプリの特許取得は大恐慌が起きた１９２９年のことで、１９４６年にウェス・ジョーダンが同様の特許を米国で取得するより、はるか以前のことでした。ある意味米国以上に技術的な進歩をみせていましたが、戦後はグラス素材に取って代わられてしまいます。

ドイツのビルダー界では大御所で、欧米のフライフィッシングの歴史を良く知るロルフ・バギンスキー（Rolf

Baginski）によれば、D・A・M社以外にも、米国のシェークスピア社（Shakespeare）とジョイントベンチャーを組んだノリス社（Noris）や、戦後西側との交流が絶たれていた東ドイツなどで1970年代までバンブーロッドを製作していたようです。

またキャスティングの世界チャンピオンになったフリッツ・シュレック（Fritz Schreck）は、パワーファイバーを36ストリップも使用した積層構造（ラミネート構造）の力強いロッドを製作していました。スイスのビルダーであるカート・ザンブランや復活した米国のタイクーン・タックルなど、同じ考え方による製作方法は昔から東西に存在してきたものといえます。

ドイツの場合、'80年代以降バンブーロッドに対する需要はイタリアほど高まりませんでした。しかしそんな中でもハンス-ユルゲン・シュレヒトゥ（Hans-Jürgen Schlecht）やグンター・ヘンツェラー（Günter Henseler）などの素晴らしいビルダーを輩出しました。

二人とも残念ながら高齢や健康問題で現在はサイトが無くなってしまいましたが、今はスウェルバットに特徴のあるロルフ・バギンスキーをはじめ、キャビネット職人から転じたバンブー・フェルールのクリスチャン・シュトリクスナー（Christian Strixner）、奥様が外交官で海外生活も長く、四角ロッドを得意とするオラフ・クンダラス（Olaf Kundrus）などが活躍しています。

□　その他の国々のバンブーロッド事情

デンマークには巨匠ビヤーネ・フリース（Bjarne Fries）や、マーティン・ジェンセン（Martin Jensen）のダニア・ロッド（Dania Rod）がいます。スイスにはすでに本稿に何回か出てきているカート・ザンブラン、またスウェーデンにも多くのビルダーが出てきています。

もちろんオランダやオーストリアにもビルダーはいますが、こちらはやや世代の端境期にある感じを受けます。

さらに今まではビルダー不在といわれていたオセアニア地区では、オーストラリアのニコラス・タランスキー（Nicholas Taransky）が有名です。彼はアメリカでジェフ・ワグナーの指導を受けました。

ローカル発、グローバルの時代

本書のパートⅠでサンテ・ジュリアーニが述べているように、バンブーロッドは今、黄金期にあります。米国、日本、イタリア、北欧、どこを見てもバンブーロッドビルダーがこれほど多く出現した時代は、フライフィッシングが始まった19世紀以降ありません。

そして発刊以来36年目にして、いよいよ〈Break the Spell of Garrison!〉（ギャリソンの呪縛からの解放）を、バンブーロッドの世界は迎えました。バンブーロッドの象徴であった米国の『A Master's Guide To Building A Bamboo Fly Rod』は、バンブーロッドを科学した点において、製作方法の世界標準を押し進めてくれました。そしてバンブーロッドを作ろうと思う人であればバンブーロッドは作れる、というギャリソンとカーマイケルの当初の目的は、充分に達せられたといってもいいでしょう。もちろんこの本は今後もバイブルであり続けることに、疑いの余地はありません。

しかし今まで見てきたとおり、世界のバンブーロッドは、どの地域でもそこから先へ一歩踏み出しました。釣り場の自然環境や対象魚、そしてその釣り人にあわせてバンブーロッドが必要とされるということで、地域それぞれが独自の文化を持つようになりました。それが真のローカル化です。もうお気づきかもしれませんが、アメリカのバンブーロッドを四つの地域に分けて俯瞰したのも、それが重要なポイントだったからです。

そしてインターネットの発達のおかげで、このローカル化がグローバルに繋がる時代となりました。アメリカのバンブーロッドフォーラムは今や世界中の人が参加するようになり、オンラインマガジンは増え続け、さらに近年は動画が充実することで、世界のローカルが身近になりました。またフェイスブックなどグローバルに繋がるソーシャルネートワークを通じることで、世界中どこでもリアルタイムでアクセスすることが可能となりました。

今の私は、ボツニア・ヘルツェゴビナのフライフィッシングがどのようなものかを、お話しできます。ロシアのキャスティングスクールで何を教えるのかを、お話しできます。イタリアのロッドビルディングで中心的なセオリーとなっている「振動」に関する論文が、どこに掲載されているのかをお話しできます。

そして、必要とあらば世界中のビルダーに直接質問することができる時代になりました。

これからはローカル発グローバルの時代です。

日本のビルダーさんもかなり海外に出るようになりましたが、まだまだ素晴らしいビルダーさんはたくさんおられます。これからは輸入だけではなく、世界へ情報発信するという日本ローカル発グローバルな時代を迎えているのではないでしょうか。

Chapter 02

日本のバンブーロッドの発展史とその魅力

山城良介

□ 日本の六角竿の父、多田一松さん

日本にはもともと竹製の釣り竿（和竿）がありました。六角の竹竿を日本で初めて作ったのは、朝日新聞の記者をやっていた多田一松さん（1901〜1991）です。多田さんは海外の雑誌で六角の竿を見て使ってみたいと思い、国内にそういう竿を作る人がいなかったから自分で作ろうということで、竿作りを始めた。1930年（昭和5年）頃の話です。1945年（昭和20年）に朝日新聞をやめてからは竿作りに専念されるようになりました。

敗戦直後、京橋にあったつるや釣具店では進駐軍相手に、竹製の六角竿を売っていました。進駐軍の兵隊さんは日本のスーベニア（お土産物）で六角竿を買って、アメリカへ持ち帰ったんです。六角竿以前の釣り竿の素材は、ランスウッドやグリーンハートといった木材です。アメリカには竹が自生していないし、竹の

六角竿は物珍しく思えたのでしょう。

多田さんはNFT（日本フィッシングタックル）を指導して、進駐軍向けの六角竿を大量に製造しました。つるやではそれを仕入れて売っていた。あまりにもよく売れるものだから、それまで和竿を作っていた国内の釣り具メーカーがみんな六角竿に参入してきました。エビスフィッシング、喜楽釣具、神田の櫻井漁具さんでも六角竿を作り始めました。もうとにかく、商品を店に置く端からどんどん売れたそうです。

□　桐箱入りのコンビネーション・ロッド

六角竿と言っても、フライロッドではありません。コンビネーション・ロッドといって、3ピースをそのまま継げばフライロッド、ジョイントを換えてグリップを上下逆に付け替えればスピニングロッドになるという代物です。このコンビネーション・ロッドのアイデアは、日本で考えられたものだそうです。僕は振ったこともありますよ。

竿とリールと糸ほか、いろんなものがセットになって箱に入っている。高級なセットは桐箱です。お土産にはうってつけだったんでしょう。竿の仕上げは簡便なものならラッカー仕上げ、デラックス仕上げなら漆、クリアの塗装もありました。ジョイントは真鍮のプレス式。スネークガイドは真鍮を曲げただけです。竹の素材はマダケかモウソウチクでしょうね。

将校は別にして、進駐軍の兵隊さんがフライフィッシングを知っていたかと言うと、そんなことはないでしょう。なにより六角の竹竿のもの珍しさが受けたんです。なにしろフライもスピニングもベイトもエサ釣りでも何でもできるよ、という竿です。お客さんの方だって試し振りなんかしなかったと思います。

当時の六角竿は、アメリカのバンブー・フライロッドを真似たのじゃなくて、日本人が自分で考えて、とにかく作って売った。だからフライロッドとしていいものをという方向性でデザインされていたわけではありません。あくまで「売れる商材」としての六角竿でした。ライン一つとっても、当時の「ゲイシャライン」の箱にはピュアシルクと書いてあるんですが、それを線で消して「ナイロン」と上書きしているくらいです。

□ 手探りで作った六角竿の価値

しかし、今だからその頃の六角竿はいいかげんだったと言っていますが、当時は進駐軍がたいへん喜んで買って帰っていったわけです。日本人はやったことのない釣りの竿ですが、社会に活力と勢いがあったから、やっちゃえ、ということでどんどん作った。そして支持されたんです。

多田さんは海外の六角竿を写真で見て、自力で工作機械を発案して、それで六角竿を作ってしまった。見映えやテーパーはともかく、やはりそこはたいしたものです。分からないなりに頭を絞って、こうすれば作れるんじゃないかと、手探りで独自に考えた工夫の跡が見られます。立派だと思います。

日本で大量に作られた六角竿は、スーベニアとしては売れたけれども、アメリカの本国では評価されなかったし、日本の釣りにも定着しませんでした。でも日本の竹製の六角竿の歴史は、やはり敗戦直後のそこから始まったと言えます。日本のフライロッドの夜明けというよりは、日本独自の竹製六角竿の始まりですね。バンブー・フライロッドに至るまでには、まだ少し時間がかかります。

僕は子どもの頃に竹の六角竿を見て、この竿を持って釣りに行きたいなあと思ったのを覚えています。そしてキス釣りなどに行った。近所のおじさんが大きなコイやボラを六角竿で釣ってきたのを見ていたから、子ども心に漠然とした憧れがあったのかもしれませんね。

□ 日本初のプロビルダー、平田真人さん

僕がつるやに入った1965年（昭和40年）頃は、もうグラスロッドが主流でした。万能竿と呼ばれるグラスロッドの投げ竿がよく売れました。多田さんが作ったブランクに漆仕上げをしたフライロッドや、スピニングロッドも並んでいました。箱入りの六角竿も店の片隅に置いてありました。フライフィッシングのお客様はとても少なくて、ドライフライとウェットフライの区別も、多くの人は分かっていない頃です。

その内、つるや釣具店には場所柄のせいで、フライフィッシングをやるお客様が少しずつですがお見えになるようになった。すると情報も入ってきますし、フライ用品が目に触れる機会も増えていきます。人間が情報なんです。情報を持った人間が集まる場所が、京橋のつるや釣具店でした。

埼玉県浦和の釣り天狗という釣り道具店でアルバイトをしていた平田真人さん（1950〜）が多田一松さんに弟子入りしたのは、1975、6年です。すでにフライフィッシングをやっていた平田さんは、ご自身が使いたいバンブーロッドのイメージを持っていた。そこで多田さんにバンブーロッドを注文したのが、多田さんに知己をいただくきっかけだったといいます。約2年間、平田さんは多田さんの工房にいらっしゃった。

1978年に平田さんが独立してからは、岐阜のフライショップに自作のバンブーロッドを置いてもらって売っていました。できればこれからは東京でも竿を売りたいと思われたんでしょう。1980年代の始めに平田さんが京橋のつるやに来られました。僕はその時店の中で見ていたんですが、平田さんが店の前をうろうろ行ったり来たりして、店に入ってこられない。その姿を見て僕が声をかけたんです。その頃の

京橋の店は本当に入りづらい雰囲気だったし、平田さんはシャイな方ですからね。

つるやでは当時もうハーディーの商品を扱っていました。つるやの五十嵐社長と平田さんと僕がつるやの二階の応接室で会って、日本でも独自のバンブー・フライロッドを作って売っていこうじゃないかという話になりました。僕の知っている中では平田さんが日本で初めて、よいものを作ろうと志してフライロッドを作った専業バンブーロッドビルダーです。

つるや釣具店が雑誌『フライフィッシング・ジャーナル』第6号に平田ロッドの広告を載せたのが1984年です。編集長の中沢孝さんが「日本人が真剣にバンブー・ロッドをつくると、こうなる。」というコピーを書いてくれました。日本人が作ったフライロッドとして平田ロッドは相当注目されて、注文もかなり入りました。平田さんはたいへん忙しくなって、一時期は5年待ってもまだ竿ができない。お店はお客様からの問い合せに対応するのが大変でした。

□ バンブーロッド・ギャラリーとハンドクラフト展

1986年につるやが今の場所(台東区寿)へ移ってきて、僕は自分のお店に特色を持たせたいと思いました。その一つがハンドクラフト品を扱うことでした。もともとフライフィッシングとハンドクラフトはとても親和性が高いものです。1988年には平田さんとの話し合いの中で、「バンブーロッド・メイキング・スクール」をやろうと決めました。雑誌で広告を出して募集したら、とてもたくさんの方が参加してくださいました。それだけ、バンブーロッドを自分で作りたいと思う方が多くいらっしゃったんです。

バンブーロッド・メイキングには様々な道具が必要です。そういった竿作りの道具も自分たちで作らなければなりませんでした。カンナから始まってプレーニングフォーム、バインダー、オーブン、何ひとつない。なかったものだから自分たちで作るのは余計に面白かったんです。みんなで楽しみながら工夫して道具を作り、バンブーロッドを作りました。

作品が完成したら、作ったバンブーロッドの展示会をしたくなった。自分たちの作った竿だけではなくて、過去の有名なバンブーロッドも展示しよう。そこでお客様にお願いして、海外の銘竿と呼ばれる竿をたくさんお借りしました。浅草橋のビルの二階を借りて、会場を手作りで設営しました。そういう時はみんなが好奇心で手伝ってくれるんです。このイベントには「バンブーロッド・ギャラリー」と名づけました。

当時すでにビルダーとして活躍されていた村田孝二郎さん、平尾真悦さん、高田守康さんをお呼びして、多田一松さんにもおいでいただきました。ハーディ、ペイン、レナード、ヤング、トーマス&トーマスなど、ビンテージロッドと呼ばれるロッドを、50、60本集めて並べました。ビンテージロッドと、日本人の作ったバンブーロッドが同じ会場に並んだ。とてもたくさんのお客様が来てくださいました。

そうして、手作り品を好きな人、作る人たちがだんだんお店に集まってくださるようになりました。そこから今も続いている「ハンドクラフト展」へと発展していきました。同じ趣味を持っている仲間は楽しいですね。お店を中心にコミュニティができあがります。

□ 日本の釣りに合ったバンブーロッドを

その頃から、他のフライショップさんでもバンブーロッド・ビルディングを打ち出すようになりました。自分で作ったバンブーロッドを使って釣りに行くのですから、それは面白いに決まっています。

ロッド・ビルディングの実際は、最初は外国の物まねそのものです。レナード、ペインのテーパー数値通りに作った。でもすぐに日本の釣り場のフライフィッシングに合わせてロッドをカスタマイズしたくなってきます。ビンテージロッドはライトラインでも#5が標準です。日本のとくに関東近辺のヤマメやイワナを釣るにはちょっと強い。そこを調整すれば、より楽しい釣りができるわけです。

１９８０年代に入ってグラファイトロッドも新しいコンセプトの商品がどんどん出ていましたから、過去のバンブーロッドだけじゃなくて、グラファイトロッドからインスパイアされる部分も出てきます。それをまたバンブーロッドにフィードバックする。

そんなことを繰り返す内に、日本の釣りに合ったバンブーロッドが生まれるようになりました。もちろん、うまくいかなかった竿もあります。そこはトライ&エラーです。そのロッドのなにがダメなのかを分かるだけの知識と感覚がビルダーにあるかどうかは、とても大切なことです。経験するしかありません。

そうしていると、バンブーロッドのリピーターの方が増えてきました。今持っている竿をもう少しこうしたいとか、ローカル色をだしてほしいとか。細いティペットを使うから、それに見合ったアクションのバンブーロッドを作ってほしいとかの細かい要望が出てきた。あれこれ試して遊ぶにはバンブーロッドはうってつけです。

□ 手作り品を扱う釣り道具屋の仕事とは

初めてバンブーロッドを持つ方には、ご自身の好みが分からないものです。そういう方は、経験の長いメーカー、ビルダーの竿を選ぶ傾向があります。いいか悪いかは別として、基準がなければブランドを判断材料にすることはひとつの方法です。

初心者の方がたくさんのビルダーさんと話をすると、わけがわからなくなるかもしれません。そこで私たち釣り道具屋が初心者の方の話を聞いて、この方の釣りだったらもう少しお手頃なロッドがいいかなとか、たとえばミドルよりバットが強い竿の方が使いやすいかなと、具体的に翻訳してあげます。そして、あなたにはこのビルダーさんのこのロッドが合っていると思いますよ、というご提案をします。

手作り品を取扱う釣り道具屋というのは、そのコーディネートをして差し上げるところに価値があるんです。マスプロの製品がずらっと並んでいるところで、値段の競争だけで物を売るやり方をマス・セールと言いますが、バンブーロッドは趣味のものですから、そういう売り方は似合わないんです。

お客様一人一人の経験値と経済事情に見合った遊び方の価値を提供する、それが釣り道具屋の仕事です。作る方と使う方と売る方とが、それぞれの思いと価値観を共有できた時はうれしいものです。バンブーロッドにはそういう喜びがあります。

□　日本人ビルダーの個性と特色

なにより竹竿のよさというのは、使う釣り人の思いを製作者へ伝えられること。使い手の思いを一本一本のロッドに反映できることです。自分のイメージが形としてモノになるのは、ウキウキする経験です。もう一歩、フライフィッシングを楽しくしてくれます。

日本人のビルダーが増えて作品がこなれてくると、日本人生来の手先の器用さや地域ごとでのローカルな発想、様々な個性がバンブーロッド作りに反映されてきました。使い手はそれらを比較してビルダーを選び、自分のリクエストを加えます。そのやりとりができるのは日本人のビルダー相手ならではでしょう。

日本人が作るバンブーロッドはおしなべてきれいです。ビルダーさんたちの個性も非常に豊かです。ただデザイン面で言うと、日本のフライフィッシングはまだアメリカやヨーロッパほどの歴史がなくて、ビルダーさんもたくさんのバンブーロッドを見ていない。そのために、野暮ったいなと感じるデザインのロッドが時々出てくることはあります。

今、日本人のバンブーロッド・ビルダーの競争は厳しいですよ。機能であれ、見た目であれ、付加価値をつけなければいけません。作り手の個性を出す方法は様々です。トンキンケーンではなくて日本の竹を使う。マダケ、ヤダケ、ハチクその他。ソリッドもあれば中空構造もある。マルチピースにする。あえて長めの9フィートを作ってみたり。フェルールも金属だったり、竹フェルールだったり、カーボンだったり、グラスだったり。たくさんのビルダーさんがあれこれと試行錯誤しています。

ただあまりいきすぎるのもね。作ることの面白さはあるかもしれないけれど、必要以上に手間をかけても仕方ありません。手間をかけているから値段が高いんです、という論理は通じません。プロの世界は目的意識があった上で突っ込んで遊んで、その分をどなたかが認めてくれるかどうかです。

ビルダーさんはたくさんの銘竿を手にとって観察して測って投げることです。すべて物作りに反映されます。それは使い手にとっても同じです。触れる機会があればできるだけ触った方がいいです。

□釣り人が釣り人のために作る、それがバンブーロッド

釣り竿の価値は使い手それぞれによって価値が違います。趣味とはそういうものです。各人がいろいろ

遊んでいく間に、それぞれの土地でそれぞれの釣りの実情に合わせた、新しい味わいのバンブーロッドが開発されていきます。進化し続けるんです。

バンブーロッドは、釣り人が釣り人のために作っている竿です。釣り人がこんな釣りをしたいと思ったとき、それを具現化できるのがバンブーロッドです。

たとえば僕はいま湖のボート釣りのときに、ラインを垂らしておいてアンダーハンド風に手早く投げたいと思っています。するとそういう用途に適したアクションのフライロッドがあるはずで、バンブーロッドならそのプロトタイプを一本から作れます。マスプロのグラファイトロッドでは無理なことです。

またある人が、フライキャスティングのトーナメントに出て勝ちたいと思ったとします。するともっと長くしようとか、軽くしようとか硬くしようとか、短くしようとか、工夫したくなります。一本単位でトライできるのがバンブーロッドです。もともとバンブーロッドの進化の歴史は、トーナメント・キャスティングが支えてきたものです。テーマのために一生懸命になれば、変わっていくスピードはとても早くなるものです。

マスプロダクション・メーカーは最初に数量ありきです。メーカー同士で、どちらが数多くロッドを売れるかを競い合っている。バンブーロッドの場合はそんなことは考えなくていい。一本だけのことを考えていればいい。むしろバンブーロッドでは、一本ずつでしか考えられませんよ。そこがフライフィッシングっぽくていいじゃないですか。バンブーロッドに興味を持っている方たちは、そこに価値を見い出して楽しめる人たちなんだろうと思います。釣り人が遊び続ける限り、バンブーロッドはもっともっと面白くなります。

Chapter 03

〝いい竿〟の定義はただひとつ

川本 勉

□ 厳しい選択にさらされる時代

出版物は、世に出た瞬間から取り消すことはできません。〝あ、あれは間違いでした。〟では読者に対する責任を果たしていないことになります。私は、この原稿の依頼に責任の重さを感じます。

かつて日本のバンブーロッドは、とりあえず竹を削り、貼り合わせて、フライロッドの形にすれば市場に受け入れられていた時代がありました。しかし近年は少し様子が違ってきています。一時期の爆発的なブームは去り、残ったユーザーはそれなりの経験と知識を得て、厳しい選択眼を持った人々が大多数を占めるようになりました。

近年、グラファイトロッドに関しては「あまり欲しいものがリリースされない。」と話される方が少なくありません。現在すでに多くの手持ちロッドがあるからかも知れませんが、そればかりではなく、実際に魅力的なロッドがないことも事実です。

この数十年間、各メーカーはより硬度の高いグラファイト素材を採用してきました。その一つの理由は、より硬い素材が持つ振動の収束の速さにあります。

硬度の高いグラファイト素材を利用することで、キャストした時に生じるいわゆるロッドの〝ブレ時間〟を短くして、ラインの揺れを小刻みに発生させ、キャストフィールを良くするアプローチです。たしかにそうすれば結果として、ループの受ける空気抵抗は少なくなり、少し飛距離も増大することになります。

ちょっと考えるとよいことばかりのように思えますが、現実はそう単純にはゆきません。そこに、ユーザーが魅力を感じない原因が潜みます。そしてこの問題はバンブーロッドにも通ずるものがあります。

□ハイカーボン素材の宿命

ハイカーボン素材を利用したフライロッドは、ロッドとしての宿命的な欠点を併せ持ちます。

かつて、初めてグラファイトロッドが世に登場した時に、ユーザーからヒットした魚がバレるという声が上がりました。それは硬い棒が曲がり、次に鋭くはね返るので、ヒットした魚が外れてしまうことが原因でした。メーカーはバンブーロッドに習って、ティップ（先端）を急激に細くするテーパーを採用して問題を解決しようとしました。その姿勢は現在まで続いています。

硬いグラファイトの欠点は、曲がらないことです。アクリル板を想像してください。厚いものは曲がらなくても、ごく薄い０・１ミリ厚ならかんたんに曲がります。断面に対する伸縮率の大きさによるものです。

硬いグラファイトは繊維の伸び率が小さいため、直径を小さくしてロッドとしての曲がりを確保します。硬くても、細ければ曲がるわけです。使用する素材の量は少なくなり、結果として軽くなります。

ところが反面、細い直径だとロッドの復元力は小さくなってしまいます。ロッドの直径が復元力の大小に比例するのは、ロッドのトップとバットをそれぞれ曲げてみれば理解できます。よく飛ぶはずのグラファイト素材ですが、このままでは特徴を発揮できません。

□ユーザーの使い勝手の良さを第一に

メーカーは、この問題を解決するためにユーザーの腕に頼りました。といっても、キャスティング技術ではありません。バット部分を強化して、腕の振り速度を上げても折れにくくし、必要なパワーを得るデザインです。多くのロッドはバットの直径を大きく、またはブランクを厚くしました。一生懸命振れば、よく飛ぶロッドの完成です。

当然のことながら、このようなデザインのフライロッドを使った一部のユーザーからは、「疲れる」との声があがります。現在、各メーカーは、これを解決すべく努力を行っているようです。

グラファイト繊維そのものは、中弾性までは毛筆のフデのようですし、高弾性ならタワシのようです。いずれにしても単独なら簡単に曲げられます。これに樹脂をしみ込ませて成型することで、狙った硬さを実現させます。

各メーカーは使用する樹脂を模索したり、つなぎに繊維を混入したりと、工夫をしてきました。たとえば今から30年近く以前の日本のダイワ精工のように、シリコンの細く短い繊維状のもの（ウイスカー、ネコのヒゲと呼んだ。）を入れる技術を応用するメーカーも現れました。

話が横道にそれました。

フライロッドメーカーとしては、もう少し別の技術開発のアプローチもあるのではないでしょうか。アメリカの某ロッドメーカーは、1970年代にグラファイトロッドをリリースしました。バンブーロッドと同様の品質管理が行われた、非常に精巧な製品でした。もちろん当時は今で言う低弾性グラファイトを使用していました。同社が古くから手がけていたバンブーロッドを基本デザインとしていますから、大きく振り廻さなくともラインはよく飛びますし、正確性も抜群のグラファイトロッドでした。

フライロッドの素材は、竹、グラス、グラファイトと様々ですが、根本は作り手の意識の問題です。ユーザーの使い勝手の良さを第一に考えれば、おのずから良いものは型が決まります。素材の違いを越えて、フライロッドに共通する基本的な価値を体現する製品はあるものです。

良くできたバンブーロッドは素振りした時に、ほとんど振動が発生しません。手もとに吸い寄せられるごとく、ピタリと止まります。

止まりやすいのはグラファイトだけではないのです。

□ どの**距離**でもよどみなくキャストできること

私は、よくロッドを食べ物にたとえます。和食、イタリアン、フレンチと食文化は違っても〝おいしい〟ことは共通の価値です。それでは〝おいしい〟ロッドとは、どんな共通項を持つのでしょうか。

それはただ一つ、ラインコントロールの能力が高いことです。ループを美しく描くことができれば、飛距離も自然に伸びます。

たとえば、レナード社のハントモデルなら8フィート・#5で、無風状態の中でダブルフォールやフォルスキャストを行わなくとも、30ヤードの飛距離を得ることが可能です。

バランスよく創られたセミスウェルバットは、ラインを空高く水平に浮かべることができ、絞り出すパワーはラインを揺らすことなく、紙飛行機のごとくループを送り出すことができます。もちろん近距離をリーダーのみでキャストすることもできます。

よいフライロッドは、ラインのコントロールが自在で、ループを描きやすく、ラインを1メートル、2メートル、5メートル、10メートルと、そのロッドの限界までどの距離でもよどみなくキャストできます。

渓流用なら1メートルから15メートルくらいまでは最低限ストレスなくキャストしたいものです。途中でテーリングが発生したりするようでは、完成されているロッドとは言えません。

□　バンブーロッドの性能を決める要素　その1

さて、バンブーロッドの性能を決める重要な要素は、竹片のバランスです。

まず第一に縦方向のバランス、すなわち前後のテーパーバランスです。

グリップに加えられた力が前方に伝えられていく段階で、強すぎたり、弱すぎたりする部分があると、そこでモーメントのスムーズな伝達がとぎれ、振動が発生します。ロッドに与える腕の力の何割かが振動となり、無駄に消費されることとなります。

テーパーがバット部のどこかで急に細くなっていたとすると、後方から来たパワーが前方へ伝えきれられず、残された力は壁に当たる波のように後方へはね戻り、振動となって現れます。キャスターには、気持ちの悪さが残ります。

すべてが完璧で力の伝達がスムーズだった場合は、まるで生きているヘビの尻尾を捕まえているような感覚があります。ラインが飛行している間じゅう、ずっと生き物感があり、フライもまるで生き物のごとく空中を浮遊するものです。

よくできたフライロッドでは竹に限らず、グラスロッドでも、グラファイトロッドでも現れる現象です。竹のように柔らかい素材になるほどに、この独特の気持ちのよい感覚を感じやすいようです。

□ バンブーロッドの性能を決める要素　その2

バンブーロッドの性能を左右する重要な要素の二つめは、左右のバランスです。

六角形のロッドを例にあげると、私はガイドのついている面を腹、その対面を背と表現していますが、その2片を挟み込んでいる左右の各2面の竹片の、バランスがとれていることが必要です。

左右のバランスがとれたロッドでは、背腹の2面を左右の竹がレールのように支え、ロッドが正確に跳ねるようになっています。背側から見て左のレールが強ければ、ロッドは右へ流れます。

テーパーばかりが重視される昨今ですが、左右のバランスも当然それに劣らず重要なのです。

まっすぐ、縦に、バンブーロッドを振り下ろしてみてください。あくまでも優しく。問題があれば、弱い方へロッドは自然に流れます。

グリップを軽く持ち、優しく縦に振り下ろして跳ね上がってくるロッドを待っていると、バランスの悪いロッドでは上下に垂直に跳ねるのではなく、回転しながら戻ります。このようなロッドではとうてい正確なプレゼンテーションは望めません。

新品のバンブーロッドをお店で素振りした時にこの症状が出れば、バランスが悪いか、どこかで曲がっているかです。そんなバンブーロッドは素振りした瞬間に手がその振動を感じて、とても気持ちの悪い感触が残ります。早めに手を離しましょう。

よくできたロッドはアクションの種類にかかわらず、ラインに効率よくパワーを伝えます。加えられた〝力〟がロッドの中心をきれいに抜けてゆけばロッドは振動せず、結果としてラインの振動も発生しないものです。ラインはまるで一本の線か、細い棒が空中に漂うように飛行します。ギャリソンの言う、完璧なリニアウェーブの通過です。

いま前方へ送ったラインが飛行を始めた直後であると思い浮かべてください。ロッドがその時に振動していれば、トップガイドがラインの後端を捕まえて揺らします。そのウェーブはライン上を走り出し、余計な空気抵抗を発生させ、正確性や飛距離を損います。

テーパーデザインとは関係なく、バンブーロッドの前後と左右のロッドバランスは完璧にとれていることが理想です。

□ テーパー、グリップ、ガイド位置

あたり前のことですが、釣り竿は先が細くて元が太くなっています。バンブーロッドの個性、ビルダーによる差異は、テーパーデザインによるところが大きいものです。バンブーロッドの個性の70%はテーパーによって決まると言ってもよいでしょう。

最近まで多く見かけられた傾向ですが、ロッドを手で曲げた時のカーブが美しく円を描くロッドがあり

ます。ジョイント部分は通常曲がりません。手で曲げた時にきれいなカーブを表現するためには、ジョイントの前後のテーパーを少し弱くしなければなりません。

しかしながらこのテーパーデザインでは、ラインを延ばしていくとテーリングが発生します。多くは10メートルを超える段階で、力の伝達が上手くいかなくなってしまいます。完成度の高いロッドを手で曲げると、むしろフェルールの下（バット側）が強く張って、台形のような型になるものです。

グリップ形状も大きくアクションに影響します。同じブランクでもハーフウェルズは強く、シガータイプは優しく感じます。グリップ付近に化粧巻きが施されているロッドでは、スウェルバットほどの力はありませんが、それと同様の効果を少し与えることができます。インターミディエイト・ラップと言われる段巻きを施せば、ロッド全体に張りが生じます。

ガイドも同様です。ガイドはロッドに添え木をするようなもので、それによってバランスよくモーメントを伝えることができます。ただ、一部の重要な位置を除けば、ガイドの位置を少しくらい変更してもアクションが劇的によくなることはありません。

□完成度の高いバンブーロッドは軽く感じる

最近はコンピューターでテーパーの数値計算ができるようですが、残念ながら、それによってとても優れたロッドがリリースされた話は伝えられて来ません。

それはバンブーロッドのアクションには、数値以外の部分が大きく関わるからです。同じ数値のはずなのに手にした時、完成度の高いロッドは軽く感じ、低いものは重く感じることが知られています。作り手の感性の鋭さが、数字以上にロッドへ表れるものです。

私はよく、寝た子にたとえます。起きている子供は背負っても軽いのに、熟睡した子は重く感じます。バンブーロッドも同じで、バランスよく、スーっと立っている抜けのよいロッドは軽く、ダランとしたものは持ち重りがします。中空構造にしたところで同じです。これは質量の問題ではありません。できが悪ければ長さのわりに重量感を残します。

当然のことながら、抜けのよいロッドがラインコントロール能力には長けています。軽さはバランスの結果なのです。なお、余談ですが次の2本のフライロッドのスペックを見てください。

オービス・グラファイト　セブンスリー／スリー

7フィート3インチ　＃3　2ピース
木製リールシート＋アルミ金具
実重量　74グラム

H・L・レナード　38H

7フィート　＃4　2ピース
木製リールシート＋ニッケルシルバー金具　ニッケルシルバーフェルール
実重量　81グラム

バンブーロッドでは竹の重量により、ブランクの重心がグラファイトより前方側に位置します。ロッド単体ではレナードの方を重く感じますが、バランスの良いリールを装着すると両者の重量感に大きな差はありません。

□あなたにとって最高のバンブーロッドを

バンブーロッド選びの大原則は、自分の目と感覚を信じることです。

ロッドを軽く握り、素振りを行ってください。グラファイトよりも大きく振動するので床や壁に注意してください。初心者でいきなりバンブーロッドに手が出るとは思えませんから、あなたはまったくの初心者ではないはずです。何となく手に違和感があれば、そのバンブーロッドのどこかがおかしいかなと、疑ってみてもよいでしょう。

おかしい原因はいろいろあります。

有名ブランドのバンブーロッドでも、古いモデルはシルクスレッドや塗装が劣化し、後年にリフィニッシュやリビルドされている場合があります。著名なビルダーによって作業が行われていれば問題ありませんが、作り直す時にガイド面を間違ったり、いい加減に再生している場合もあります。そうなると、本来のロッドとはまったくの別物です。ラインコントロールも思い通りにはなりません。ブランドに負けないで、自分を信じましょう。

次に、音を聴いてください。

バランスよく作られたロッドは、素振りを行った時の風切り音は小さいものです。音質は軽やかで、小鳥のさえずりに似た高い音を発します。時には無音に近いことさえあります。逆に、風邪を引いたスズメのような鳴き声のバンブーロッドは、どこかに問題をかかえています。

そして、素敵なバンブーロッドは、〝もっと高い次元〟を私たちに教えてくれます。前にヘビにたとえましたが、すべてが上手くいった時にはバンブーロッドとラインとが一体となり、あたかも意志を持ったもののごとく、空気の中をすべっていく体験を実感させてくれるはずです。

自信がなければ、信用できるショップで納得できるまであれこれ質問をしてみるのもよいでしょう。よいバンブーロッドで魔法のように安い出物はありません。安すぎたら理由が必ずあります。わからないものには手を出さないことです。信用のあるショップなら、きっと満足できるロッド選びができることでしょう。

〈いい竿の定義〉とはただひとつ、キャスティングに違和感がなく、とても扱いやすいことです。

今まで述べてきたことをクリアーしたバンブーロッドなら、初心者でもベテランでもそれぞれの技量に応じて、心地よい使用感を得ることができます。そのバンブーロッドはあなたの技量が上がるごとに、美しく新鮮な表情をフィールドで見せてくれることでしょう。

そして、あなたにとって最高の一竿が手に入った時、振っている感覚さえなくなるほどの素晴らしい体験をされると思います。

よいロッドとの出会いが読者にありますように。

□　ビルダーさんに一言

日本では視覚的な要素が重視されます。美しく仕上がったロッドに人気があるのはたしかです。しかし多くのユーザーは性能、つまりロッドとしての完成度を最重要と考えています。

ノードレスもホロービルドも五角型（ペンタ）も四角型（クアッド）でもよいのですが、その前にフライロッドとしての基本性能、完成度が高いものを創り出して欲しいと思います。それにはまず、感性を磨いてください。テーパー値の先に最も重要なことがかくれています。

過去には、ギャリソンのロッドなどたいしたことはないなどと言われたこともあります。残念ながら、それはギャリソンが発表した数値を追いかけた人によって作成されたバンブーロッドが、低い完成度であったに過ぎません。洋の東西を問わず、習作として製作されているロッドのほとんどは、たしかにたいしたことはないのです。本物とはあまりにも差があります。

そして、昔は竹が良かったと逃げないようにしましょう。中国の山深く、最高品質の竹を産出する竹林に行きましたが、電気はなく、やっと人が通れる狭い山道のみで、山は開発されておらず、昔日と変わっていることがあるとは思えませんでした。

Chapter 04

理想の竹を探して

三浦洋一

□ “竹”は篠と竹に分類される

竹竿作りにはその一本の竿に対するビルダーの気持ちが現れます。竹で釣り竿を作る以上、当然のこととして、竹そのものに興味が湧きます。

一口に“竹”といっても、篠《しの》と竹に分類されます。皮がすぐとれて節が高いのが竹。皮がなかなかとれなくて節が丸いのが篠です。節を見れば篠か竹かはすぐに分かります。

バンブーロッドに使われる竹の主流とされてきたトンキンケーンの和名は、茶桿竹《チャカンチク》と言います。学名は*Arundinaria amabiris*（アランディナリア　アマビリス）という篠です。主に山に生えます。日本だとヤダケ、メダケが最大級の篠類で、マダケは竹類です。東南アジアには篠類が多いようです。

『ジ・アングラーズ・バンブー』（ルイス・マーデン著　The Angler's Bamboo:Luis Marden）という本には、フライロッド用の竹についてくわしく紹介されています。著者は竿作りをする人です。ぼくはこの本を読んで、目星をつけて中国へ行きました。たどり着いた広州のワイチーという土地は、中国のトンキンケーン輸出の70%

を占めている土地です。

トンキンは地下茎で伸びます。植物学者の故マクルアー博士によると、トンキンの竹林は35年ごとに花が咲いて枯れるとのことです。枯れる寸前の竹は地下茎が太く、ビンテージ・イヤーになるのではないかと想像しています。

個人的には、どんな竹でも竿にはなると思います。でもぼくは竹の素性を知りたい。自分が使っている竹がどんな物なのか、それを分かった上で使ってみたい。竹が生えているところを見るのは、とても楽しいですよ。竹への感覚が変わります。

□赤道直下のロングノードケーン

ぼくのこだわりは節間の長い竹（節と節の間の距離が長い）、ロングノードケーンを使った天然ノードレスロッドです。実際に節間が1メートルを超えるロングノードケーンを、インドネシアの現地で入手しました。コブラの出る地域でもあり、期待していたら本当にコブラが出現しました。しかも2メートルという至近距離で。怖いというより、うれしかったですね。

コブラはともかく、そのロングノードケーンを使ってサンプルロッドを作ってみました。テスト結果は、ある意味で期待以上のものではありませんでした。それは管理釣り場でのニジマス相手のテスト結果です。竹が軽いため、20センチの魚でもスリル感がありました。そんな繊細なロッドを使って一日じゅうロングキャストを繰り返してニジマスをかけまくったのがまずかったのか、釣りの終了間際に折れてしまいました。

ただ、竹竿の強度テストは過酷にやることにしていますので、繊維の強度限界も分かりました。むしろよく一日近く乱暴な使用に耐えてくれたなという印象です。この竹はおそらく小渓流のヤマメ限定としてなら面白いのではないかと思います。

インドネシアのような赤道直下の土地に産する竹の繊維質は、トンキンケーンに比べて明らかに弱いものです。２種類のインドネシアの竹でサンプルロッドを作っただけですので断言はできませんが、赤道付近では成長が早すぎ、繊維の弾性は弱くなります。一般的な釣り竿素材としてではなく、工芸品などに向いている竹のようです。

個人的な見解ですが、バンブーロッドの製作に適するのは、北緯20〜30度の範囲に産する竹ではないかと考えています。日本のマダケにしても北限は青森県。北緯40度を越えると笹の類が多くなってくるようです。

中国の竹は種類が日本の比でありません。地球上で数百種とも数千種とも言われる竹の大部分は、おそらく中国や隣接のアジア諸国に存在すると思われます。

日本でもかつて、タイのマイロ竹を使ったコイ竿が製作、販売されたという実例があります。実際にその古いコイ竿を見せて頂きましたが、かなり太く丈夫に作られていました。

興味深いのは、そのコイ竿の取扱説明書です。「タイのマイロ竹（別名トンキンケーン）使用」と書かれています。マイロ竹はトンキンケーンでは無いため、こういう表現は正しくありませんが、日本産以外の竹を一括りにトンキンケーンと呼んでいた時期があったようです。江戸時代、異国の物は何でも南蛮渡来と言ったのと同様な話です。

□ なぜ〝トンキンケーン〟だったのか

バンブーロッドの歴史は世界史と重なります。憧れのバンブーロッド素材としてのトンキンケーンの知識をより正確に深めたいのであれば、歴史を知ると面白くなります。

トンキンケーンの原産は中国です。18世紀末、中国（当時は清）が最初に開港したのが広州の黄浦港《ホワンプー》です。その目と鼻の先が茶桿竹（トンキンケーン）の産地でした。東インド会社をインドに設立して、イギリスはカルカッタケーンに出会った訳ですが、時代の移り変わりと共に、アメリカではドライフライロッドの需要が急増しました。それまでの重いカルカッタケーン製のウェットフライロッドよりも軽快なロッドが求められました。反発力の強いトンキンケーンの特性が、うまい具合にドライフライ用のフライロッドに適合したということです。

トンキンケーンと我々が普通に使っている言葉は、１００年以上前にモンタギュー社がカタログで初めて使用した名称です。ベトナムにはトンキン湾という湾がありますが、深い関係はないようです。今となっては茶桿竹がなぜ「トンキンケーン」と呼ばれるようになったのかよく分かりません。的外れな名称のまま現在まで呼ばれ続けているのも興味深いことです。

□　〝トンキンケーン〟が最良なのか

バンブーロッドの素材にはトンキンケーンが最高であると言われた時代があったようですが、実際に中国産の竹をすべてフライロッドに試して至った結論ではないはずです。たまたま黄浦港近くに生えていた、生産性の高い竹として使用されたのが実際のところでしょう。

19世紀末から20世紀初頭、家具、釣り竿、スキーのストック用として欧米諸国は莫大な量のトンキンケーンを中国から輸入していました。その大量に届いた中から、釣り竿にあったものを選別していたはずです。レナード、ペインも十分乾燥したナチュラルケーンの材料調達には困らなかったのではないでしょうか。中国が共産主義国となってからは、欧米でも竹の仕入れに困難が生じたはずで、結果として中国以外のタイのマイロ竹や他の国の色々な竹が、釣り竿の素材として試されたのだと想像されます。前述のマイロ竹製のコイ竿の存在も、その事実を裏づけているようです。

戦後の欧州ロッドは竹が良くないなどという話を耳にしますが、そういう時代背景を想像するとうなずける気がしませんか。

□竹を特質別で使い分ける

明治維新の成功により列強国からの植民地化を免れた日本ですが、もし植民地化されていたとしたら、イギリスのロッドメーカーは日本のマダケやモウソウチクもバンブーロッドの素材に試していたことでしょう。実際のところ第二次世界大戦後、イギリスのメーカーは日本の竹でのバンブーロッド作りを試しています。日本国内の某メーカーが製作しましたが、本格的には採用されなかったようです。彼らの求める竿には日本の竹は繊維が弱く、適材ではなかったということでしょう。

このように、これまではより強い繊維をということで、トンキンケーンの強度が珍重されてきました。しかし最近ではマダケを使ったフライロッドも、ごく一般的なものとなっています。トンキンケーンより繊維が繊細なマダケは日本のフィールドにかなり適しているのです。

日本にはマダケより繊細な繊維の竹ももちろん存在します。弱い繊維の竿は折れますが、より繊細な釣りに使うのであれば、それに見合った繊細な竹を使うのも一つの発想です。

バンブーロッドのアクションの強弱の表現は、ロッドのテーパーデザインで対処するのが一般的な考え方でした。これからは竹を素材の特質で使い分けての個性豊かな竹竿作りが進んでいくかもしれません。

繊維の強いトンキンですが、番手が同じなら真竹より細いロッドを作ることができるというメリットもあります。素材をどう使うかは、製作者の腕の見せ所ということになるのでしょう。

□ フライロッド用の竹探しは夢の途中

最後に、ぼくのこだわり、ロングノードケーンの話題に戻ります。節間が1050ミリメートルあれば、7フィート2ピースの天然ノードレスが作れます。そんなロングノードで繊維の強い竹はあるのか？　それがどうもありそうなんです。

中国の奥地には、トンキンケーンによく似た節間平均80センチという竹が存在することを確認しています。平均で80センチなら1メートルを超える個体もあるはず。節間が長いということは繊維が強いか、ピスが厚いかどちらかです。そういう竹を使ったら、いったいどんなバンブーロッドができるだろう。そう考えると、面白くて仕方ありません。

フライロッド用の竹探しは、まだ夢の途中です。夢の続き。そうまた旅に出なきゃいけない、なんて考えているこの頃です。

Chapter 05

初めてのバンブーロッドの選び方21のポイント

平野貴士

□ 趣味でバンブーロッドを製作する人が増えている

ここ最近、バンブーロッドはフライフィッシングの竿素材の一種類として、かなり定着してきたように思います。以前の腫れ物にさわるようなイメージも少なくなり、気楽に楽しむ釣り人が増えてきました。

趣味で竹竿を製作する人も増えました。その竿が友人へのプレゼントやお店での販売、オークションなどで広がっていき、グッと竹竿の敷居をさげたのではないでしょうか。

15年ほど釣具の販売をしてきた中で、竹竿を拝見する機会も多いのですが、アマチュアのビルダーの方々には自由な発想で竹竿を楽しんでいる人が増えています。自分も楽しませていただいています。

そんな状況を踏まえて、初めてのバンブーロッドの選び方について、バンブーロッド好き、釣具販売の立場から考えてみたいと思います。

① どんな魚を釣りたいか

対象魚により竿の強さ、ライン番手が変わります。実際には、現在使用されているカーボングラファイトロッドのライン番手と同じか、一番手上を選ぶのがよいでしょう。バンブーロッドはカーボンロッドに比べ引っ張り強度が低く、また竿の自重による負荷も加わり、より曲がりやすくなるためです。グラスロッドの場合は現在使用されている番手と同じでよいと思います。

② どんな場所で釣りたいか

釣り場により、使いやすい竿の長さはかわります。現在使用されているカーボンロッドより、1フィートから半フィート短い竿を選ぶとよいでしょう。竿竿は自重による竿の返りのスピードが遅くなります。少し短めを選ぶことによりカーボンロッドからの違和感が減ります。

ドライフライ用でしたら、より短め(1フィート)にして軽快感を求め、ウエットフライ用でしたら少し短め(半フィート)でフライの流しやすさ、魚の食い込み時の竿のタメを重視するとよいと思います。

③ どんなフライで釣りたいか

フライのサイズにより、使いやすいライン番手は異なります。もちろんリーダー、ティペットの長さ、太さでもある程度は対応できます。

竹竿のよさとして、対応するラインスピードの幅の広さがあります。特に遅いスピードの幅が広いため、カーボンロッド以上にフライのサイズに対する適応範囲が広いのが特徴です。細いティペットでもフライが回転しにくいメリットがあります。

ラインスピードを遅く自然な速さで扱えるというのは、竹竿の特徴です。フライが大きくなればなるだけ、魚を釣るのに重要になってくるテクニックの一つです。

ドリフト重視でしたら、ラインの太さによるドラッグを少しでも減らすため、現在使われている竿と同じ番手。ピンポイントへのキャスティング重視ならば、よりコントロールを上げるために一番手上げるのもよいです。フライが大きく対象魚も大きい場合は、竿のダメージを減らすためにも一番手上げるとよいと思います。

④ どんな竿で釣りたいか

良くできた竹竿はとても美しいものです。人の手でていねいに造られた道具に共通する〝物から滲み出る匂い〟は素晴らしいものがあります。

あこがれのメーカー、ビルダーの竿を使いたい。このリールシートの木目が好き。グリップは細めのシガータイプが、いや自分は握りやすい形がよい。竹竿の焼き色はハニーカラーでないと、いやいや斑《まだら》に焼き色のついたフレームカラーがよい等々、色々好みがあると思います。

最初はとにかく、見た目重視で選ぶのがよいと思います。最初の一本が最後の一本となる世界ではありません。好みも気分や、経験を積むことによって変わります。個人的には釣り竿は道具ですので、機能以外の無駄な装飾がないものが好みです。無駄がない道具から滲み出る凄みには説得力があります。

⑤ どんな格好《ファッション》で釣りたいか

とことん機能、快適さにこだわった格好には、やはり無駄な装飾のないシンプルな竿が似合います。天然素材でまとめたクラシックなスタイルには、歴史のある竿がバッチリです。

山岳渓流のバックパッキングにはパックロッドでインプリグネーテッド（含浸塗装）のバンブーロッドを、気がねなく使うのもよいと思います。

同じ番手・長さの竹竿でも一本一本に異なった個性があります。シチュエーションにより、使う竹竿をいろいろと変えて楽しむことができます。

⑥ どんなテーパーの竿を選ぶか

大きく分けると、ストレートテーパー、コンパウンドテーパー、コンベックステーパーの三種類になると思います。製作者はそれぞれを組み合わせるように工夫しています。

ストレートテーパーとは、ティップの先端からバットまでが直線のテーパーを言います。加工が容易で素直なテーパーです。ガイドの位置の影響を受けにくい反面、そのままフェルールをつけると前後のバランスが崩れる欠点があります。そのためフェルール前後をカットしたり、違う種類のストレートテーパーのブランクを組み合わせることにより、幅の広いアクションをつくり出します。大きなメーカーの竿などに多いタイプです。

コンパウンドテーパーとは、直線ではなくシャフトの部分部分に起伏があるテーパーを言います。ティップ部分をより繊細にしたり、曲りにくいフェルールの影響を減らす狙いでフェルールの前後を工夫したり、バット部分をより曲るようにテーパーをなくしたり、逆に強くするためにスウェルバット状にしたりと、色々です。コンパウンドテーパーではテーパーが途中で変わる部分の繋がりが弱くなります。ガイド位置の設定が重要なポイントになりますが、そこまで考えた竿はかなり少ないように思います。

コンベックステーパーとは、凸レンズ状のテーパーを言います。コンパウンドテーパーを全体的になだらかにした印象です。あまり見かけないテーパーですが、個人的に一番気になるテーパーです。

⑦ どんなアクションにするか

大きく分けると、ティップからバットに向け徐々に曲るプログレッシブ・アクションと、起点がなく全体的に曲っていくパラボリック・アクションに分けられます。あるいは、その二つの組み合わせになります。

現在のカーボンロッドは、ほぼプログレッシブ・アクションです。竿を自分でコントロールしてコンパクトに振るのが、プログレッシブ・アクション。竿なりにまかせてスピードを変えて振りやすいのは、パラボリック・アクション。そんなイメージだと分かりやすいと思います。

セミパラボリックはそれぞれの良いところを取った、竹竿の自重とテーパーの起伏を生かしたテーパーデザインです。製作者の個性と力量を感じることができます。

⑧ どんな仕上げを選ぶか

竹竿の仕上げには一般的には三種類あります。

バーニッシュ仕上げは、竹表面全体にウレタンなどの塗装をしている竿で一番ポピュラーです。全体を塗装が覆っているために竹そのものへのダメージを受けにくく、バンブーロッドの大敵である水分からも竿を保護する役目があります。バーニッシュの厚みの分、重量が増えるデメリットがあります。

オイル仕上げは、亜麻仁油《あまにゆ》、チークオイルなどをすり込み皮膜を作って竹を保護する方法です。皮膜が薄いため軽量で、竿そのもののアクションが再現されます。ただし傷によるダメージを受けやすく、防水性能も低いというデメリットがあります。釣りの後にはオイルで竿を磨き、皮膜を作る手入れが必要になりますが、これがまた愛着の湧く作業になります。

インプリグネーテッド仕上げは、竹にフェノール樹脂、ウレタンなどを含浸させる方法です。竹の表面を樹脂化することで水の浸入をかなり阻止でき、手入れが容易になります。竹の表皮がむき出しで傷がつきやすいですが、水分によるダメージは受けにくくなっています。

真空にして含浸させるための設備投資がかかるので、一般的ではなくメーカー製作のロッドに採用されることが多いものです。樹脂化によりブランク重量が増加することと、竹そのものの持っている反発力が減る印象があります。

⑨ ソリッド、中空どちらにするか

竹竿はソリッドが基本です。ストリップの張り合わせ面積が多いことから、耐久性に優れ、つぶれに強いメリットがあります。竿に自重によるタメができ、竹竿独自のよさを発揮することにも貢献します。

中空構造（ホロービルト）は、竿自体の軽量化と、断面がパイプ状になるためにつぶれてからの復元力による反発の強さを実現できます。キャスティング時は速く感じる反面、魚がかかって曲がると弱く感じる特徴があります。個人的には低番手で長めの竿に向いていると思います。

高番手の中空ロッドで大きな魚がかかると、ソリッドの竿に比べてリフティングパワーの弱さが目立ち、キャスティング時の反発力の強さとのギャップが大きくなり、違和感を感じます。高番手の場合はバットが中空でティップがソリッドですと、それぞれの竹竿としての美味しいところを備えたバランスのよい竿が

生まれるように思います。

⑩　**断面は何角形にするか**

一般的には六角形です。一片が正三角形なのでバランスがよく、生産性のよさもあり安定しています。五角、四角となるほど、竿の一片の表面積が増え、塗装がきれいな竿はより美しさが際立ちます。四角ロッドには直進性のよさを感じます。高番手になるほど、その違いは分かりやすくなります。五角ロッドは、自分の場合、見た目以外は六角とあまり大きな違いは感じませんでした。

⑪　**竹の素材はどう選ぶか**

使っている竹の種類によるロッドの感覚の変化は、竿のテーパーデザイン、焼き入れにより大きく影響されますので一概には言えません。難しいところです。バンブーロッドの素材として一般的なトンキンケーンは、#5〜6の竿によいものが多いと感じます。#3くらいの低番手では、日本産の竹を使用している竿にバランスのよいものが多くあります。今後の成熟度に注目したいところです。

⑫　**フェルールの素材をどう選ぶか**

一般的な金属フェルールには、ニッケル、ブラス、アルミ各種の合金があります。金属フェルールには、湿度、温度による影響が少ないメリットがあります。デメリットは重さとフェルール部分が曲がらないことです。

しかし竹竿の特徴の一つとして、金属フェルールの重さによってキャスティング時にタメがうまれ、コントロールしやすくなる効果があります。フェルール素材ではニッケル合金が加工のしやすさと耐久性の面で多く採用されています。個人的には昔採用されていたアルミフェルールに可能性を感じます。

その他の素材のフェルールには、バンブーフェルール、カーボン、グラス、テープで巻くスプライスト・ジョイントとあります。非金属のフェルールは軽量でフェルール部分も曲がってくれるので、竿の曲がりがスムースになります。金属加工の専用機材がなくても自分でフェルール製作が可能な点も大きなメリットです。

高番手でのスプライスト・ジョイントは古くから使われていましたが、それ以外は歴史が浅くまだ完成の域には達していません。今後に注目です。

⑬ どんなリールがよいのか

竹竿はリールの重量とのバランスが大事になります。

ドライフライがメインで長さが8フィートくらいまででしたら、リールを付けて竿先が重く感じるくらいがよいと思います。特にパラボリック・アクション気味の竿は、竿の自重を生かして竿なりに振るとキャスティングが容易で疲れません。プログレッシブ・アクションでしたら竿の曲りをコントロールしやすくするために、少し重量のあるリールもよいと思います。

9フィートを超えるカーボンロッドはグリップ上部で水平バランスがとれている方がキャスティングしやすいものですが、これはカーボンロッドではプログレッシブ・アクションが主流だからです。竹竿の場合のバランスは少し異なります。個人的にはリールは軽ければ軽いほど好きです。試しにリールをポケットに入れてキャスティングしてみると新しい発見があります。

8フィートを超える竿でウェットフライの釣りでは、重めのリールでグリップ上部にバランスがきてもよいと思います。キャスティングよりドリフトを重視するには、手元にバランスが来るほうがコントロールしやすく、また疲れません。

あとはやはり、リールと竿とのマッチングの見た目が大事だと思います。こればかりは釣り人のセンスの見せ所です。使い込んだ竿には同じく使い込んだリール。年代を合わせる。竿との色のバランス。等々考えるだけでも楽しく夜が更けていきます。

⑭　竿に教わることもある

良い竿はフェルールを繋ぎ、ひと振りすると釣りのイメージが湧きます。このバンブーロッドなら、あの川で、こんなフライで、あんな魚を釣りたいと感じます。

もちろん釣り人の経験により大きく変わりますが、竿に合ったキャスティングをする、竿に合わせた釣り方をすることで、自分の釣りやキャスティングの不具合を矯正できたりもします。

竿に身をまかせ、竿が語りかけてくる特徴に自分を合わせることにより、経験が増え釣りの幅もふくらみます。銘竿とはそういう竿です。

⑮　自分の感覚を信じる

お店でバンブーロッドを何本も繋いでみると、迷うことが多いと思います。繋いで試し振りすればするほど迷ってしまいます。そういう時は、最初によいと思った自分の感覚を信じるのがよいと思います。

⑯　まずは使ってみる

竿をいくら素振りしてみても、実際にラインを入れてみないとその竿の真価は分かりません。竿はラインを通すことで初めてラインの重さがガイドを伝わり、ガイド位置に沿って本来の曲りを示してくれます。ラインを入れて印象が変わる竿はたくさんあります。カーボンやグラスロッド以上に個性の幅が広い竹竿ではよく見られることです。

ラインの許容範囲が広いことも竹竿の特徴です。フライラインを指定されている前後の番手で投げてみると竿の変化が楽しめます。たとえば近距離主体でしたら、竿の表記番手よりラインを一番手上にして、より竿に負荷をかけやすくする。ロングキャスト主体でしたら逆にラインを一番手下げると、より長いラインを空中で保持しやすくなります。竿が柔らかくバイブレーションを抑えるのが難しい竿などは、少し重めのラインにしてあげると無駄な挙動を抑えて、投げやすくなります。

同じライン番手でもメーカー、種類によりテーパー、柔らかさも違います。さらには同じ品番のフラインでも、製品のバラツキや色により重さ、硬さが変わります。蛍光色の方が塗料の関係で硬くなります。とにかく一つのラインで竿を判断せずに、色々と試してみることです。

オフシーズンの管理釣り場などは試し投げに最適で、色々な発見があります。魚をかけてからの手ごたえの感触は、実際に使ってみなければ分かりません。迷うのも楽しみの一つですが、まずは一歩踏み出してその一竿を使い込んでみるのが大事だと思います。

⑰ 経験の豊富な人間のアドバイスを複数聞く

竹竿が大好きな釣り人には、クセのある人間が非常に多い傾向があります。釣りのスタイルにもかなり偏りがあると思います。一人だけに意見を聞くより、何人かの意見を聞いてみることが大切です。特に普段から色々な種類の釣りをし、釣行回数が多い釣り人のアドバイスが参考になります。ただ釣り歴の長さと、竹竿についてよいアドバイスができるかどうかは、まったく関係ありません。

⑱ 迷ったら買ってみる

より竹竿の魅力を分かるには、数多くの竹竿を実際に釣り場で使ってみるしかないと思います。近道するより、失敗して分かることはたくさんあります。気に入らなかった竿を数年後に出して使用すると、昔と違ってよく感じることがあります。そんな竿がまた一本と増える度に、自分の経験が深まった喜びとなります。

⑲ 当たり外れの少ない竿を選ぶ

バンブーロッドには当たり外れの少ない、長さと番手の基本的な組み合わせがあります。あまり面白みがない選び方とも言えますが、最初の一本を選ぶのにはよい目安だと思います。

#3は7フィート+－3インチ。#4は7フィート6インチ+－6インチ。#5は8フィート+－6インチ。#6以上なら8フィートないし+6インチが、基本のスペックです。

基本をおさえつつ、長めでバランスのよい竿を作るメーカー、ビルダーさんに出会えると長い付き合いになります。

⑳ 購入後の取り扱い注意点

竹竿の大敵は水です。とにかく使用後は水気をとり保管することが大事です。壁に吊るすのもよいですが、思わぬ事故を避けるようにアルミケースに入れてキャップを外しての保管がおすすめです。竿の自重による負担を少しでも減らすため、バット側を下にして竿袋に入れるのが理想です。竿によってはバット側が上になるように縫われている布ケースもありますが、その場合はそれに合わせて問題ありません。

金属フェルールにはロウソクのパラフィンを塗って、腐食を避けるようにしましょう。繋ぐ時には埃やゴミが付着しているので指でパラフィンを拭います。パラフィンはフェルールの固着防止にもなります。

ブランクの抜き差しの際は、捻るのは禁物です。竹のストリップを貼り合わせている竹竿は、捻れには非常に弱いものです。高温、低温にも弱いです。特に古い竹竿は日本の高温多湿な夏には、表面の塗装が溶けてしまう場合もあり注意が必要です。貼り合わせに使用している接着剤は低温が苦手です。

竹竿には水分が含まれています。気温0度を下回る冬場には、竿自体が凍りティップが簡単に折れてしまうことがありますので注意してください。

竹竿は少し手入れが増える分、愛着が増すと考えましょう。

㉑ 自分のコダワリを求める

釣り場にこだわる。フライにこだわる。キャスティングにこだわる。道具にこだわる。竹竿にめちゃくちゃこだわる。自分自身の色々なコダワリがうまく調和した時に受ける感動は、素晴らしいものがあります。

一歩踏み出し、そんなコダワリを求める旅に出てみましょう。

Photo by T.Hirano

Chapter 06　座談会

なぜバンブーロッドじゃないんですか?

池田和成
平野貴士
北岡勝博
司会　『フライの雑誌』編集部

バンブーロッドは難しい?

―　「自分はまだバンブーロッドを持つ域に達していません。」というフライフィッシャーの声を聞くことがあります。「バンブーロッドは高価だ。」とも。しかし10万円するグラファイトロッドもあれば3万円で手に入るいいバンブーロッドもある。どこが違いますか?

平野　そんなに違いはありません。

北岡　竹竿は弱いから、フライが引っかかったときにぎゅうっと引っ張れない、車に入れっぱなしにできないなども聞きますね。

―　グラファイトだってぎゅうっとは引っ張らない。

池田　最初にバンブーロッドは難しいという先入観を持つと、なかなか消えづらいでしょう。

平野　バンブーロッドは丈夫ではない、と思い込んでいる人は多いようです。少しくらい踏んだってぜんぜん大丈夫ですけどね。でも基本的な手入れは大切です。つなぐときにねじらない、フェルールはきれいにしておく、とか。炎天下の車に放置するのは論外です。寒すぎる日に持ち出すのもよくありません。

北岡　ラインとリーダーをリールに巻き込んだ状態から、竹竿を曲げてジーッとフライを引っ張り出す人がいますね。

平野　トップガイドからラインまで引き出しておいて、リールの底に一回転させてガイドの上の方にフライをひっかけておくほうがいいです。すぐに投げられますしね。そういうちょっとした技を、意外に知らないフライフィッシャーが増えている気がします。

――最近のグラファイトはぴんぴんの硬い竿が多いですね。

平野　そこは違います。グラファイトにもグラスにもバンブーロッドにも、硬いの柔らかいのがある。バンブーはその幅が広いだけの違いでしょう。バンブーロッドにを使う側には妙な気構えがあるような気がします。

池田　竹竿を売るお店の姿勢にも問題があると思います。同じ値段でもバンブーロッドだけはガラスケースに入っている。試し振りをさせてもらえるお店も少ない。

平野　突出して高価なバンブーロッドはあることは事実です。

――素材も同じで外見も似ていれば差が分かりづらい。価格で価値は決まらないけれど、判断基準にはなりやすい。値付けは難しいですね。

竹竿でなくては、の本当の理由

――さてこれまでも何十回も繰り返されてきた問いかけです。皆さんはふだんからバンブーロッドを釣りに使っていらっしゃる。なぜバンブーロッドなんですか。

平野　それはもう、やっぱり好きだからですとしか答えようがないです。伝達力が伝わりやすい、バラしづらい、歴史の重みがある…、結局は好きだからということに落ち着く。色々と理由をくっつけられるところが、バンブーロッドの魅力なのかなという気はします。

――バンブーロッドには各人の楽しみ方、個性、ストーリーがあります。そのファンタジーに価値があるのでは。

平野　そういうあいまいなことを言ってるから、とっつきにくいって言われるんですけどね。

北岡　僕の場合は、同じ釣り場でカーボンで釣ってもいいしグラスで釣ってもいい、竹竿でも釣ってみたいなあ、と思ったのが最初です。カーボンでも色々なアクションの竿を楽しんでいましたから、素材の違いを楽しみたかった。ふだんカーボンで釣っている川を竹竿で釣ったらどんな風かな、という興味がありました。実際に釣ってみたら、めっちゃ楽しかった。まず操作する上での違和感はまるでなかった。でもバンブーロッドには、それまで使っていたカーボンやグラスとは違った感触があった。

平野　振った時のラインスピードの感覚や曲がりのフィーリングは、バンブーロッドには独特の気持ちよさがあります。射程の距離感もいい。竹と竹以外の素材は本質的に違うと思います。竹は〝ちょうどいい〟とでもいうのか。

――フライフィッシングのリズムにバンブーロッドが合っているということでしょうか。

平野　いま僕たちが楽しんでいるフライフィッシングの基軸は、100年くらい前にアメリカで発展したものです。そのとき使われていたのはバンブーロッドだった。だから合っていて当然といえば当然です。

北岡　僕は初めて竹竿で魚を釣ってネットに入れて竹竿を横にポンと置いて、客観的に俯瞰したときに、単純に美しいなあと思いました。

平野　釣りをよく知らない人でも、よくできた竹竿は魚と一緒に置いたときに「きれいですね。」と感動してくれます。その味わいは竹ならでのものがありそうです。

竹竿とグラファイトはどこが違うか

平野　竹竿の特徴的な点は〝こだわりどころが多い〟こと。シャフトだけだって貼り合わせ、節の感じ、繊維の走り、細かく見れば見るほど見どころが出てくる。もちろんテーパーも。先日ニュージーランドに行ったんです。いつもはバンブーロッドですが、試しにグラファイトロッドを使ってみました。これも素晴らしい竿なんです。でもいい魚を釣って横に竿を置いたときに印象が薄かった。やっぱり竹竿で釣った方がよかったなあ、と思っています。自分の中の満足感が違うんです。

――バンブーロッドを使う理由は、キャスティング能力とか、魚のランディング性能ではないんですね。

平野　では、ありませんね。

――やっぱりファンタジーでしょうか。

北岡　ぼくは竹竿とカーボンを両方使うけれど、そういう風に感じたことはないな。

平野　「この川のこの状況だったら、あの竿を使いたいなあ。」という思い入れは、一本一本に個性があって表情が違う、バンブーロッドの方が持ちやすい。逆に、新しいバンブーロッドに触れたとき「この竿はあの川のあのポイントで使いたい。」と思えると、そのロッドが欲しくなります。そういうイメージは僕はグラファイトにしくなりますわかないんです。だって工業製品はみんな同じじゃないですか。グリップの形も同じだし。アクションだって似たようなものだし。

── グラファイトだってグラスだって個性的な竿はあると思いますよ。同じ番手だってぴんぴんもあれば、ぐにゃぐにゃもあるし全然違う。デザインだって、カスタマイズできる点はグラファイトも竹竿も一緒でしょう。

平野 ええ、分かってます。だからまあ、バンブーロッドに関して、僕の意見はあまり参考にならないんです。愛しちゃってるから。

竹竿は売りづらい、分かりづらい

池田 一般的にフライロッドのデザインは、だんだん均一化してきている傾向はあるかもしれませんね。20年くらい前は、グラファイトロッドにも色々なアクション、デザインの商品が出ていました。スウェルバットのグラファイトとか、グリップだって個性的なデザインがあった。ブランクの色もあれこれあった。ここ10年くらいのマスプロのフライロッドは、個性の主張が少ないような気がしますね。

平野 ぼくは毎年、グラファイトロッドの各メーカーの、いちばんいい最新のモデルを買っています。自分で買わないと、お客さんにおすすめできませんから。店舗で売る側にも、相当の知識と経験が必要だと思います。簡単にキレイだから売っていますでは不親切です。

── 釣り具を買う方だって楽しく買い物をしたい。お店の人が自分より知識がなくてただ商品を並べているだけだったら、店舗に行く意味がない。売る方だって「どこで買ったって一緒でしょう。」と言われては、つまらないだろうと思いますね。

池田 売る側にもその人なりの意見がないと、自信を持って薦められないでしょう。

── バンブーロッドはマーケットも小さいから、小売りの段階でショップとユーザーが、きちんとした知識を共有しづらいかもしれない。その点、グラファイトロッドは工業製品としてのカタログ、スペックが明示されているからわかりやすい。

北岡 バンブーロッドは同じ竿でも振る人によって、インプレッションが変わってくるのもネックです。10人10様の印象がある。振る人のテクニックも問われます。

平野　乗せるフライラインのデザインと番手、合わせるフライリールの形状、重さでも、ぜんぜん竿の印象が変わります。バンブーロッドはグラファイトよりもバランスによるパフォーマンスの差がでやすい。

池田　グラファイトロッドの場合は、そこまで印象にばらつきが出ませんね。判断もしやすい。

平野　それぞれのバンブーロッドに合うラインとリールの重さの組み合わせは、意外に狭いです。そこを見きわめられないとその竿の真価が分からない。面倒くさがらずに、いろいろマッチングを試してみるのが大切だと思います。

バンブーロッドは一本単位で冒険できる

――　グラファイトでもグラスでも、最近の市販フライロッドは安価で質がいいですね。昔は明らかに不出来なデザインの竿がありましたよね。どうやっても振れない、曲がらない。重い。

池田　今はそんな竿を作ったら売れませんよ。だからそもそもメーカーが作らないでしょう。

平野　近年、個性派のマスプロロッドは減りましたね。長年フライフィッシングをやっている人にとっては、興味をひかれる竿が少ないんじゃないでしょうか。

北岡　とすれば、そこにバンブーロッドの入ってくる余地ができます。

――　バンブーロッドだったら一本単位でどんなスペックの竿も企画できますからね。

平野　自分で作りたい、欲しいと思えばアクションにも見た目にも、とことんこだわれます。

池田　バンブーロッド・ビルダーには冒険して欲しいです。テーパーでも焼きでも仕上げでも、本に書いてある通りじゃなくて、どんどん自分なりのアイデアでガンガンやって欲しい。インターネットで公開されているテーパー数値が本物かどうかは、だれも分からない。数値通りに作ったからって、歴史に残る名竿と同じものが作れるはずもありませんし。

平野　そうですね。テーパー数値だけ合わせても、竹の素材も違うし焼き入れも違う。同じビルダーが同じモデルを作っても、同じ竿にならないほどですから。

池田　とはいえなるべく品質を均一化しないとプロを

名乗る資格はない。

平野　品質を均一化できる腕、技量はもちろん保持していてほしい。でも、その腕をすでに持っているビルダーが、仕事を重ねて行く上でもっと良いものを志向して、いい方向に変わって行くなら歓迎したいと思います。

池田　まじめな職人は、よりよいものを作ろうと、いつも考えています。焼きにしても接着にしてもテーパーデザインにしても、常に向上させたいし、自分の独自性を出したいはずです。

ビルダーは釣り人であるべきか

――　バンブーロッドビルダーは自分自身も釣り人であるべきかどうか。

池田　もちろんです。実際に自分でも釣りをしてキャスティングをやれるビルダーのほうがいいに決まっています。最低限、魚釣りが好きでないと話になりません。自分でやらない釣りの竿は作れません。その竿をどこでどうやって使うんですかとビルダーには聞きたいです。

平野　フライロッドはフライをキャスティングして、魚をかけてランディングします。今のフライロッドで魚がかかってからのことをイメージしてデザインされたものは、ほとんどないんじゃないでしょうか。魚をばらさないように、引きに対してためがあるようにとか、ランディングしていて気持ちいいかを、考えられていない。竿を買う時に試し振りはしても、魚をかけることまではほとんどありません。だから、ビルダーがきちんとキャスティングできるかどうかもあるけれど、それ以上に、いかに釣りに行っているかのほうが本質的のような気がします。

池田　そばに腕のいいキャスティングのアドバイザーがいれば、ビルダー自身が名キャスターである必要は必ずしもないと思います。あとは、そのアドバイスを素直に受け止められるかどうかでしょう。

北岡　釣りに行かないビルダーでも、その人の脳内の妄想だけですごい竿を作るアプローチもありだとは思いませんか。

平野　「これは天の川で使う竿です」とか。

北岡　「お座敷を流れる川で使う竿」だっていいと思うんです。

平野　若いころはさんざん釣りをやったビルダーが、お年寄りになってからもう釣りには行けないけど、昔の記憶で妄想してものすごい竿を作っちゃった、ということなら分かります。

池田　それはありますね。

北岡　僕は必ずしも釣りそのものでなくとも、色々なアプローチでロッドをデザインするビルダーさんがいていいと思いますね。

――ビルダーが現役で釣りに行きつつ、並行して竿作りもひと月に何10本も進めるというのは、物理的に無理でしょう。

池田　竿を作る作業自体が好きなビルダーさんはたくさんいらっしゃいますね。

平野　はい。総じて器用です。

――プロビルダーの看板を掲げている方々の中で、人によってはそれほどキャリアがない人がいらっしゃる。過去の名竿を見ている数も少ない。アマチュアビルダーのほうが知識も経験もアイデアもはるかに上の場合があります。

池田　プロでもアマでも、よりよいバンブーロッドを製作しようと考える方は、歴史に残る名竿をできるだけ自分で振った方がいいと思います。コピーロッドではなくて、オリジナルに触れるべきです。

信頼されるバンブーロッドの条件とは

平野　自分で買ったバンブーロッドで実際に魚をかけてがっかりしたことが何回もあります。試し振りでは気持ちよくて、いい竿を買ったなあと満足していた。でもいざお目当ての大物がかかったら、バットが弱すぎて魚が全然寄らない。釣り竿の能力を果たしてくれない。

池田　その逆もありますね。キャスティングではラインが気持ちよく出て最高なんだけど、30センチくらいの魚をかけただけでもブチブチとティペットが切れてしまう竿がある。へら竿でも同じですが、反発力と釣り味のさじ加減は難しいです。

平野　魚の〝いなし〟がいい竿ってありますからね。

――キャスティングの時のロッドのパワーと、魚を寄せる時のパワーとは違う。ビルダーはそこを計算して作らないといけませんね。

平野　むしろそこそが、ビルダーの感覚に頼る要素かもしれません。

北岡　魚をアップストリームでかけるのとダウンストリームでかけるのでも引きは違いますね。元気のいい魚もいるし、季節によっても違う、使うフライによっても違う。

――きりがありません。

池田　だからこそ自分で多くの経験をもっているビルダーの竿がいい。海外で長い歴史を蓄積してきているロッドメーカーの作る竿の完成度が高くて、結果として信頼感があるのも、その理由だと思います。ただのブランド志向とは違います。

平野　ヤマメ用のバンブーロッドで大きなニジマスを釣って文句を言っても仕方ありませんよね。バンブーロッドをデザインする時は、キャスティング能力に加えて、最終的な対象魚をかけて寄せるところまでイメージした上で設計して欲しいです。細い糸を使う竿と、太い糸でためて使う竿は違う。だからこそ、自分で釣ったことのない魚を釣る竿なんて、作れるはずはないと思うんです。

北岡　うーん、僕はやっぱり妄想で作る竿があってもいいと思います。

平野　僕はバンブーロッドを使う側だから、その竿がどういう考えに基づいて作られているかを想像できないと、思い入れを持ちづらいんです。…勝手なことを言っていますが、じつは僕、自分でも竹を削ってバンブーロッドを作ったことがあるんです。でもぜんぜんうまくできませんでした。これだったら誰かが作った竿を使って感想を言ってるほうが楽しいかなあと思ったんです。

――困ったユーザーですねえ。

池田　平野さんの作った竹竿を見たいなあ。

平野　それはむりです。ごめんなさい。

Chapter 07

竹林へ

島崎憲司郎
Photographed by Kenshiro Shimazaki

トンキン・ケーンがバンブーロッドの素材にいかに適しているかは重々承知しているし、この中国の有名な竹が数々の名竿を生んできた実績や歴史に敬意を表しもする。が、歴代の名だたるバンブーロッド・ビルダーの工房がここ日本にあったとしたら、少々違った結果になりはしなかったか。身近な場所に竹が生えていることに目が行けば、黙っていても使ってみたくなるはずだ。そうこうするうち、この国の竹にも様々な種類があり、その多くはフライロッドには向かないものの、中には興味深い竹もあることに気づき、結局は遅かれ早かれ真竹（漢名「苦竹」）に帰着するに違いない。

あるいは真竹よりも何々竹の方がいいと仰る人もおられるだろうが、こういうことは好みの問題もあるので、僕が真竹に魅せられたことも含めて絶対的なものではない点をお含み置きいただきたい。ついでに言っておくが、中村羽舟さん（後述）の他にも真竹を使っているビルダーもいるし、竿の使用者の方も何も僕だけがマダケマダケとわめいているわけでもない。また僕などが何をほざいたところでトンキン・ケーンの優秀性は微塵も揺るがないだろう。それと同様、いかにトンキン・ケーンが優れていようと、真竹の良さもまた

↑入念に竹を選ぶ中村羽舟さん。伐るより選び出す時間の方がずっと長い。

←真竹の竹林

微動だにしないのだ。変な話だが、それぞれは男女同権と言った場合の男性と女性の違いにもちょっと似ているかも知れない。以下は昨年十二月初旬に中村さんと竹取りに行ってきた時のスナップ写真と駄文。

中村羽舟さんについては前にも少し書いたが、長らく和竿を手掛けていた桐生在住の異色のロッドビルダーで、工房は僕の家から歩いて五～六分の至近距離にある。中村さんの場合、竹の焼入れや刃物や工具の使い方など和竿の技術のキモの部分を巧みな工夫でフライロッドにシフトしており、特に最近の作品はどれも出色と言える。いわゆる「和竿師の手になるフライ竿」という例のありがちなキワ物（失礼）を想像しないでいただきたい。

中村さんと僕はかつて地元の漁協の役員を一期ご一緒したことがあり、わずか三年とは言え、漁協の執行部の中という物凄い修羅場で同じ釜の飯を三年喰ったということは、年齢が二十近く離れていても今となるとつくづく戦友じみた感がある。こういう感覚は経験者でないとピンと来ないかも知れないが、人間というのはそんなものである。

真竹を伐る時期は初冬が適期とされるが、今回の場合は少し遅めの十二月十一日。この日は藤井昭一さんという中村さんのよき協力者の手がたまたま空いたこともあり、藤井さんの幌付きトラックで三人して現場に向かったのだった。中村さんとトラックに乗っているとつい漁協の理事時代を思い出してしまう。あの頃はストレスが多かったなあ。

桐生から二十分ほどで目的地の黒保根村《くろほねむら》についた。まず目当ての竹林の地主の家を訪ねる。竹を伐らせてもらえまいかとの口上を述べる役は藤井さんだ。「すいませんがねェ」とニコニコしながら目当ての竹林の

← 枝を払った竹を搬出する長さに切る

方角を後ろ手に指し、「オタクさんの地所のあのヤブのタケを二〜三本でいいんですけど、ナニさしてもらいてェんですが、ヘイ」と慣れた口調。仕事師が履く本式の地下足袋でビシッと決めた藤井さんはこういう場面にピタリとはまる。中村さんと僕は藤井さんの後ろで脱帽して一礼。よく晴れた気持ちのいい朝だった。

その竹林は、川口川という渡良瀬川に流入する沢筋に沿って長く続いていた。中村さんと僕は漁協の役員をやらされていたときに支給されたダイワのニーブーツという足ごしらえで地下足袋の藤井さんに続く。このスパイク付きのゴム長は、場所によっては慣れないと石の上などで滑ったりするが、こういう場所にはお誂えむけである。現場に近づくにつれ沢の音が大きくなり、竹林の急斜面の下に川口川の流れが見えた。竹林に分け入る。竹林というのは「かぐや姫」のおとぎ話にもあるように、ちょっとシュールで非日常的な空間である。それでいて不思議に居心地のいい別世界。空気が澄みきっている。すがすがしいことこの上なし。見上げれば二十メートルにも迫るかの勢いで空に向かって伸びた竹、どこもかしこも竹また竹。

誤解のないように言っておくが、中村さんは真竹だけでフライロッドを作っているわけではない。他にも様々な竹を使ってみたし、僕もそれらの試作品を使用して気づいたことなどをアドバイス（というほどのことでもないけど）をしてきたりもしたが、色々やった挙げ句、真竹とトンキン・ケーンの二種類を主力にする線に今のところ落ちついてきているようだ。誰しも思いつくと思うが、一本の竿に複数種の竹をハイブリッドする試みも色々と凝ってテストしたりもしたっけ。これらの中には中々悪くないものもあったが、妙にアンバランスなアクションになってしまった失敗作も実はあり、今までのところ特筆するほどの結果は出ていない。やはり真竹は真竹、トンキンはトンキン・ケーンのみの方が無難のようである。

僕自身はビルダーではなくて常に使う方の立場なのにエラそうな講釈ばかり垂れまくっているが、中村

↖竿師中村羽舟、六十九歳、一生青春！

←真竹の断面。真竹はパワーファイバーが表皮側に密集しているので、ここを下手に削り過ぎると台無しになってしまう。顕微鏡で見ると、繊維の断面の形や肉質部の構造もトンキン・ケーンとは相当異なっている。

さんの試行錯誤に本腰を入れて付き合って色々なアイデアを試したり、トンキン以外の竹を種々使ってみたりすることによって、逆にトンキン・ケーンのそれまでは見落としていた特性やロッド・テーパーとの関係なども薄々分かってきたという思わぬ収穫もあった。キャスティングの方も以前より多少上達した（のかな）。余分な力を入れずにロング・キャストするコツなども前より身についた気がする。竹竿でテストを繰り返していると、グラファイトでのキャスティングがおかしくなりはしないかと思う人がいるかも知れないが、さにあらず。むしろグラファイトなどはさらに楽勝になるから不思議なものだ。いっそのこと、お前が自分で作っていたらどうなんだとか、グラスやグラファイトにフィードバックしたらソコソコ売れるんじゃないのとか言われそうだが、「イヤイヤ結構、僕なんかトテモトテモ」と辞退しておきたい。

ここで真竹について簡単に説明しておこう。ちょうどいいのがここにファイルしてあるので以下引用させていただく。これは『ラピタ一九九九年三月号』の「天然素材道具の買い物紀行③」で真竹の笊（ザル）と籠（カゴ）を紹介した内容なのだが、その中から真竹についてのカコミ記事だけ引用すると［マダケ属↓東アジア原産で、日本では青森県が成育の北限。直径一三センチ、高さ一五メートルに達する。漢名は「苦竹」で、筍に独特の苦みがある。「唐竹」ともいう。割り、剥ぎ、曲げといった加工のしやすさ、弾力性では竹材中、最も優れ、建築物、武具、楽器、各種生活雑器にと、古くから日本人の暮らしを支えてきた。］とあり「日本が誇る優良素材」とも解説されている。

その「武具」というのは主に弓を指す。かの有名な三十三間堂の通し矢に使うパワフルな弓も真竹で製作されているところをみても、いかにこの竹がフライロッドにふさわしいかが分かろうというものだ。代々その剛弓作りを受け継いで十何代目とかの人間国宝クラスの名匠のワザがＮＨＫのＢＳ（だったかな）で取り上げられ、真竹の表面に近い部分を「ニベ」という日本古来の接着剤で何層にも張合わせて強靭かつ工芸的

← 節間との兼ね合いを現場でチェックする。「これなんかハチハン（8フィート半）の3ピースあたりにもよさそうだね」

にも極めて美しい名弓に仕上げる工程が詳しく紹介されたことがあった。これがまた、実に惚れ惚れとする見事な仕事ぶりで、当方も大いにヒザを叩きつつ、ますます真竹に惚れ込んでしまった。あの弓師がもしロッドビルダーに転身したなら真竹を使わずにおれないことはまず確実だろう。和竿の世界でも、たとえば庄内竿の竿師の系統を辿ると元弓師に帰結する由。井伏鱒二の有名な釣り随筆集『釣り師・釣り場』の中の「庄内竿」の一編にもその話が出てくるが、かつて庄内藩が釣りを武道の一つとして推奨したほど異常なまでに釣りの盛んな土地から出た竿に他ならぬ「真竹」が選ばれている事実もまた真竹好きの目尻を大いに下げさしめる。

　真竹という竹は加工した時に美しいだけでなく、生えている姿からしてすでに見栄えがいい。天に向かってスコーンと直立している。まるで、よく手入れされた杉の木をギュッと細く絞ったごとしだ。長い割りには根元が孟宗竹のようには馬鹿太くない点も実にスッキリしている。妙に色っぽい。小股が切れ上がった粋スジの風情。ヒイキ目で見れば、そのようなあか抜けて小ざっぱりした立ち姿自体、すでにフライロッドの雰囲気が漂っていなくもない。「私をフライロッドにしてください」といわんばかりだ。

　でもねェ、と中村さんは言う。「フライ竿に本当に適した竹はそうやすやすとは見つからないんだヨ」と。たとえ何千本の竹が生えていても、これは使えるゾという優秀な竹は、半日探し回って五〜六本もあれば御の字とのこと。前記の井伏鱒二の「庄内竿」にもそういう逸話が盛り込まれており、あれは作家お得意の誇張も多少あるのではと以前は勘ぐっていたが、竹を見る目の確かな竿師にお供して竹林を巡り歩いてみれば、誇張でも何でもないことがヨ〜ク分かる。なるほど竹というのは一本一本微妙に違うものなのだ。それぞれの竹の生育年数や節の長さ（節間）や節の高低（節高）だけでチェックしても不向きの竹の方がはるかに多い。たとえば、節間が長いものは節高が高いという相反する性質がある。節の感覚が長ければいい

←今年生えた新子（シンコ）

だけなら話は簡単なのだが。真竹の場合、同じ竹林の中でのこうしたバラつきがトンキン・ケーンよりも大きいようだ。このバラつきは外見だけでなく弾性や目方にも表れる。真竹は軽いのが身上と思っている人もいるかも知れないが、中にはトンキン・ケーンより重い竹も稀ではない。このあたりが真竹の欠点と言えば欠点、あるいは逆に、そこをうまく活用する手もありそうだ。

そのように性質の不均一度が大きいのは、真竹はトンキン竹のようにブワッと密度濃く群生するのではなく、ある程度の間隔をあけて生えているからだろうか。生育条件の異なり方は、例えば日照の程度や方向の他にも地下の状態とか傾斜の大小とか川風の当たり具合などでも変わってくるだろう。また、すぐそばに大きな杉などが生えていると、往々にして他の竹とは一線を画す良材に育つことがあるものらしい。足場が悪くて伐るのが怖いような場所にほれぼれするような逸材が生えている例もなぜか多く、「マーフィーの法則」はここでも正しかった。

この日伐った竹は確か六本。三人して竹林を巡り回って小半日、それでタッタの六本。そのうちの一本は僕が自分で選び、この手で切り倒した。けたたましい音をたてて竹が倒れる瞬間、ガラにもなく身が引き締まる思いとともに「きっとこの竹はいい竿になるぞ」という予感がした。いやホント。生の竹は水分を含んでズシリと重く肩にこたえたが、この竹でどんな竿を作ってもらおうかとワクワクする身にはなんのその、実に心地良い疲労感だった。この醍醐味

半日歩き回って僕はこの一本の竹を選んだ。
(中村さん撮影)

はぜひ体験する価値がある。竹を伐るということを、みだりに木を伐ることと一緒にするなかれ。「生育が早く、伐採が自然破壊につながらない」という竹の長所は、現在そのスジからも注目されているほどだ。

竹をトラックに積み終えると、僕らは再び地主宅に寄った。今度は中村さんがやおら帽子を取り、その大きな農家の玄関をあける。藤井さんが後ろから大声で「コンチワーッ」とフォロー。ややあって年配の女の人が出てきてチョコンと玄関先に座った。中村さんはていねいに礼を述べ、「わずかですが…」と頭を下げつつ何がしかを差し出した。群馬県勢多郡黒保根村。まぎれもなくニッポン。この地に生えた竹が、やがて素晴らしいフライロッドに生まれ変わる。

帰り道、藤井さんは「いい竹が伐れたね中村さん」と自分のことのように喜んだ。「途中でソバ喰っていこう、ビールでもグーッとやろうや」と言いながら、藤井さんはトラックを走らせた。

『フライの雑誌』第49号（2000年）掲載

藤井昭一さん。中村さんのよき協力者の一人。中村さんはブレーンやサポーターに恵まれている。

陽だまりで一休みする藤井さん（左）と中村さん。藤井さんは桐生で織物工場を経営。趣味は渓流釣り。フライはやらない。
※勢多郡黒保根村は2005年の編入合併で桐生市黒保根町になった

Chapter 08

「竹林へ」13年後の追記

島崎憲司郎

ほんとうは、こんな追記より「竹林へ　partⅡ中国編」とでもしてトンキン・ケーンの聖地を訪ねる続編でも書くのが理想なのだが、これについては2008年にレオンの三浦洋一さんが現地を視察してきた興味深いレポートをネット上で読むことができる。英語は通じず中国語でしかコミニュケーションできない現地にタクシーを雇って単身踏み込んだ実践者だけが書ける三浦さんのリアルな紀行文や写真をまだご覧でない方は「トンキンケーン探訪紀行」で検索。インドネシアのロングノードケーンの原生地（←コブラも棲息する領域！）に分け入った2011年の熱い旅の様子も三浦さんのHP「南風ロッドビィルダー」で読めます。その中の「ハリCANEブログ」にも興味深い記事多数あり。

この駄文を書いた当時はマダケに相当のぼせ上がっていたとみえ、今読むと我田引水のそしりを受けかねない内容になっているが、もちろんマダケの他にも優れた竹はいろいろある。羽舟工房でも、この当時から現在に至るまで、マダケの他にヤダケ、メダケ、ハチク、トウチク、ホテイチクなどでも製作してきた。

他にも実験的に様々な竹でトライアルロッドを試作したりもしている。その経過を間近に見てきて確信しているのは、日本の竹を生かすも殺すもビルダーやユーザー次第ということ。微妙な違いが解らない人にはどんなに説明してもワカラナイ。個人の感覚の問題だからだ。(↑食べ物や酒やｓｅｘと同じです。)あるいは、バンブーロッドのキャスティングという技術面にも関係しているかもしれない。バンブーもグラファイトも同じキャスティングで良いとする向きもあるようだが、それはグラファイト的なバンブーロッドの場合の話だろう。全てをカバーするわけではない。

この13年の間に、マダケ以外の竹でも数々の優れた竿が各地の先進的なビルダーの手で製作されており、僕が羽舟さんに作ってもらった中にもホテイチクやヤダケやメダケによる使うのが勿体ないような極上竿が幾本もある。こういう官能的なバンブーロッドが日本の竹で実際に作れることを知ってしまうと、トンキン・ケーンだけがバンブーロッドに最適なのであって日本の竹なんて駄目云々などは、いくら偉い人から諭されても馬の耳に念仏ぐらいにしか聞こえなくなってくる。

といっても、この「竹林へ」の冒頭でも記しているように、トンキン・ケーン自体を否定しているわけでは全然ない。トンキン竿も山ほど持っているし使ってもいる。昔愛用したペゾンやファーローもまだ現役だ。ちょっと脱線するが、素材としてのトンキン・ケーンを、ロッド以外の物に活用したりもしている。たとえばギターのブリッジで弦を支えるサドル…、これはふつう動物の骨や角などを伝統的に用いるのだが、和竿式の強めの火入れをしてから同じサイズに削った竹片に換えると、木と骨より木と竹の方が相性が良いのか、魂にゾクッとくるアコースティックな音が出たりするのだ。(日本の竹でもトンキンとはまた異なる音響効果があるところを見ると、もしかしたら竹のパワーファイバーが振動して音の立ち上がりや余韻などに好影響が生じているのかもしれない。)

これでフラメンコギターのライブや、現代詩の朗読と即興セッションをしたこともある。1時間半の長丁場だったが、フラメンコ独特の不協和音が竹のサドルを介して強烈に鳴り響き過ぎたのか、目の前の客席の小さな女の子が突然ギャ〜ッと泣き出してしまったりした。

料理人時代は、シューマイを包むときやパテなどに使うヘラをトンキン・ケーンで厚みのテーパーをつけて先端はハガキぐらいに薄く作ってみたところ、その腰のある微妙なシナリが凄く使いやすくてびっくりしたものだ。

いま思いだしたが、トンキン・ケーンで竹トンボを作ったこともある。これがまた不思議なほど良く飛ぶ竹トンボだった。普通の竹トンボの半分以下まで薄く削ってもヘロヘロにならない。硬いことと薄手にしても適度な目方があることが有利に働いたのか、とにかく日本の竹より格段に良く飛んだのを覚えている。ちなみに、この竹トンボは、まだ羽舟さんがバンブーロッドに本格的に取り組む以前の話なので、羽舟工房でトンキン・ケーンを貰ってきたのではない。オービス社がバンブーロッドの製造を休止した時に、当方にも一抱えほど恵んでくれたのだった。オービスがストックしていたトンキン・ケーンで作った竹トンボなんて、多分誰も飛ばしたことがないのではないだろうか。

話を戻すと、トンキン・ケーンという凄まじく硬くて丈夫な竹に竿以外の用途でも親しく接してきた道楽者が日本の竹も面白いといっている次第なので、「バンブーロッドのブランク素材の選択枝は、トンキン・ケーンだけではなくて、日本の色々な竹や中国やアジアのまだ知られていない竹なども含めておく方が何かと楽しく遊べますよ」と、くどいようだがここでも述べておきたい。

前記の三浦さんが羽舟工房に提供してくれたトンキン・ケーン以外の中国の竹（チンバンブー）で8フィート 1インチ #5のプログレッシブ・ロッドを試作したことがあるが、これがまた軽くて振り抜けの良いモダンな味があった。トンキン・ケーンと日本の竹の中間に位置するような感じだ。どんな竹でもフライロッドにしてみようという遊び心一杯の三浦さんも「オッ！ これもありですねェ」と微笑んでいた。

いま全国で放置竹林が問題になっている。かつては美しい竹林で聞こえた京都あたりでさえ例外ではないようだ。

「13年後の追記」の追記 ……

放置竹林という危機的状況は、いま始まったわけではない。「竹林へ」の一連の写真を見ても、2000年の時点で（現在よりも多少はマシながらも）、放置竹林の様相をすでに呈していることが解る。この竹林の持主も「タケノコが出る前にイノシシに掘られてしまってねェ…」と嘆いていた。

過疎や高齢化による人手不足、生態系の乱れによる野生動物の食害問題（←元を正せば人間の不始末なのに「食害」などといわれては、さぞかし動物たちも憤慨するだろうが）、輸入タケノコの影響、竹に代わるケミカル素材に圧されて減少している需要、さらには2011・3・11の震災と原発崩壊による未曾有の相乗被害、その他諸々の末期的かつ複合的理由によって、放置竹林は増える一方だ。

この先、さらに荒廃が進むのだろうが、ここまで荒れてしまうと、そろそろターニングポイントも近いのではなかろうか…という希望的予感もしてくる。竹という優れた天然素材の再評価も各方面で進んでいるようだし、竹から作った繊維や綿なども続々と商品化され、他の繊維にはないユニークな特性が注目されている。

フライフィッシングの世界でも、バンブーロッドの佳さが諸外国でも同時多発的に見直されており、素材としての竹への感心も高まっている。一種の揺り戻しのようなこうした自然回帰の流れは、竹林の保全へ向けた足掛かりの一つになるのではないか…と思いたい。

Part III
バンブーロッド・ライブラリー
全48本
作例と解説

photo & text
Nagano Tatsuki

01　モンタギュー社　サンビーム

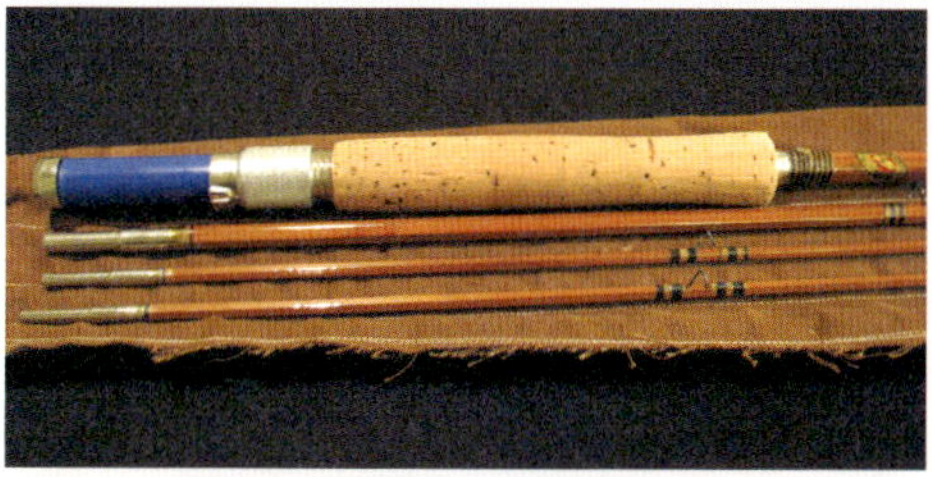

Montague Rod & Reel Co.
Sunbeam
9'0" #5/6
3pc 2tip

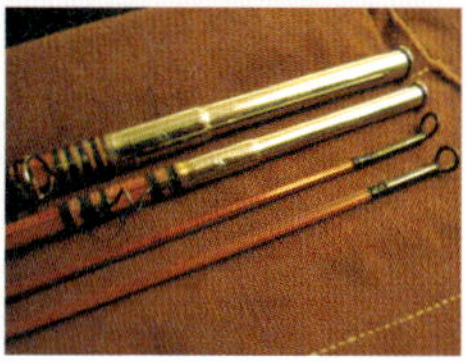

プロダクションメーカーのロッドの中でも安いランクに入るサンビーム。青色が特徴のリールシートは1950年代初頭のものでこのモデルだけ。打ち抜きのフェルールも特徴。竹刀のように硬くて重く、ファストテーパー。同社のロッドは全米のあらゆる都市で売られていた。

02　ホロックス-イボットソン社　トンカ・プリンス

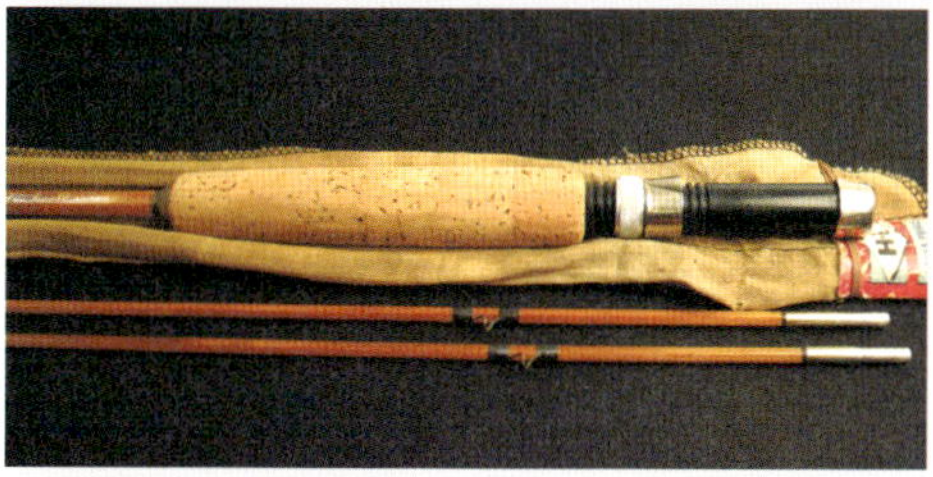

Horrocks-Ibbotson Co.
Tonka Prince
7'0" #5
2pc 2tip

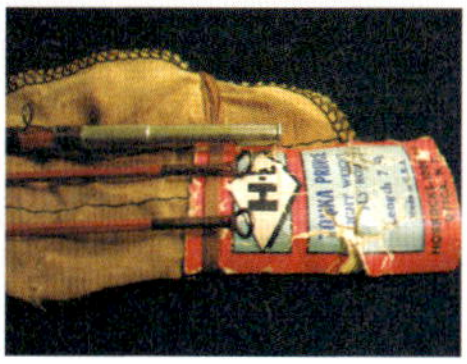

プロダクションメーカーのロッドの中でも最高ランクに入るトンカ・プリンス。茶褐色の肌に、焦げ目が入った独特の雰囲気を持ったロッド。1950年代のモデル。打ち抜きのフェルールも特徴。パラボリックではないが、逆C型のテーパー。重くはないもののティップは太く、あまり繊細なロッドとはいえない。

03　ホロックス-イボットソン社　カスケード

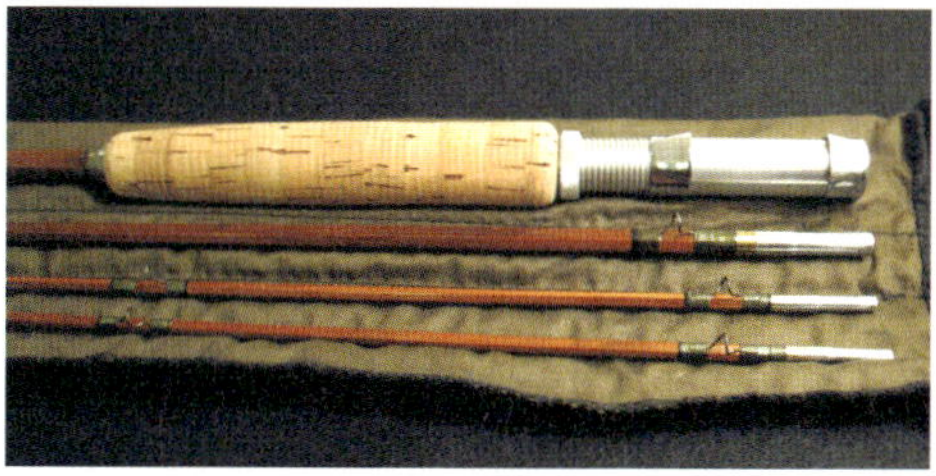

Horrocks-Ibbotson Co.
Cascade
8'6" #5/6
3pc 2tip

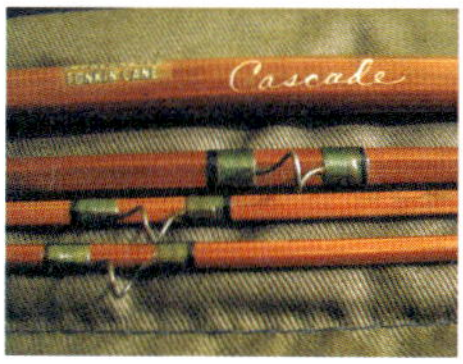

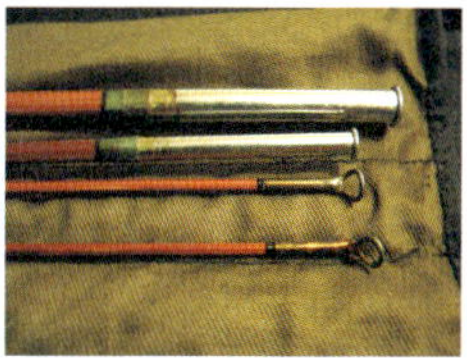

中堅ランクのカスケード。西海岸はカスケード水系の大型トラウトを意識して作られたロッドで、同社では数少ないインプリグネーテッド。バランスがよく、比較的軽くて、レナードのトーナメントのような素直なアクション。1950年代のモデル。

04　サウスベンド社　モデル 291

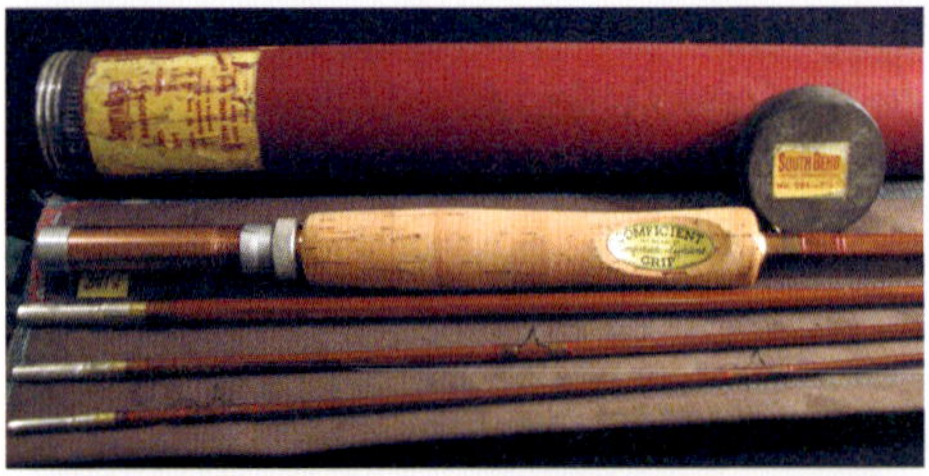

South Bend Bait & Tackle Co.
Model 291
7' 6" #5
4pc 1tip

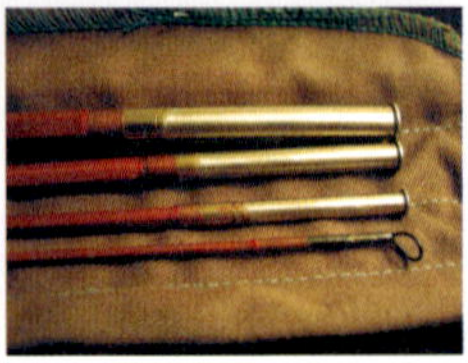

バンブーでは初めての 4pc・1tip のパックロッド。モデル 290 の 2p を 4p にしたとされる。1950 年初頭。ロッドは硬めでアクションは米国内でも賛否両論。好きな人は今でも持ち歩いている。ラッピングなどのコスメは先進的。サム・オン・グリップが特徴。ミント状態のものは最近なかなか見つからない。

05　ヘドン社　ブラック・ビューティー　(トラウト用)

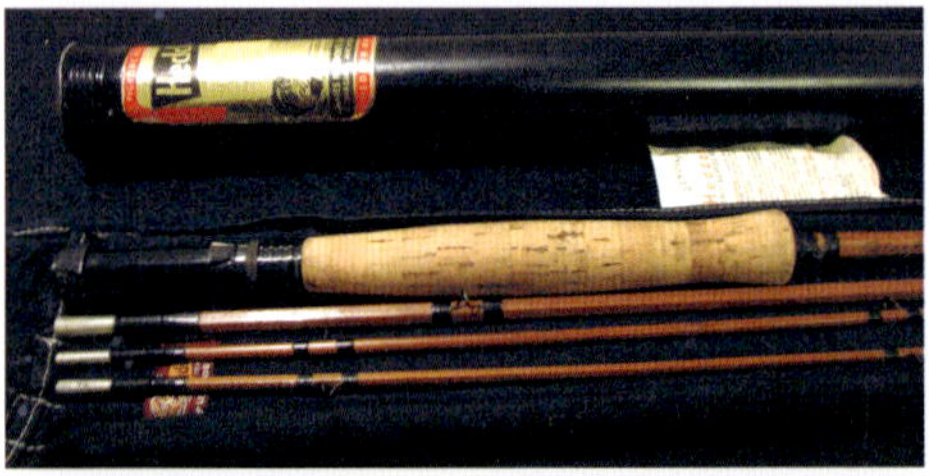

James Heddon & Sons
Model #17　Black Beauty
9' 0" #5/6
3pc 2tip

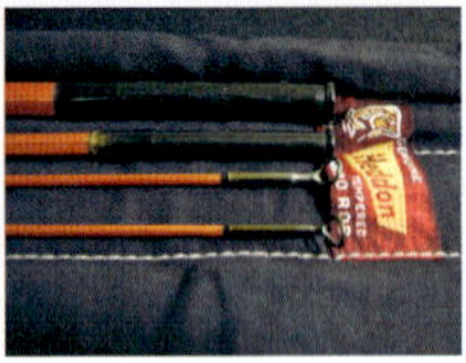

ミシガン州はダウワージャック市、ヘドン社の代表的な中堅ロッド。ブラック・ビューティーはトラウトモデルとバスモデルがあり、これはトラウト用。茫洋としたミドルアクション。なお戦前のモデルはオレンジのティッピングが入っていた。

06　ヘドン社　ブラック・ビューティー　BB　(Black Bass)

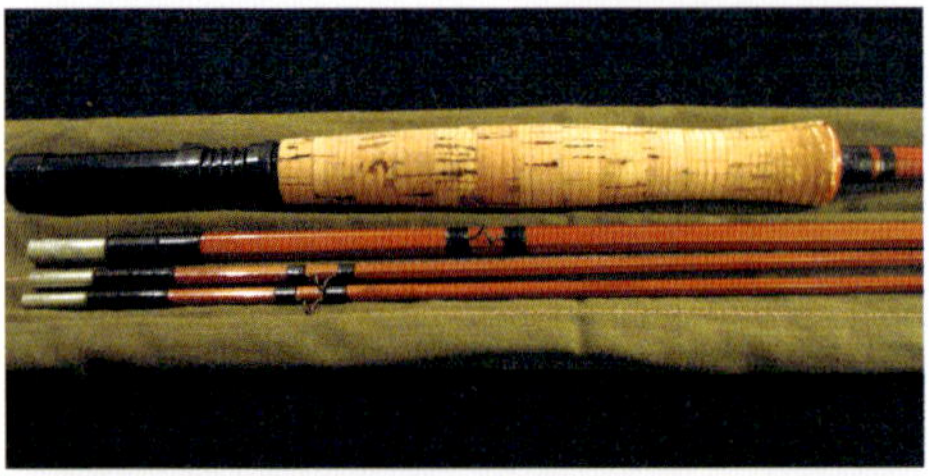

James Heddon & Sons
Model #17　Black Beauty BB
9' 0" #6/7
3pc 2tip

同じブラック・ビューティーでもこちらはバス向けのロッド。同じ長さながら、バット部分が太く、フェルールの口径も大きい。大きいポッパーでも飛ばせるような硬めのファストアクション。昔はみなこのロッドを片手で振っていた。

07 ヘドン社 ビル・スタンレー・フェーバリット

James Heddon & Sons
Model #20 Bill Stanley's Favorite
9' 0" #5/6
3pc 2tip

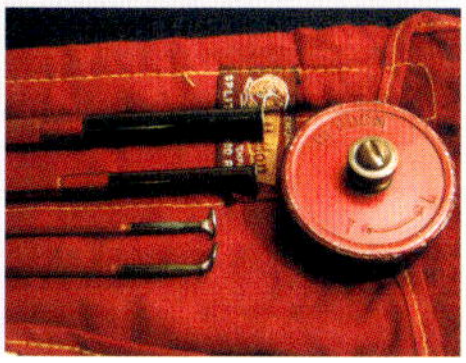

トーナメントキャスターの名前を冠したヘドンのオールラウンドモデル。この素敵なラッピングは1950年代のもの。アセンブリーラインではなくハンドメイド部門の手によるロッドで、これは特にエッジが立っている。ただアクションはそこそこで、バスもトラウトもOK。

08 ヘドン社 ピアレス

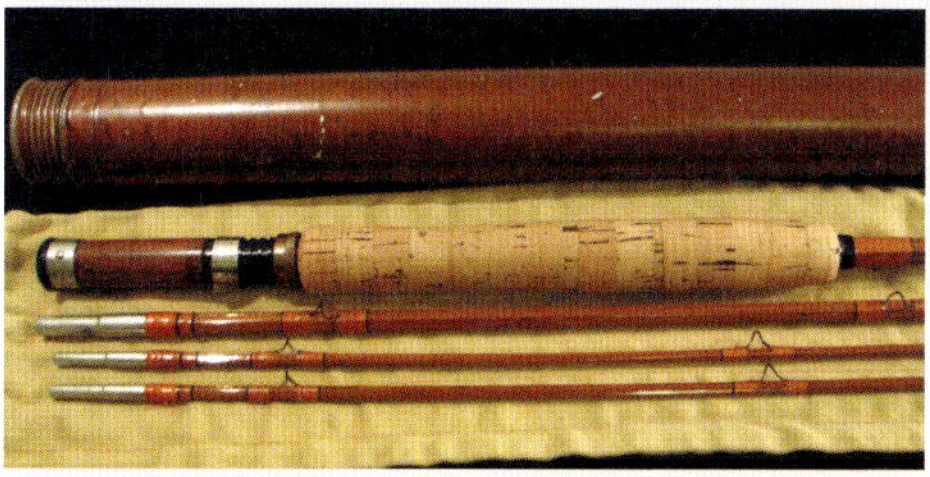

James Heddon & Sons
Model #35 Deluxe Peerless
9' 0" #5/6
3pc 2tip

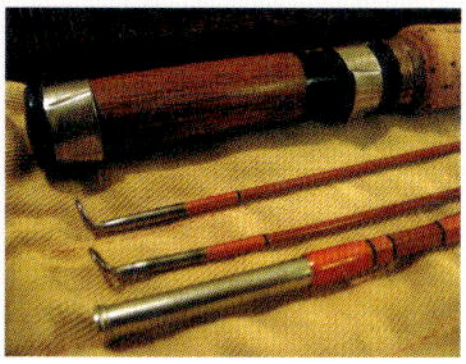

ヘドンではアップグレードモデル。ピアレスは少し長めのリバース・ハーフウェルグリップとしっかりしたスウェルバットが特徴。トルクフルな優しいバズーカ砲。バランスはとても良いが、重い。スレッド（オリジナルよりやや明るいと見られる）がリフィニッシュされている。

09 ヘドン社 モデル＃31 7' 2"

James Heddon & Sons
Model #31
7' 2" #5
2pc 2tip

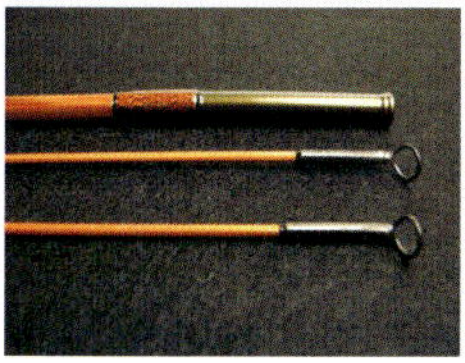

ヘドンのロッドは3Pが基本。＃31はティップセクションとミッドセクションだけを使用して作られたロッドとされ、基本的に7.0ft。1930年代しか作られなかったが、このロッドは少し長く、個人名が入るなど珍しい特徴を持つ。ファストでシャープなアクション。

10　ヘドン社　モデル＃8

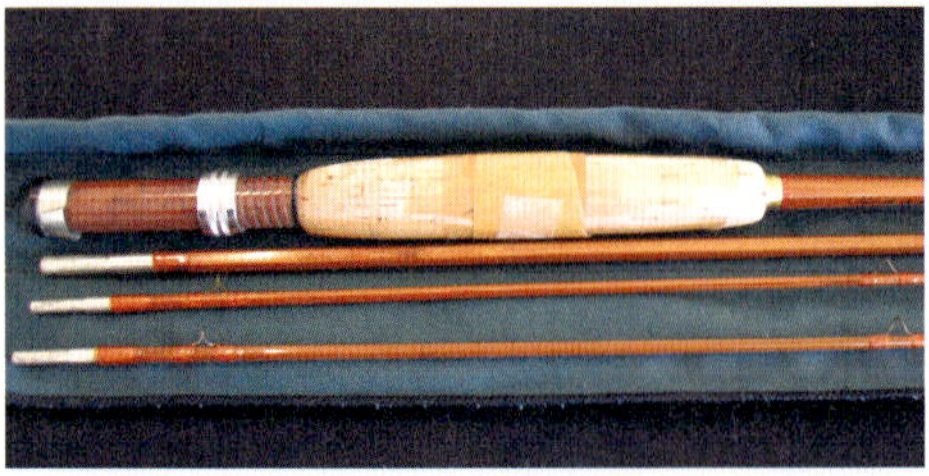

James Heddon & Sons
Model #8
8' 0" #5/6
2pc 2tip

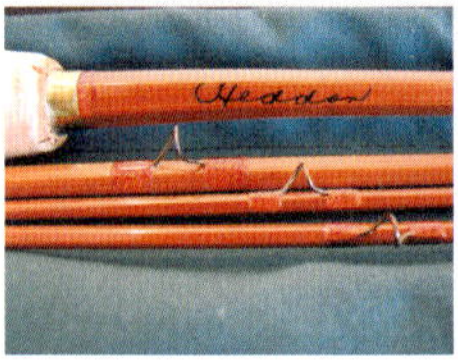

1951年と52年の2年だけ販売された同社の最も希少な1本。最廉価版として出されたが、グラファイト的なファストアクションを持ったバランスの良いロッド。ジャスパーのラッピング、フェルールキャップ、そして紙製ながら洒落たケースに入っている。

11　フォルソム社　モデル1520

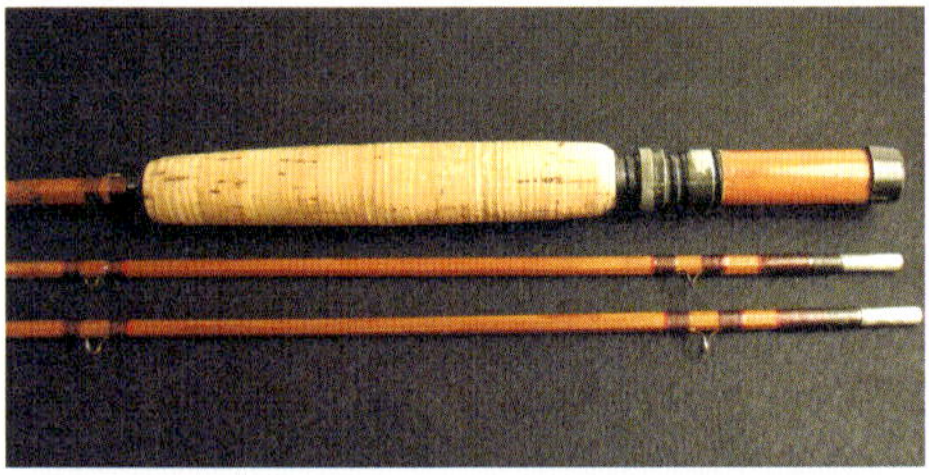

H&D Folsom Arms Co.
Model 1520
7' 6" #5
2pc 2tip

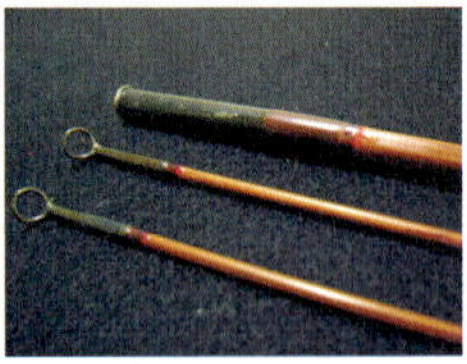

フォルソムはNYの銃砲店で、ヘドンがロッドをOME供給していた。マイケル・シンクレアの『The Rod With The Fighting Heart』にはモデル1520は3pの記載しかないが、これは1520でも2p。ヘドンのモデル＃17がベースになっている。ターンが速くトルクフルでバランスの取れた投げやすいロッド。

12　スーウェル・ダントン社　ダントンプレミアム　6-1/2

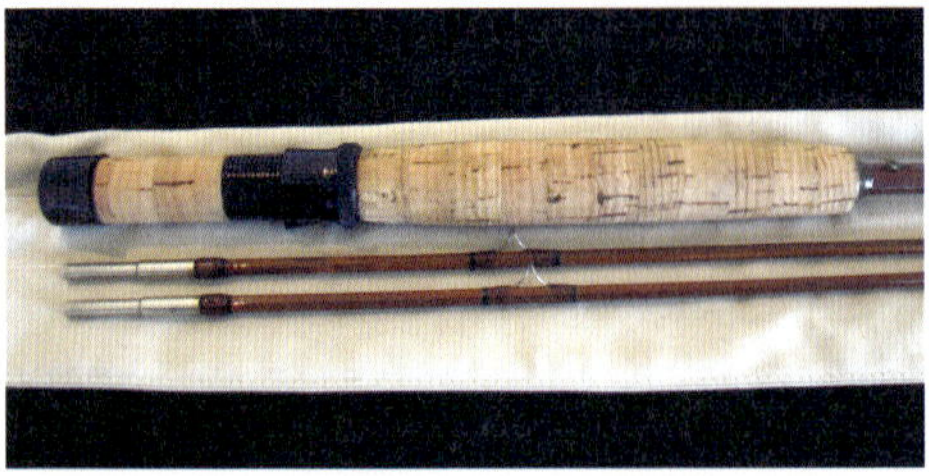

Swell N. Dunton & Sons Inc.
Dunton Premium 6-1/2
6' 6" #5
2pc 2tip

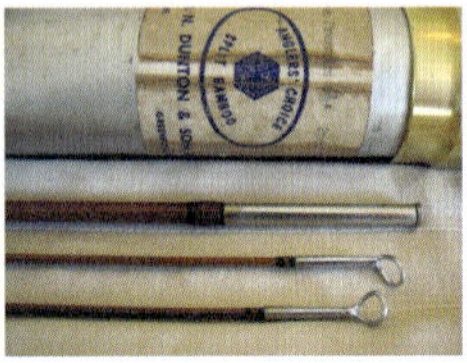

ダントン氏はハーバード大出身の管財人。破綻したホロックスーイボットソンのバンブーオペレーションを引き受ける。あらゆるランクのロッドを出していたが、これは'60～'70年代にかけての上位モデル。SageのRPLのようなシャープで素晴らしいロッド。グラスや出たてのグラファイトを意識していたに違いない。

13 ライト&マクギル グレンジャー アリストクラット

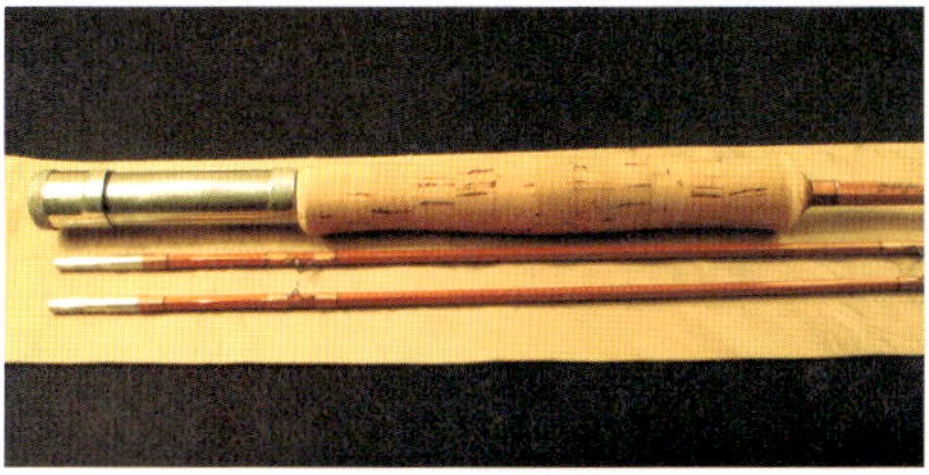

Wright & McGill Co.
Granger Aristocrat 7.0ft
7'0" #4/5
2pc 2tip

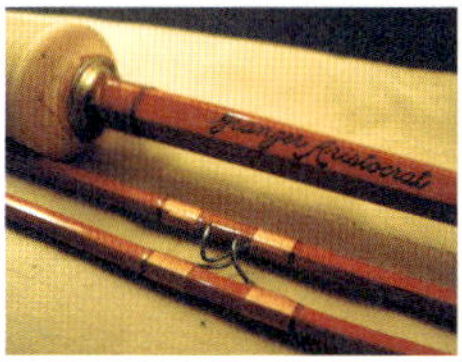

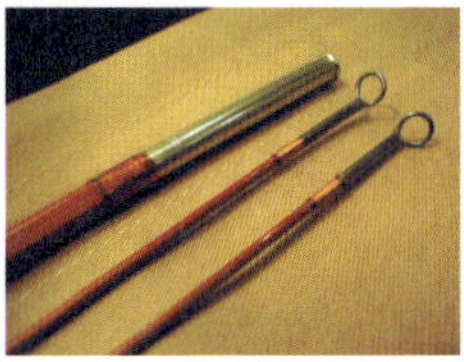

ライト&マクギルがグレンジャーのオペレーションを引き継いだのが1947年、それ以降のロッドは全て名称がWright & McGill Grangerとなる。2pは7ftでしか販売されず、マニア垂涎のスペック。1950年代初頭のロッド。現代的なミディアム・ファストを体現したスーパーロッド。

14 ゲーリー・レーシー グレンジャー フェーバリット

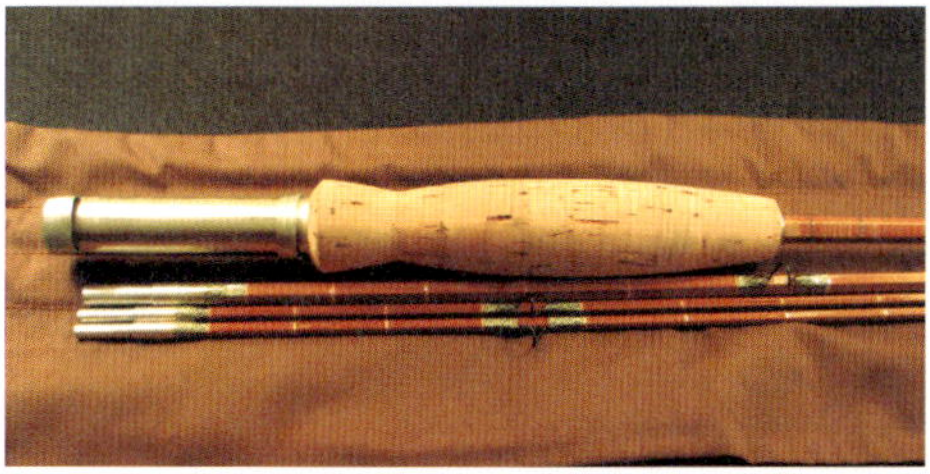

Gary Lacey
Granger Favorite GF7633
7'6" #5
3pc 2tip

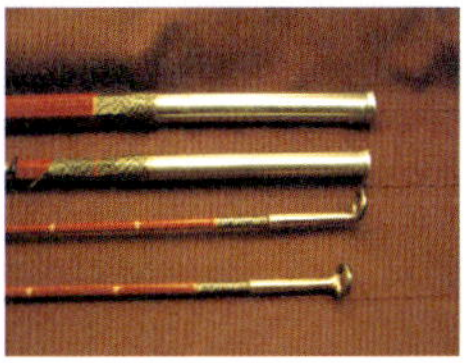

アトランタのビルダー、ゲーリー・レイシーの手によるグッドウィン・グレンジャー(Goodwin Granger)時代のフェーバリット7633、1930年代前半の復刻ロッド。金属スライドバンドのリールシート、独特のグリップ、そして綺麗な段巻きが特徴で、当時を忠実に再現している。爆発力を持った5番で投げやすい。

15 ジェンキンズ GA75

Jenkins
GA75
7'6" #4/5
2pc 2tip

父チャーリーと子スティーブが話し合いの末、バック・トゥ・ザ・ベーシックに戻って往年のモデルに絞り込むことを決めたあとに作られた、ジェンキンズの代表作GA75。弾力に富み、見た目どおりの素直で非常に投げやすいロッドで、米国のフォーラムでも褒める人だらけ。

16　ジェンキンズ　GA703 Light

Jenkins GA703 Light

7'0" #3/4
3pc 2tip

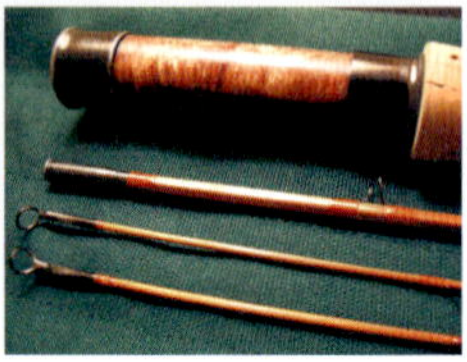

親子合作によるロッド。父が竹を割き、息子が組み上げた。GA70の3ピース版。ショートフェルールや新しいリールシートなどスティーブの意欲作だった。目で追うところにフライが落ちる中短距離のスナイパー。ロッキー水系の中小型ブルックやレインボーが対象。残念ながら3ピースの製作は現在8ftのみ。

17　サウスクリーク（マイク・クラーク）

South Creek Ltd. (Mike Clark)

6'9" #3/4
3pc 2tip

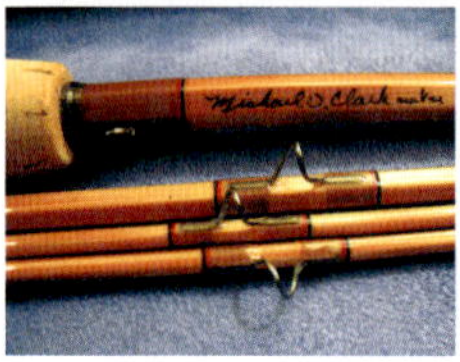

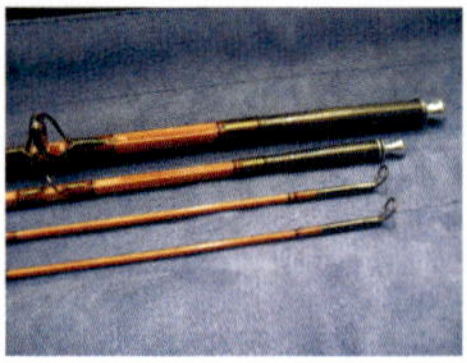

コロラドの重鎮。何本か決まったモデルはあるものの、ほとんどと言っていいほどオーダーメードなので、同じロッドは全くないといって良い。年間製作本数はぴったり40本。待ち時間5年。アクションは敵地の奥まで入り込むステルス戦闘機のようで、パラボリックなテイストを持つ。

18　サウスクリーク（マイク・クラーク）　8ft

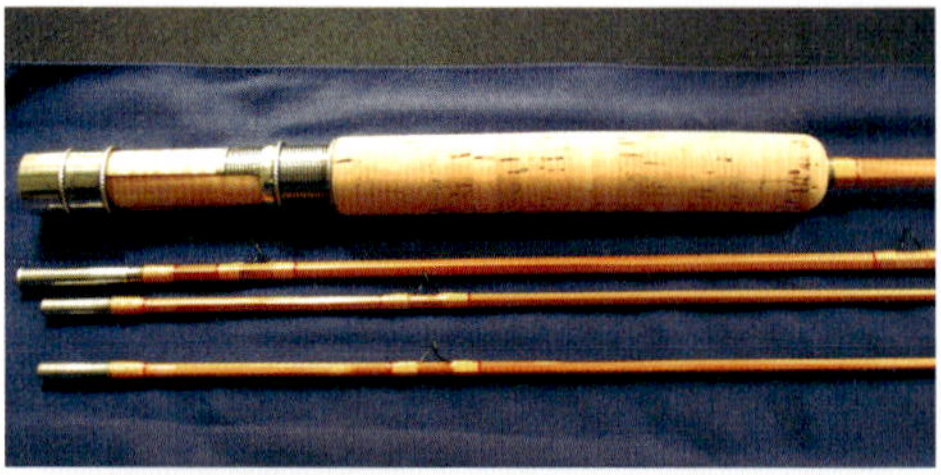

South Creek Ltd. (Mike Clark)

8'0" #5
3pc 2tip

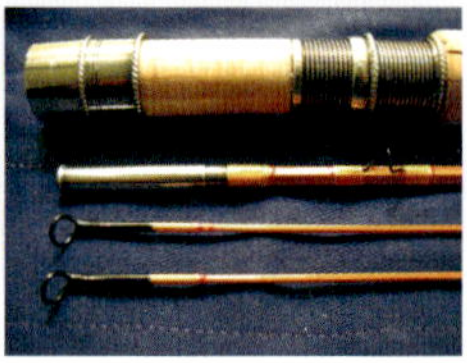

思った以上に全体がしなやかで、優雅なテンポを持ったロッド。トルクがあって、大型のフライでも余裕で遠投できるほか、繊細な釣りも得意とする懐の広いロッド。マイク・クラークは自分なりのテーパーを幾つも持っていて、それを軸に個別オーダーへ対応していく製作スタイルだ。

19 フィリプソン　ロッド&タックル　ピアレス #63

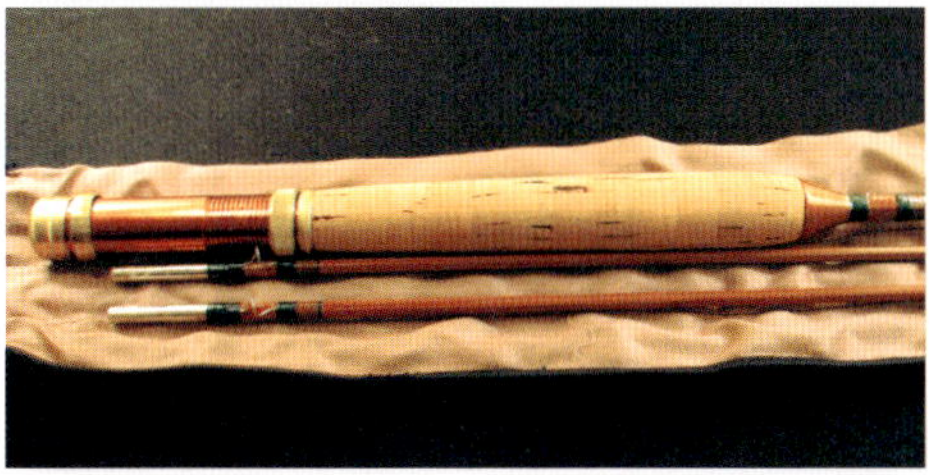

Phillipson Rod & Tackle Company
Peerless #63
7' 6" #5
2pc 2tip

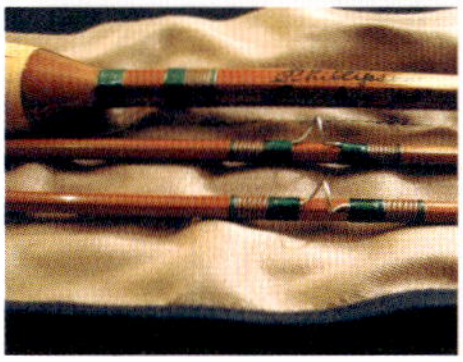
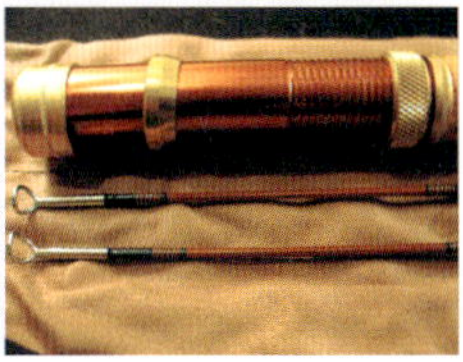

1963年製、樹脂を浸み込ませたインプリによるロッド。ポップカルチャーの寵児のような金と緑の奇抜な外見とは裏腹に、ファストでシャープな振り心地。プロダクションロッドの最後の時期、グラスやカーボンロッドを装ったバンブーロッドだったと見られる。

20 E.C.パウエル　スティールヘッド・フライロッド　セミホロー

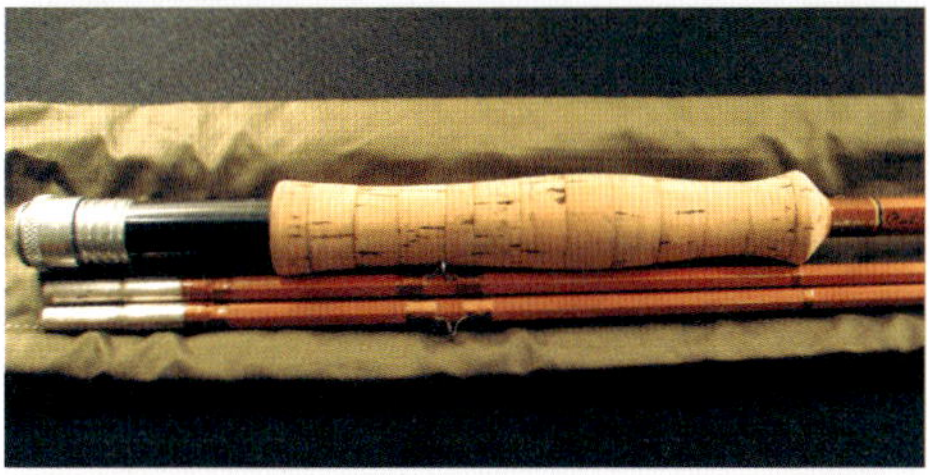

E.C.Powell
Steelhead fly rod Semi-hollow
9' 6" #7
2pc 2tip

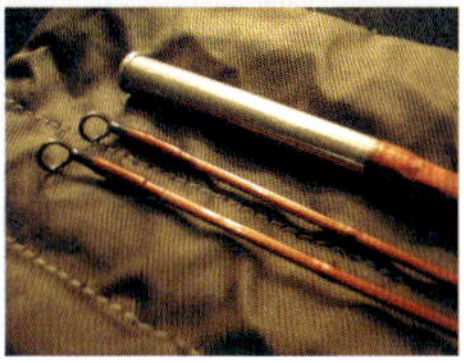

ホロービルトの先駆者、E.C.パウエルのやや先調子のAテーパー。クラマス・リバーなどでスティールヘッドを釣るために作られたロッドで、リールシートからフェルール、ロッドの耐久性まで非常に堅牢。長いがバランスが良いため重く感じない。現代でも時代を感じさせない銘ロッド。

21 ウォルトン・パウエル　コンパニオンロッド

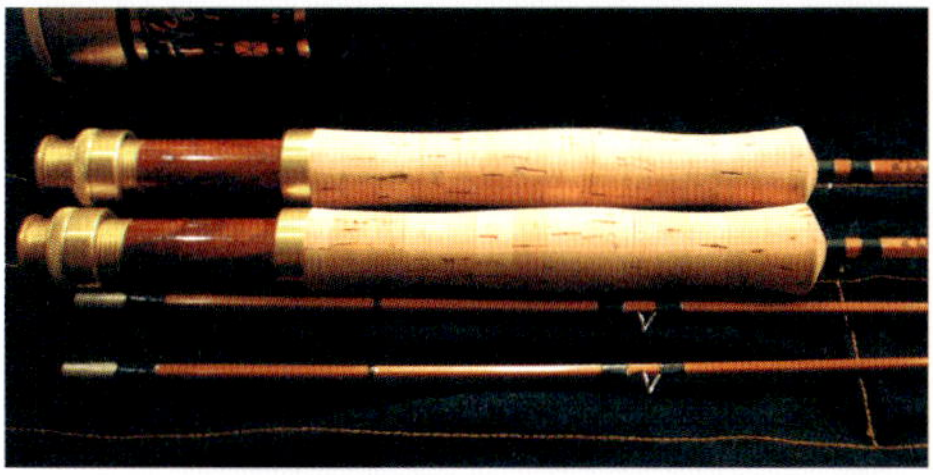

Walton Powell
Companion Rod
6.3ft & 7.3ft #3~6
2pc 2tip 2butt

父親のE.C.より頑固一徹。2本のテイップは同じ長さ、そして2本あるバットは違う長さの組み合わせ。見た目はシンプル。しかも1本で3〜6番まで乗るロッドというのだから、米国人の評価は今ひとつ。しかし川本勉氏が表現するところの蛇のような生きたラインを出す素晴らしいロッド。過小評価No1のロッドです。

22 トニー・マズラン E.C. パウエル トラウトロッド

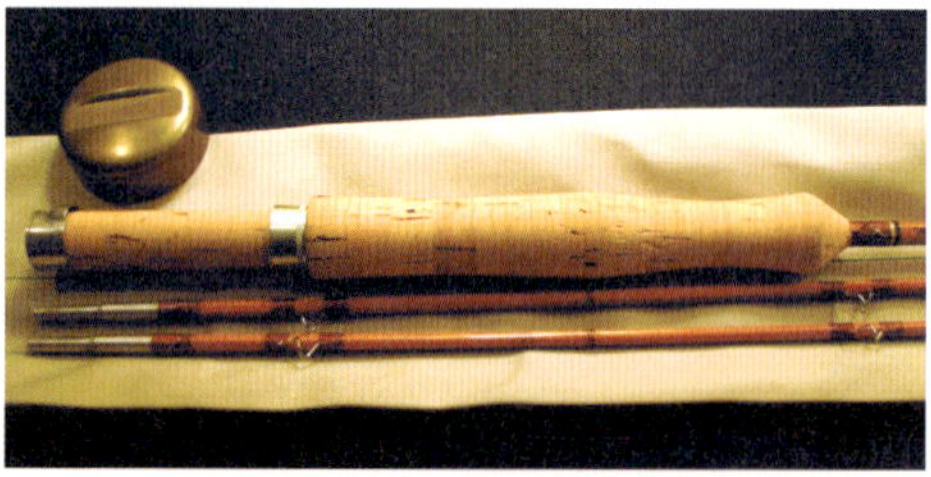

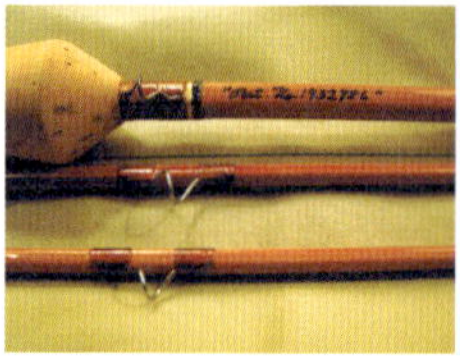

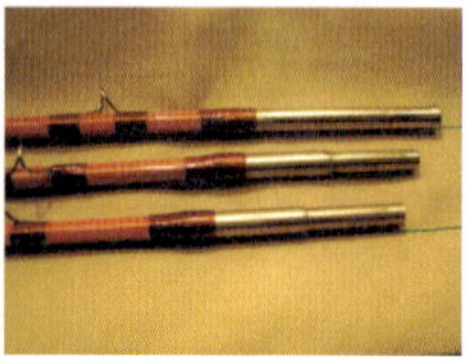

Tony Maslan
E.C.Powell Trout Rod
7' 6" #4/5
2pc 2tip

E.C. の娘婿。1954 年以降の E.C.Powell ブランドを引き継いだのはトニー・マズランだった。ホローで、逆 C テーパーが綺麗なロッド。コスメは荒いが、秀逸なアクションを持ったロッド。ラインの乗りを感じるキャスティングが心地よい。

23 ペア・ブランディン ホロービルト・クアッド

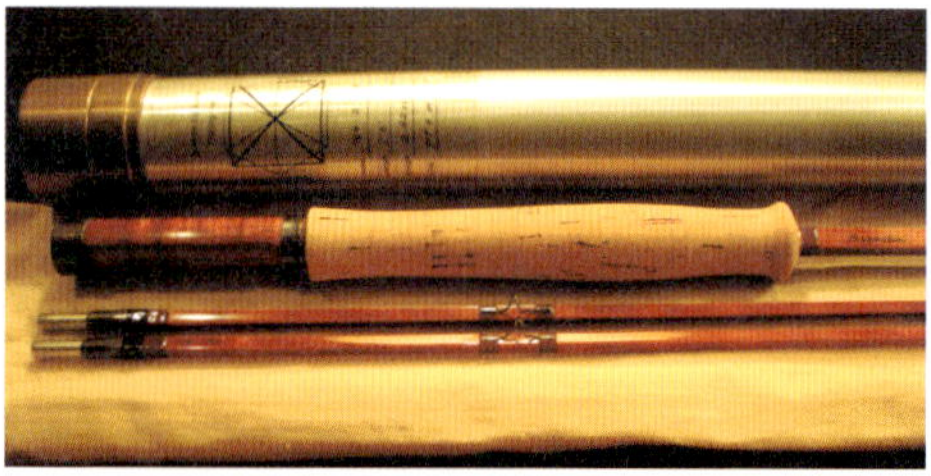

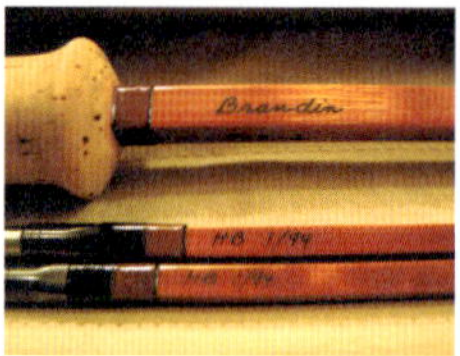

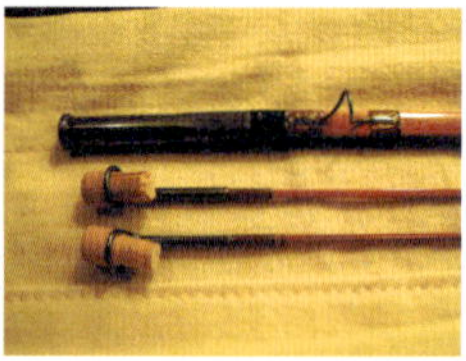

Per Brandin
Hollow Built Quad
7' 6" #4/WF#5
2pc 2tip

役者が違いますよ、というぐらい美しくて機能的。形状、ブランクカラー、ガイド、ラッピング、フィラーとここまで美しいロッドはあまりお見かけしません。1994 年、ブランディンが西海岸にいた頃の作品で、エドワードと E.C. の影響を受けて四角でホロー。エレガントで異次元の伸びを見せてくれるロッド。

24 ウィンストン（グレン・ブラケット） ホロービルト

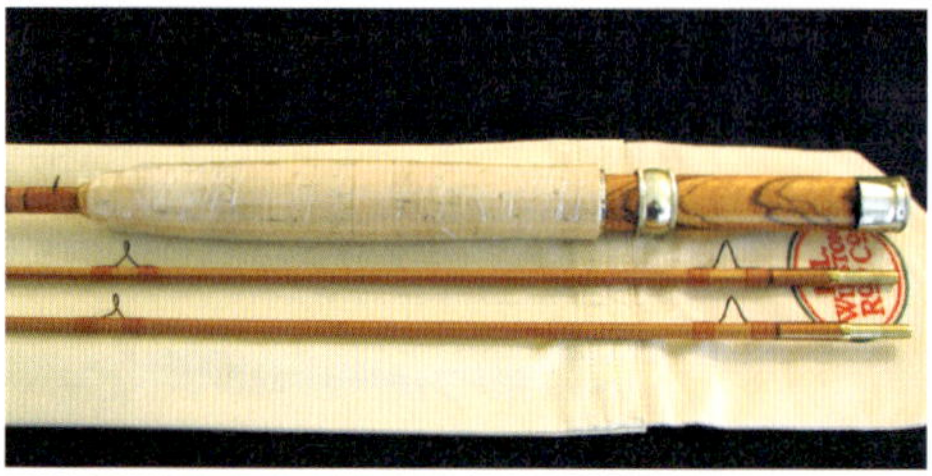

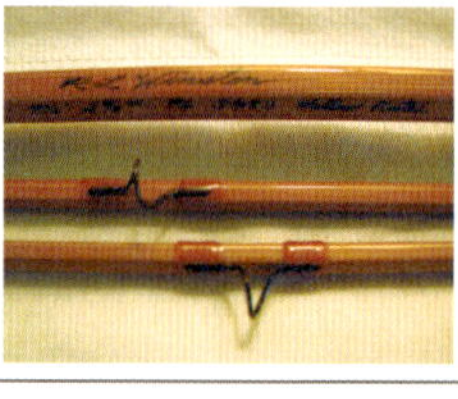

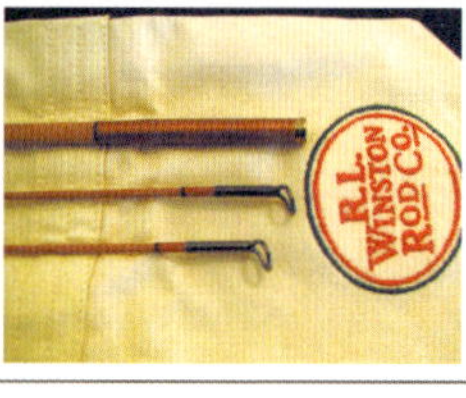

Winston（Glenn Brackett）
Hollow Built
7' 6" #4
2pc 2tip

ブラケットのロッドはフェルールやインスクリプションを入れる位置などお師匠さんのゲーリー・ハウエルズの影響が出ている。アクションはエレガントだが、ハウエルズより少しばかり無骨で、投げ手を選ばない。大きなフライもなんのその。気持ちの良い乗りを常に感じる素晴らしいロッド。

25　ゲーリー・ハウエルズ　ホロービルト

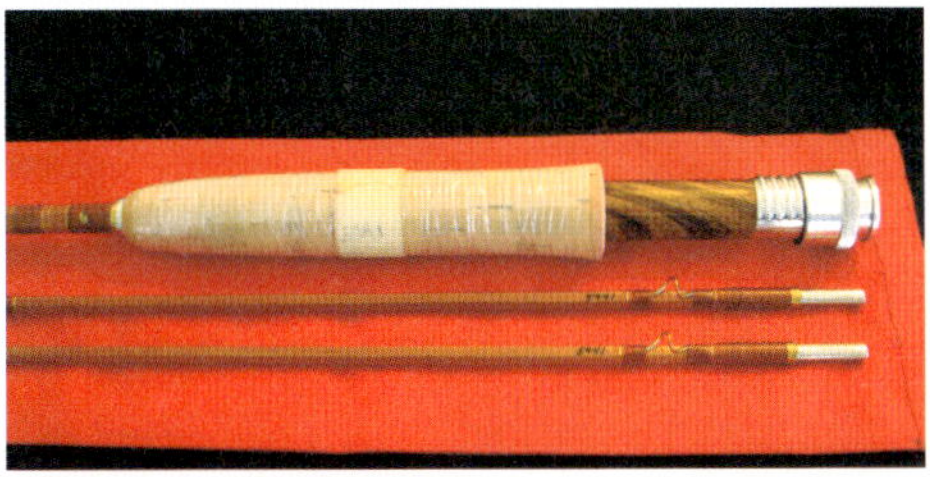

Gary Howells
Hollow Built
8' 0" #3
2pc 2tip

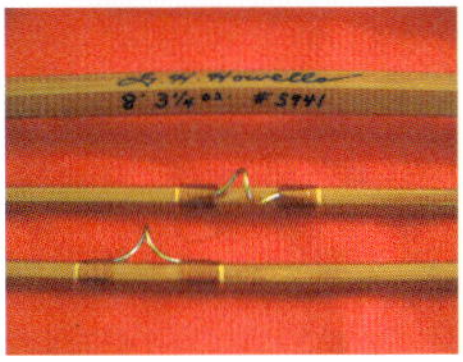

ハウエルズも役者が違う。見た目の美しさもあるが、ロッドを手にすると小さい子供のような柔らかさが全体を覆っている。8ft 3番なんて見かけないスペックだが、投げてビックリ。蛇どころか白龍が空を舞っているがごとく滑らかなループで、その大きさ、速さ、トルクともにコントロールの効く秀逸ロッド。

26　マリオ・ウジニッキ　225F4

Mario Wojnicki
225F4
7' 6" #4
2pc 2tip

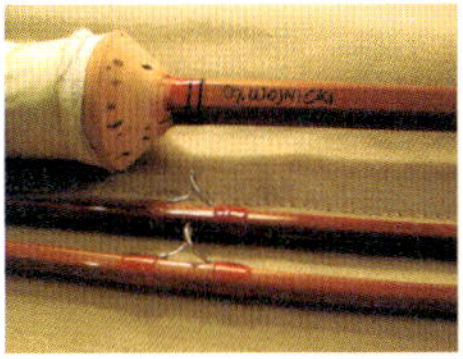

10年以上前にジム・アダムス経由で注文したロッド。いまだにウジニッキの巻きティッシュを取れない。7' 6" #4は彼の代表的なロッドで、西海岸ながらE.C.パウエルとポール・ヤングの特徴を掛け合わせたようなトルクフルで直進性に優れたトラウトロッド。投げていてバットの強さが安心感を生む。

27　マリオ・ウジニッキ　225V3/3　五角

Mario Wojnicki
225V3/3 五角
7' 6" #4
3pc 2tip

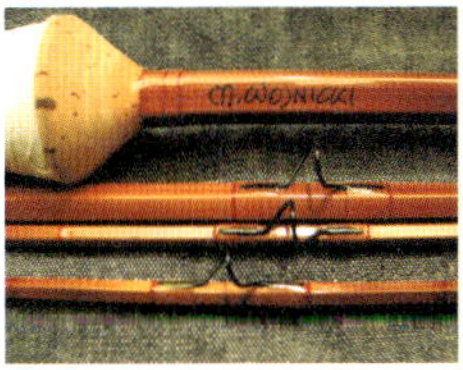

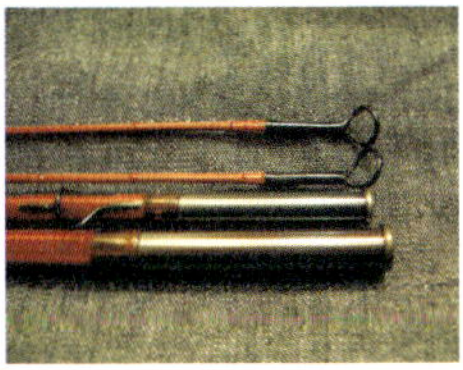

こちらも2000年初頭の作品。濃い焼入れに段巻きの五角ロッド。ジム・アダムスをしてウジニッキの中でも最も美しいロッドのひとつだと言わしめた。その一言で巻きティッシュが取れずにいる。やはり蛇、白龍系ロッド。ロールしていくライン先端部に自分の神経が行き届くのが良くわかる素晴らしいロッド。

28　ポール・ヤング　パラボリック 15

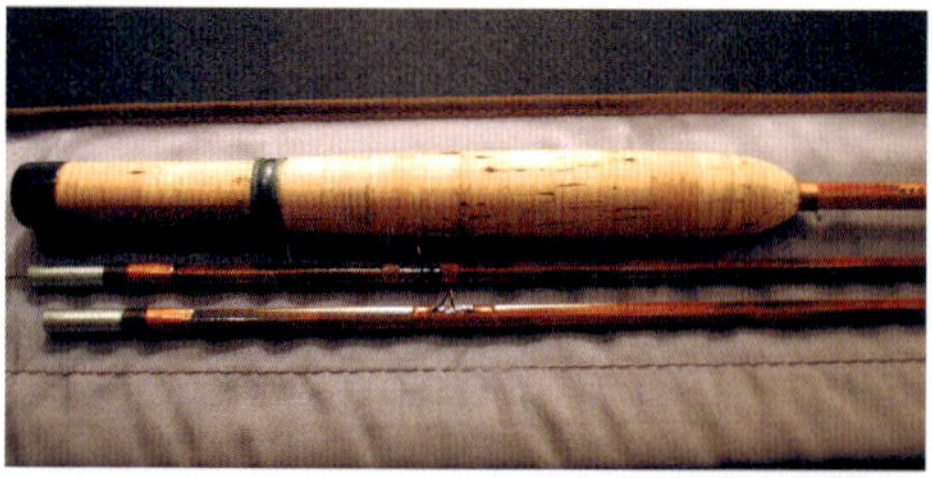

Paul Young
Parabolic 15
8' 0" #6
2pc 2tip

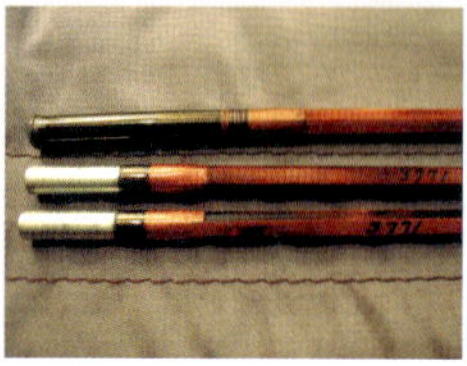

1957 年、P・ヤング健在時に製作されたロッド。パラボリックはフェルールの大きさで 14,15,16,17,18,19 などがある。赤銅色のブランクに黒い焦げ目は E.C.パウエルを髣髴とさせる。このパラボリックは、先端部に近いところとバット部分、そしてコルクグリップの内側も曲がる。肩に担いだバズーカ砲のごとくラインがすっ飛んでいくスーパーロッド。

29　ポール・ヤング　エース

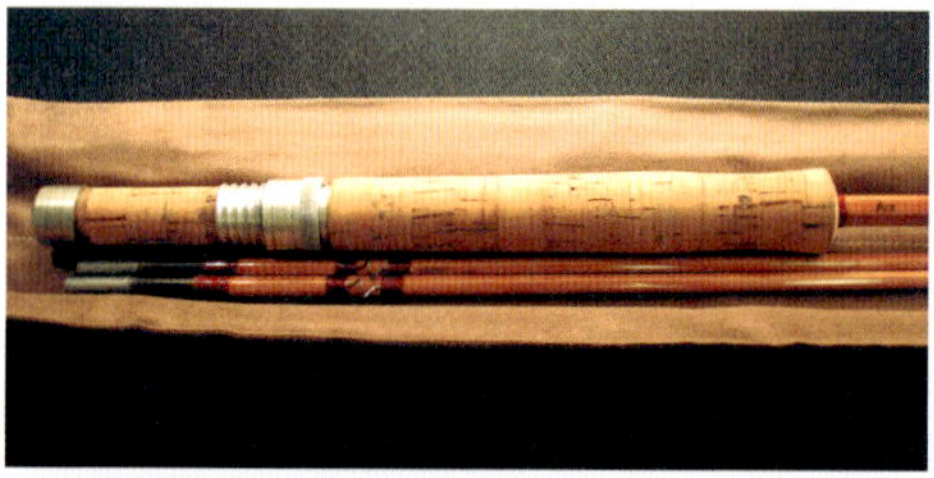

Paul Young
ACE
8' 0" #6
2pc 2tip

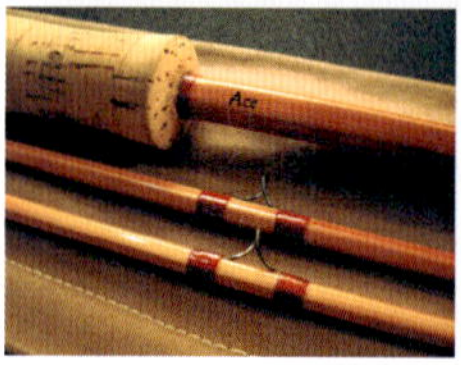

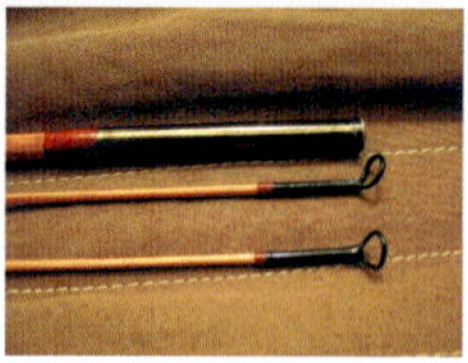

1940 年代後半に製作された ACE モデル。当時 SPECIAL、ACE、PROSPERITY と 3 つランクがあったモデルの真ん中。アメフト選手のようながっしりとしたトンキンで組まれ、6,000cc のエンジンを搭載したようなロッド。加速よりトルクに余裕のあるロッドで見た目も美しい。

30　ボブ・サマーズ　ミッジ

Bob Summers
Midge
6' 4" #4
2pc 2tip

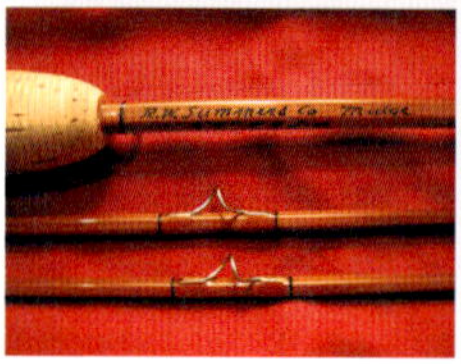

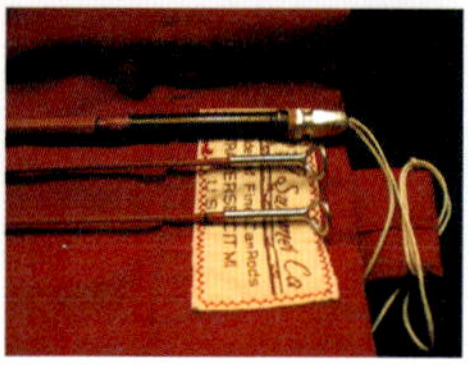

ポール・ヤングの店で 1956 年から 18 年近く働いたボブ・サマーズのミッジは、ヤングのミッジそのもの。サマーズがヤング時代から引き続き同じ名前で製作しているロッドはミッジ以外にない。軽くて、切れ味が良く、ラインコントロールが良く効く。誰からも愛される銘器。

31　ペイン　モデル 101

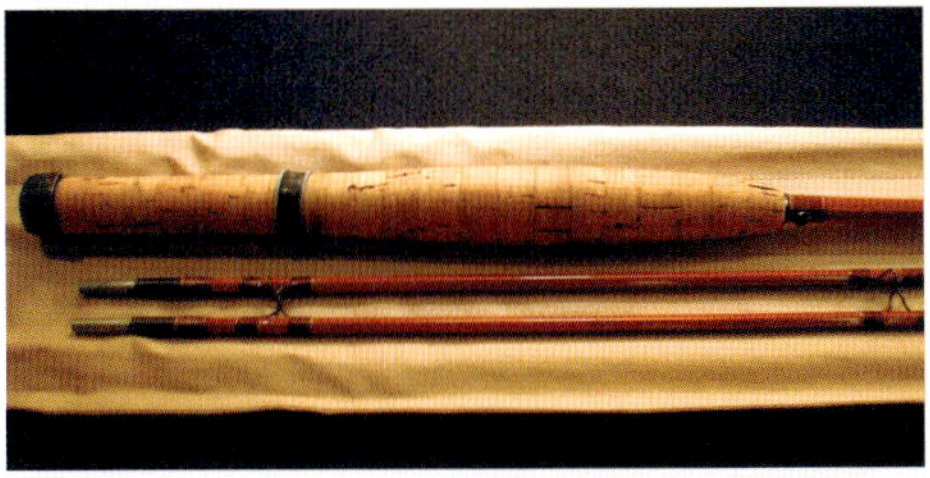

Payne Rod Co.
Model 101
7' 6" #4/5
2pc 2tip

#5 向けのファストアクションと評されるが、実際に持ってみると非常に柔軟であることに驚かされる。そう感じる人が多いのか、実際にそうなのか、同じ 101 でもライトタイプがあるとされる。トンキンなのに鞭系のようなロッド。タイトループをいとも簡単に作り出す。まさにテーパーによるバランスの勝利といえる。

32　F.E. トーマス　スペシャル・ヘビートラウトロッド

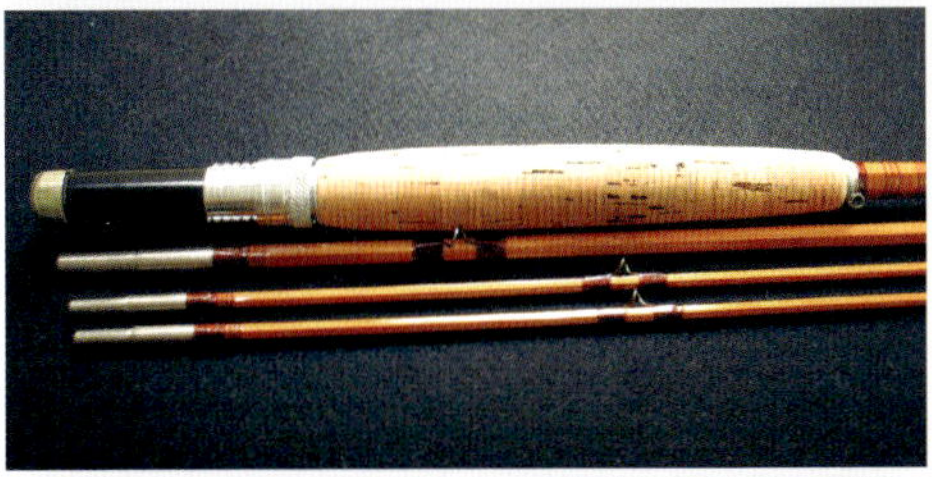

F.E.Thomas Rod Co.
"Special" Heavy Trout Rod
9' 0" #5/6
3pc 2tip

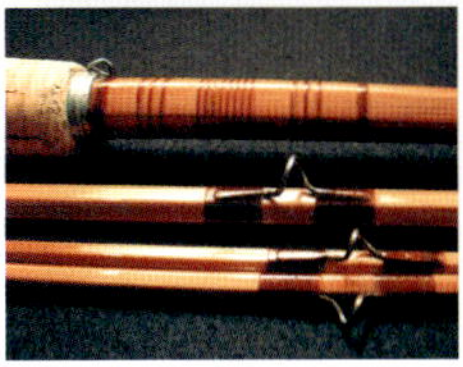

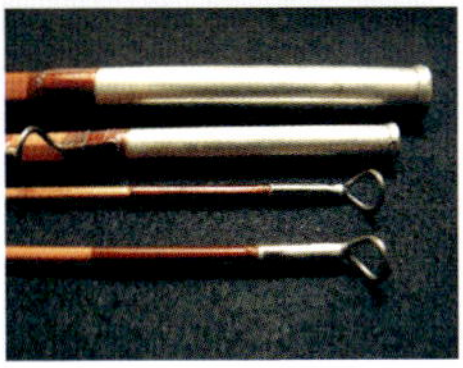

1930 年代に作られたと見られる Special シリーズの中でも最も長いロッド。9ft のバンブーロッドとしてはトップ・パフォーマー。バランスが良く、投げやすく、エレガントで力強いループを産み出す。米国のビンテージ愛好家は必ず 1 本は持っているメーカー。7ft 台のロッドが出ていれば購入を検討すべし。

33　W.E. エドワーズ&サンズ　モデル 53

W.E.Edwards & Sons
Quad Model 53
8' 6" #6
3pc 2tip

サム・カールソンもペア・ブランディンもマイク・スピトラーも憧れた、四角ロッドのバイブル。モデル 53 はエドワーズのトップライン。戦後から 1950 年代にかけてのロッド。やや柔軟なミドルアクションながらも馬力は強く、キャストしていてラインが落ちてくる気がしない。

34　W.E. カーペンター　ブラウントーン

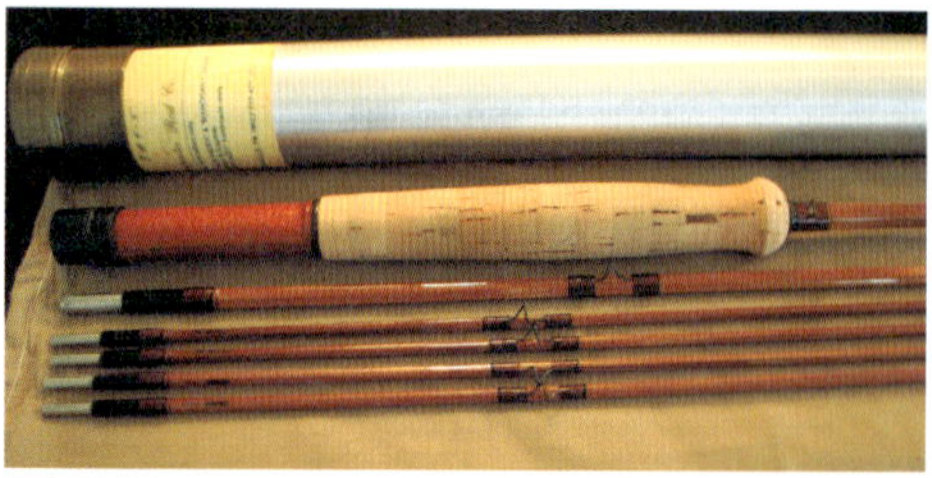

W.E.Carpenter Rod Co.
Browntone
8'0" #4/5
3pc 4tip

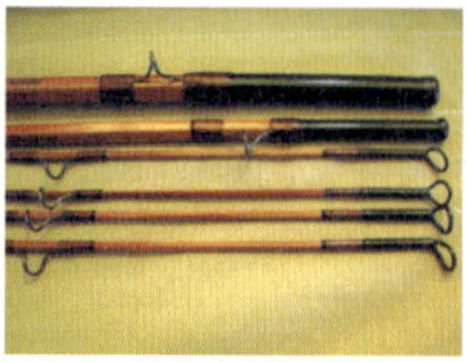

4番向けと5番向けにそれぞれティップが2本作られている特別モデル。4番向けの方が細い。ガラス細工のようなバーニッシュ、丁寧な仕上げ、そして、レナードのトーナメントやハント、あるいはペインを髣髴とさせるロッドアクション。振っていてキャッツキル学派のいろいろな顔が楽しめる。これぞトラウトロッドの決定版。

35　ダグラス・ダック　ハロルド・S・ギラム　モデル

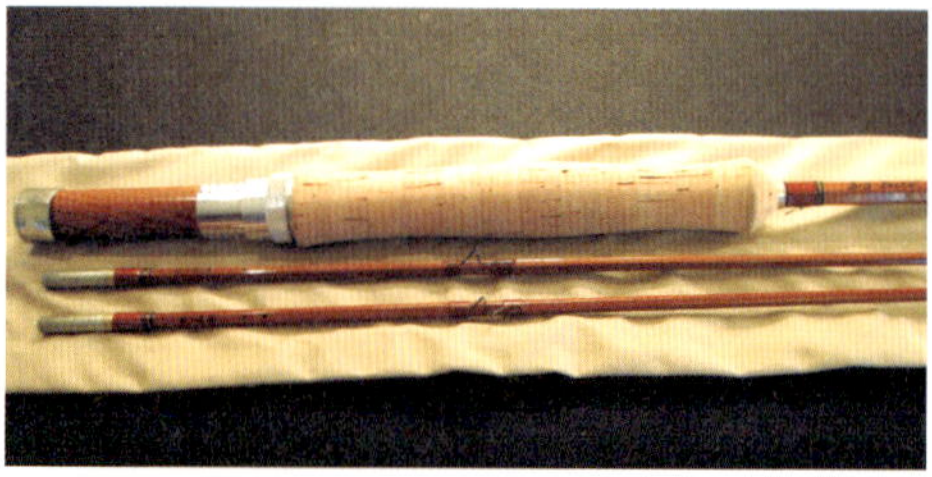

Douglas Duck
HSG (Harold S.Gillum) Model
7'6" #4/5
2pc 2tip

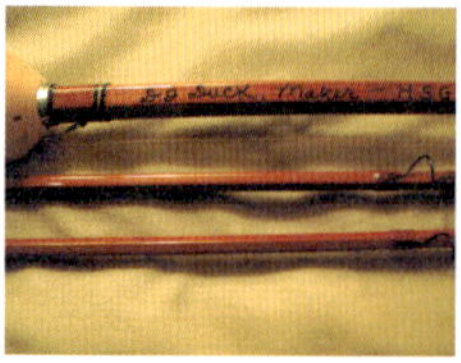

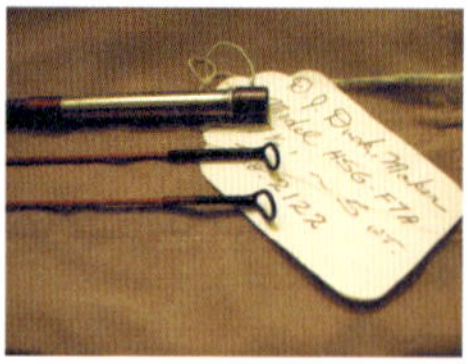

テキサスのダグラス・ダックはギャリソンとギラムのレプリカを作り続けたビルダーとして有名。ギラムの7.5ft の本物なんてどう逆立ちしてもお目にかかれない。そしてダック作のレプリカといえどもギラムモデルは少ない。バットに少し残る芯のような感覚が、ラインコントロールのボタンの役割を果たす。押せばロッドは長い蛇になる。

36　トーマス＆トーマス　キャッツキル・レジェンド

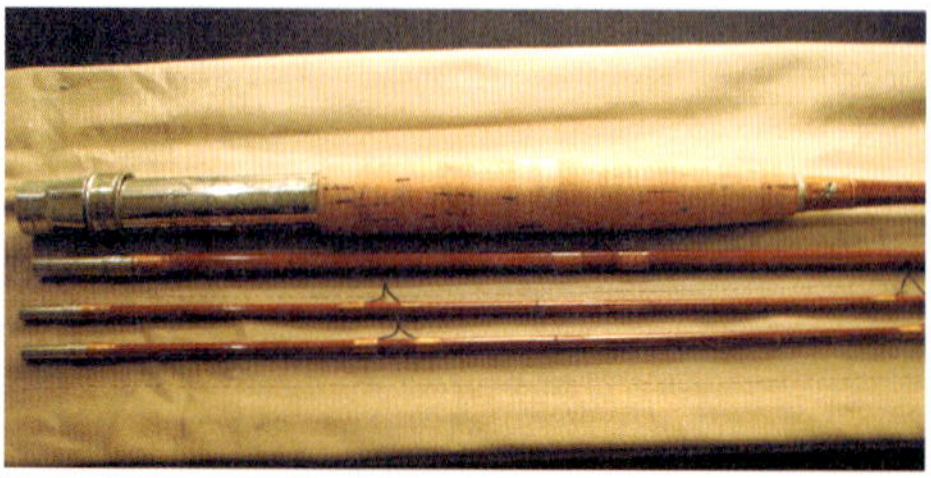

Thomas & Thomas
Catskill Legend
8'0" #5
3pc 2tip

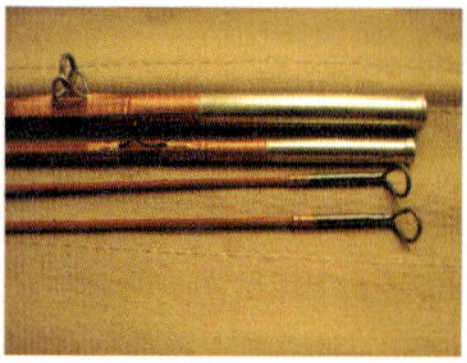

Catskill Fly Fishing Center が施設充実のために、募金活動の一環として T&T 社に製造を委託した「キャッツキルのレジェンド」という記念ロッド。1985年に15本販売された内のシリアル番号1番。リールシートにはキャッツキルに縁の深い13人のアングラーの名が彫られている。乱れを知らない安定したロッド。初心者でもラインが一振りで飛んでいく。

37　ロン・クーシー　ビーバー・キル・スペシャル・クワッド

Ron Kusse
Beaverkill Special Quad
7' 6" #5
2pc 2tip

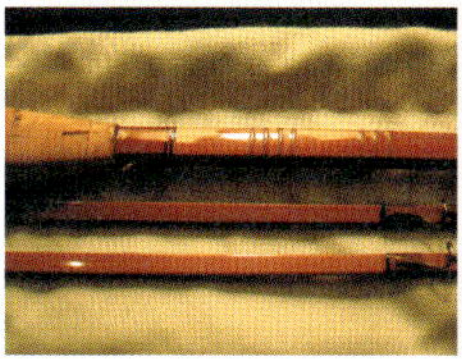

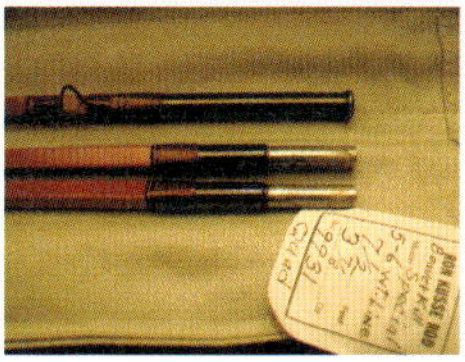

米国では賛否両論のロン・クーシー。レナード時代、ロッド製作に直接携わっていないことを良く指摘されている。しかしたとえそうであってもこの四角ロッドは秀逸。タイトラインが面白いように伸びて、ラインの先端から神経が伝わってくる。グリップもフラット・グリップの走りのような、良く考えられたデザイン。素晴らしいロッドだ。

38　H.L. レナード　ハント 49DF-4

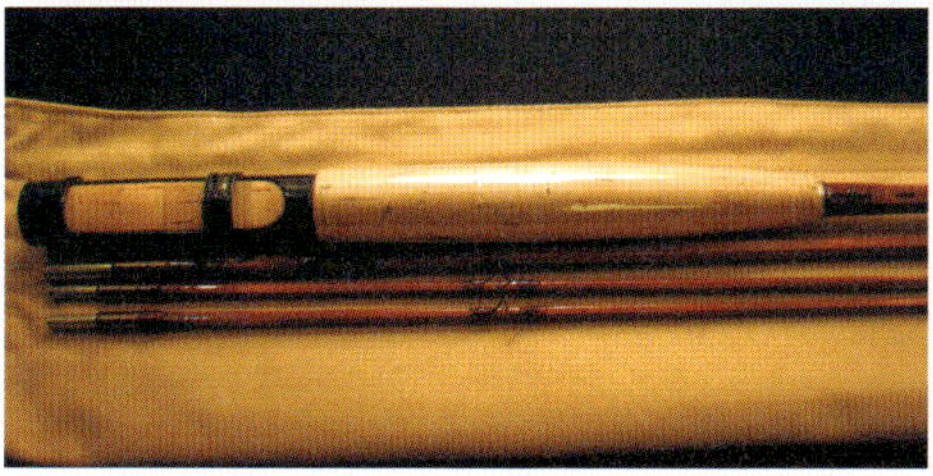

H.L. Leonard Rod Co.
Hunt 49DF-4
7' 6" #4/5
3pc 2tip

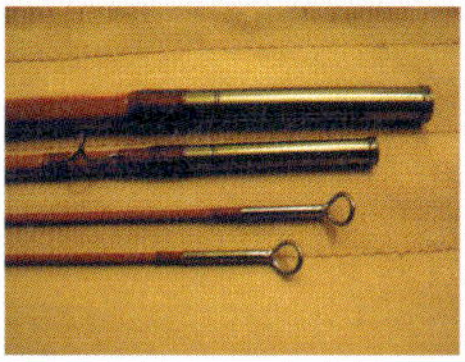

T&T のトム・マクスウェルがプロデュースしたマクスウェル・レナード。テッド・シムロー時代のアクションと決別して、バットに張りを持たせることでモダンでシャープな振り味を追求した。見た目も洗練され、写真のロッドなどはリールシートも斬新。タイトなループにグラファイトよりも優しい投げ心地、ファンにならずにはいられない。

39　H.L. レナード　モデル 48-4

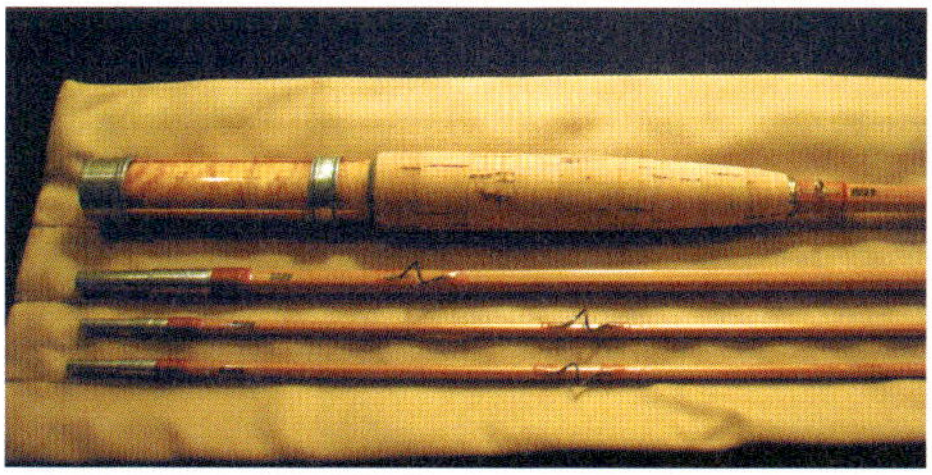

H.L. Leonard Rod Co.
48-4
7' 0" #4/5
3pc 2tip

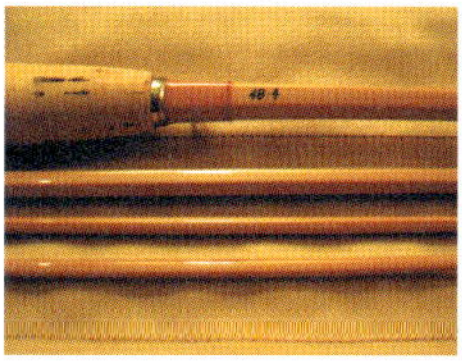

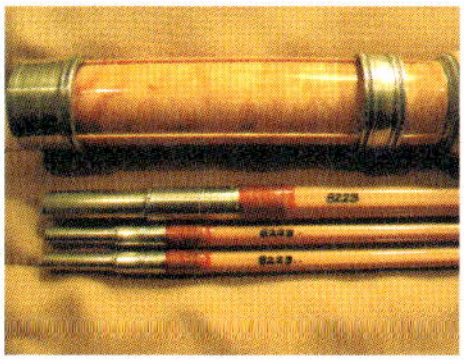

1980 年代初頭に G.Loomis や Sage のグラファイトロッドのようなバンブーロッドが作られていた。ベンディングカーブを見るとグラファイトの影響が明らかに見てとれる。近年のバンブーロッドでは逆に見かけなくなったアクションでとても興味深いロッド。タイトループが高速で飛んでいく。

40　H.L. レナード　キャッツキル 37-3

H.L. Leonard Rod Co.
Catskill 37-3

6' 6" #3/4
2pc 2tip

1984年に作られたレナード最後のキャッツキル。1985年にはご存知マーク・アロナーがオークションでレナードのベベラーを競り落とし、トンキンの在庫を入手している。3番より4番ラインがベストフィット。短いのにダブルホールでラインが良く伸びる。こんなに躍動感あるトンキンのロッドはそうざらにない。

41　オービス　デラックス

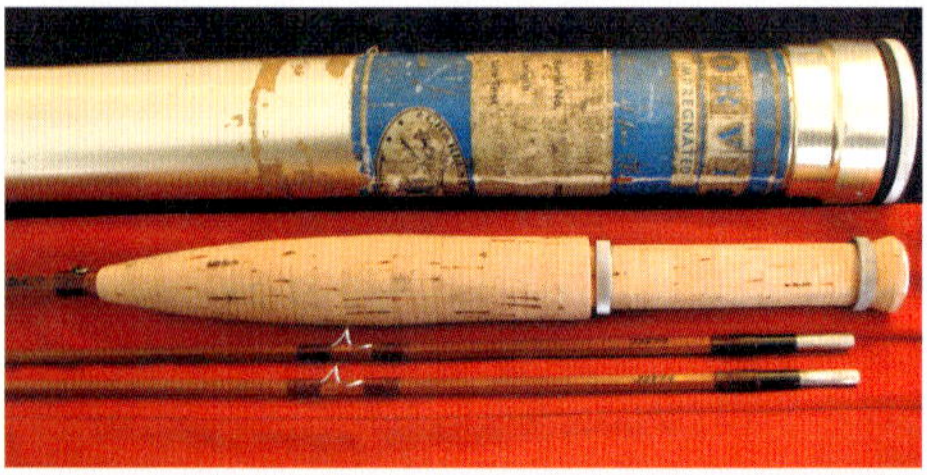

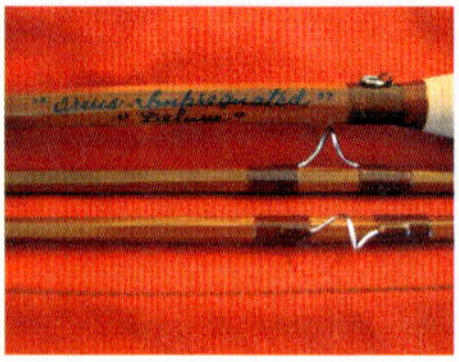

The Orvis Company
Deluxe

6' 6" #4/5
2pc 2tip

シャフトに記載された33879というシリアルナンバーから1962年12月に作られたロッドとわかる。オービスはレッジャー(記録簿)がしっかりしている。あまり使用されていないということもあるが、50年経った今でも輝きを失わず、同社のインプリがどれほど完成された技法であるかがわかる。バットの強いドライフライアクション。振っていて心地が良い。

42　オービス　ウェス・ジョーダン 8フッター

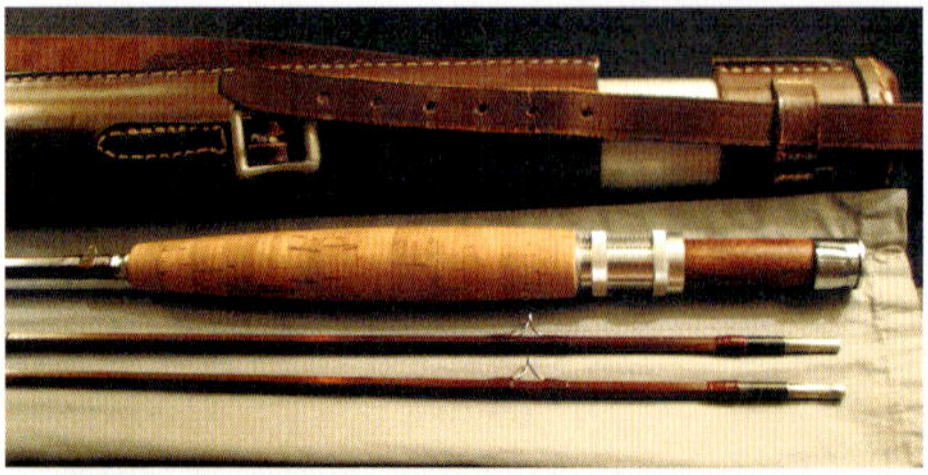

The Orvis Company
Wes Jordan's 8-Footer

8' 0" #5/6
2pc 2tip

1966年に登場したウェス・ジョーダンの8ftモデルは、オービスの当時最高峰に位置するロッドだった。1本売れるたびに、代金の一部がジョーダンの退職金として積み立てられた。二重のインプリ作業でブランクはガラスのように美しい。グリップも指が乗せられる独特な形状。しなってラインが飛んでいくまさにジョーダンの真骨頂。

43　オービス　ウルトラライト・フライ

The Orvis Company
Ultralight Fly
5' 9" #3/4
2pc 2tip

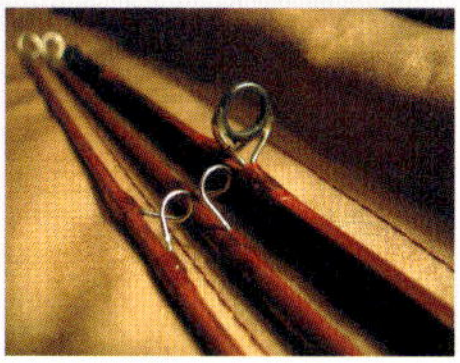

1971年だけに製作されたワン&ハーフ（バットよりティップの方が倍長い）の珍しいロッド。当時グラスロッドで5番ラインが全盛期であったことを考えると3番のバンブーロッドはいかにも頼りなく見えたに違いない。しかしとても機能的で遠投力もあり、ロールキャストも得意だ。米国でもファンも多いこのロッド､日本でも活躍の場は多い。

44　ハウス・オブ・ハーディー　パラコナ・マーベル

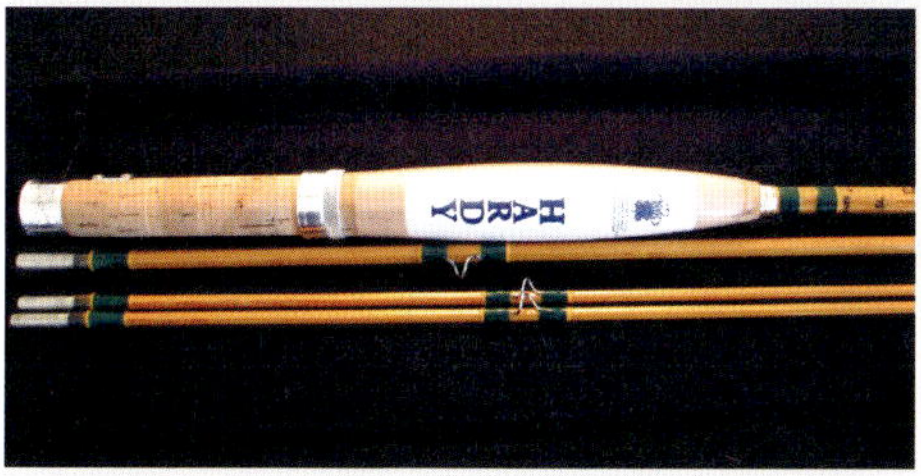

House of Hardy
Palakona Marvel
7' 2" #4
2pc 2tip

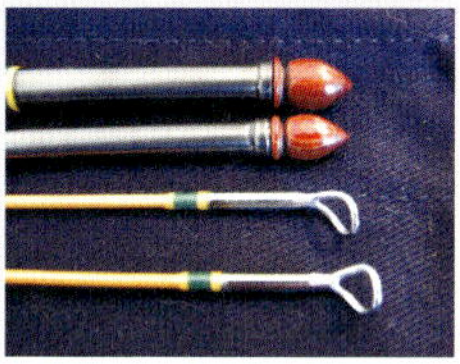

ハーディーのトップライン、1990年代の製造。このロッドで綺麗にループを描くことが英国紳士の条件、と言わんばかりのゆったりとした滑らかなアクション。日本のテストリバー、日光の湯川に最も相応しいロッド。あせってはラインが乱れる。「ライズを見ても一呼吸」、ようやくロッドの声が聞けるようになった。

45　Saga Rod（佐賀ロッド）　モデル7.6-4

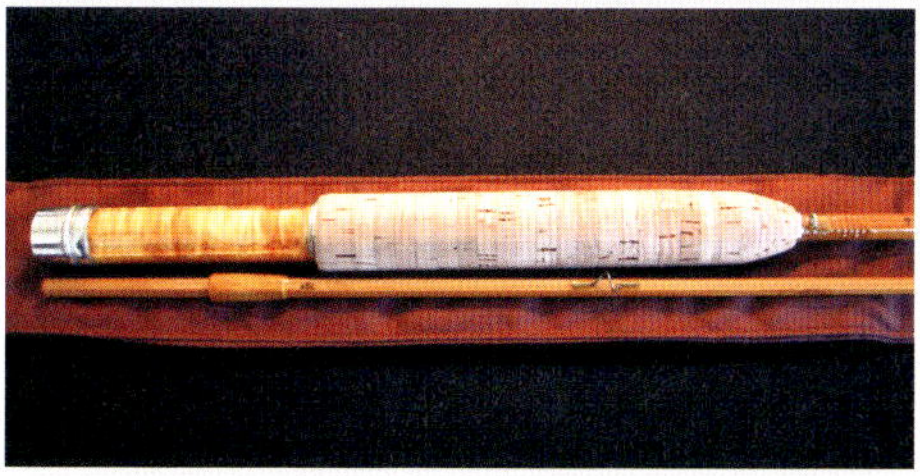

Saga Rod
Model 7.6-4
7' 6" #4
2pc 1tip

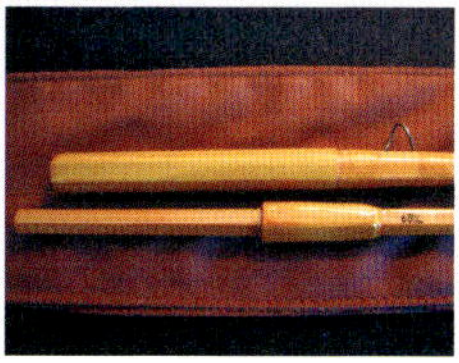

日本製バンブーフェルールロッドの米国上陸はまだ例が少ない。そんな中で佐賀氏はキャッツキルへと出向き、積極的に米国のアングラーへもアプローチをし始めた。福島と北海道を行き来する同氏の製作するロッドは、なめらかでパワフルなループを描き、米国での評価も高まっている。本流や少し大きな河川で使用したい。

46 Kitaoka Rod（北岡ロッド）

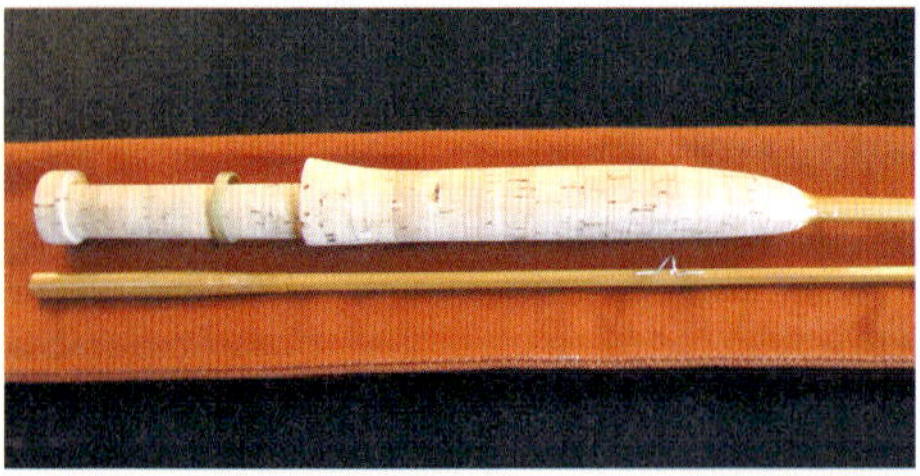

Kitaoka Rod
7ft
7' 0" #3
2pc 1tip

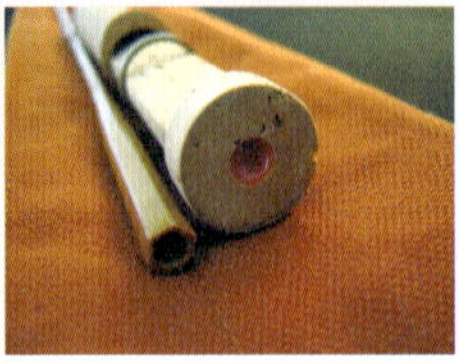

北岡氏は俵屋宗達や狩野派などの日本画の修復を手がけてきた。中村羽舟さんのお弟子さんでもある。ギャリソンに始まる世界とは無縁だが、バスフィッシングでトップウォーター道を極め、ロッドとラインと水面の関係を知り尽くす。鞭のようなロッドから放たれる矢のようなラインに中毒患者は増える一方だ。

47 Harada　Bamboo Rod（原田竹竿）

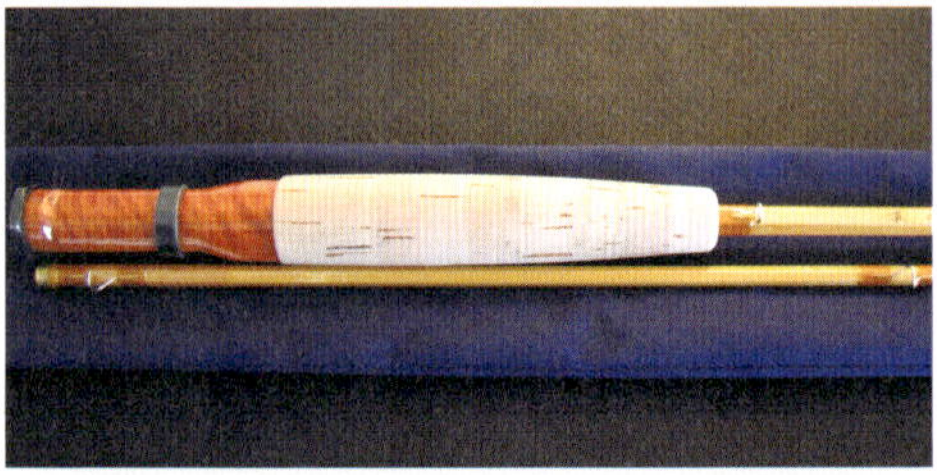

Harada Bamboo Rod
7ft
7' 0" #3
2pc 1tip

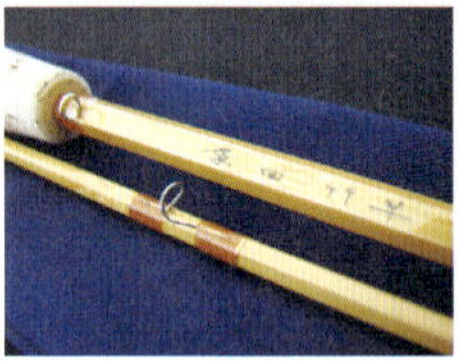

トンキンのグランソワーにはじまり、マダケの原田竹竿との二頭立てから、原田竹竿に絞り込んだ。マダケのノードレスにバンブーフェルール、さらにカーボンフェルールと原田氏の模索・進化は続いている。シャープで、もっちり感を体現するロッドに独特の世界が広がる。

48 Kada Rod　（加田ロッド）

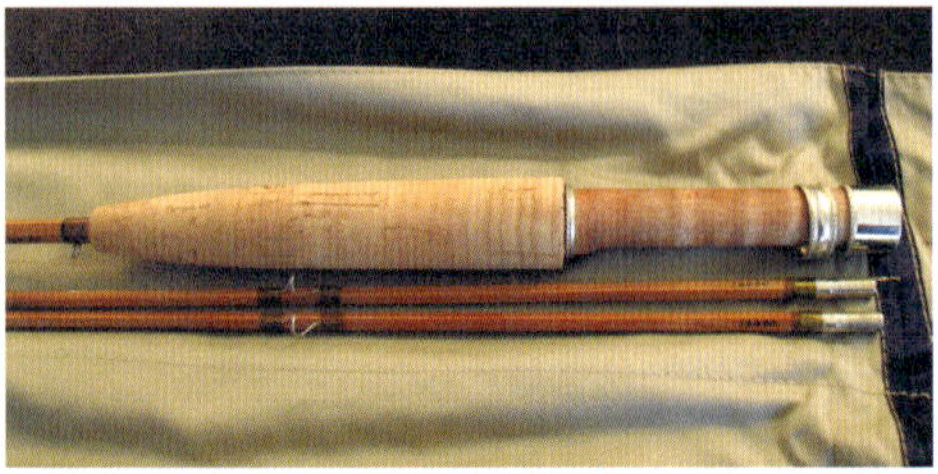

Kada Rod
6.3ft
6' 3" #3
2pc 2tip

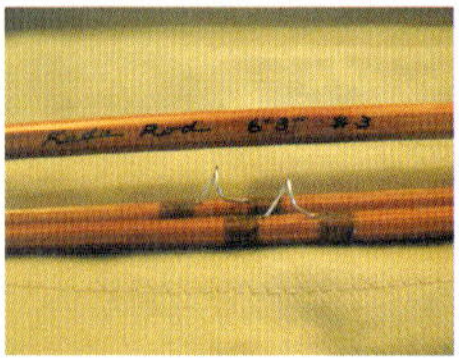

加田氏は最も厳しい山岳渓流で釣りをしているアングラーの一人ではないだろうか。離れたところから、淀みや巻き返しにフライを送り込む。華美なところはないものの、鋭い感性によるハンドプレーニングが、投げ手の思いと現実の僅かな誤差を埋めていく。だから釣果が違ってくる。目で追う場所へ確実に落としていくロッド。

おわりに

伝説のビルダー、ゲーリー・ハウエルズ（Gary Howells）は人間嫌いで有名だったと聞きます。しかし彼のフライフィッシングに対する知識は卓越していて、ロッドはもちろんのこと、フライ一つ一つの由来までを話せるほどだったと言われています。もちろんタイイングも並外れた腕前だったことが知られています。

　しかし彼がフライフィッシングに関する膨大な書籍のコレクターであったことはあまり知られていません。私はこのことを知って、にんまりしました。彼も人が好きだったにちがいないと。猛烈な読書家であり、書籍のコレクターとなれば、その人は本質的に人が好きなはず。人と直に接することは苦手かもしれませんが、そのような人は、人に興味があって、全てとは申しませんが人を理解することに長《た》けているのです。そうでなければ、あんなに釣り人を狂喜させるロッドをつくれるはずがありません。

　実はバンブーロッドの魅力はそこにあるのだと思います。作り手の思いが込められているのです。突き詰めればバンブーロッドは作り手そのもの、その人となりであることがわかります。

もちろん作り手の1本だけを見て、それがその人だなどと言うつもりはありません。しかし少なくとも作り手の一面を垣間見ることができるのです。だからキャスティングをしていると、バンブーロッドを通じてその作り手と会話をしている気持ちになります。サンテ・L・ジュリアーニさんのように、トンキンケーンの伐採場までが頭に浮かぶようなことはありませんが、それでも作り手の主張が私の右手を通じていろいろ語りかけてきます。

「せっかちだな」、「ストロークをもっとゆっくり取って」、「肘を垂直に上げて」、「ロッドをもっと信じて」――。すぐに意気投合するロッドもあれば、時間のかかるロッドもあります。ロッドとは言え、実は人間なので、はじめは苦手だと思うロッドも出てきます。会話が進まないと寂しい気持ちにもなります。しかし何回も話し合っているうちに心は打ち解けてくるものです。こちらも努力します。そして苦手なロッドがかけがえのないパートナーになったりするので、その時はとても幸せな気持ちになったりするのです。

さて、今までは海外から多くのバンブーロッドがやってきました。ラフカディオ・ハーンが日本に永住して日本の怪談を記したように、海外のロッドも日本に永住して、日本の渓流を多く訪れているはず。そしてこれからは逆に日本のロッドが欧米に進出し、向こうの河川で魚と対峙する時代になっていくのではないでしょうか。戦後、日本製の廉価なバンブーロッドがお土産として米国に数多《あまた》渡りました。それとはまったく違います。日本のロッドが意思を持って欧米に永住するのです。

今やインターネットを通じて、日本のバンブーロッドもいろいろ主張できる時代になりました。そして、ありがたいことにバンブーロッドは、英語なりイタリア語なり、わずらわしい外国語を話す必要がありません。なぜならロッドの持っている作り手の思いが、ロッドを通じて会話の全てを担ってくれるからです。趣味は言葉を必要としません。もちろん海外からやってくるロッドはまだまだ増えるでしょう。このクロスボーダーの時代こそが、そして言葉のない会話こそが、バンブーロッドの黄金時代をこれからも長く続かせてくれるのだと思います。

最後に、本書へ素晴らしい原稿を寄せてくださった皆様、発案を快諾してくれたホワイトフィッシュ・プレスのトッド・ラーソン氏、翻訳と執筆を最後まで粘り強く見守ってくれたフライの雑誌社の堀内正徳氏、そして夜な夜なベランダやマンションの廊下でロッドを振る狂人をあたたかく（実は冷たく?・）見守ってくれた家族と近隣の住人の皆様に、この場を借りて心より感謝申し上げます。ありがとうございました。

永野竜樹

著者紹介

サンテ・L・ジュリアーニ Sante L.Giuliani
初めての釣りの思い出は父親の背中におんぶされて、近くの池にサンフィッシュを釣りに行ったこと。フライフィッシング狂でバンブーロッド愛好家。釣りのホームグランドはメイン州南部や西部のホワイト・マウンテン地区。〝fishinbanjo〟と呼ばれるほどのバンジョー好き。

マーク・ウェント Mark Wendt
メリーランド州ウォルドルフ出身。２０００年からパートタイムのバンブーロッドビルダー。数年前からコンピューター制御のベベラーを開発している。

ケン・スミス Ken Smith
モンタナ州在住で、職業はシェフ。娘たちの面倒を見なくていい時は、バンブーロッドを片手にモンタナ・トラウトを追い回している。

ウィリアム〝ストリーマー〟エイブラムス William〝Streamer〟Abrams
エドワーズやディッカーソンのロッドを入念に研究した後にロッドメイキングの世界に入ってきた。本人のＨＰはhousatonicsrods.com。

キャシー・スコット Kathy Scott
著書『ムース・イン・ザ・ウォーター（Moose in the Water）』、『バンブー・オン・ザ・ベンチ（Bamboo on the Bench）』でバンブーロッド愛好家に知られている作家。

ジョー・ビーラート Joe Beelart
ネブラスカ州北部の砂丘地帯にある農家の出で、竹の延べ竿で釣りを覚えた口だ。著書に『オレゴン・バンブー（Oregon Bamboo）』。

※以上、『The Cracker Barrel』の著者紹介より

永野竜樹 Tatsuki Nagano
東京都港区在住。翻訳家。自営業。英米のロッド・メーカーの歴史研究とロッド・コレクションをライフワークとする。国内外のフライフィッシング情報を紹介

する人気ブログ〈シェフのフライロッドの世界〉主宰。料理の腕はシェフ級。

山城良介 Yoshisuke Yamashiro
東京都台東区寿の老舗フライ専門店「つるや釣具店」代表。毎春に主催するハンドクラフト展は日本随一のバンブーロッド展示会で多数の来場者を集める。

川本 勉 Tsutomu Kawamoto
愛知県瀬戸市の「FLYイナガキ」代表。日本のフライ文化黎明期から関わってきたフライフィッシング全般のオーソリティ。明解な理論と実践に定評。

三浦洋一 Yoichi Miura
バンブーロッド・ビルダー。埼玉県加須市で「ロッド&リール レオン」を経営する。金属加工の技術を活かした独自開発のロッドメイキング・ツールも人気。

池田和成 Kazushige Ikeda
東京都板橋区在住。バンブーロッドを含めた各種素材の釣り竿の修理とレストア、リール修理が専門。

フライキャスティングの腕は誰もが認める実力者。

平野貴士 Takashi Hirano
10数年の釣り具業界経験を経て2013年秋、東京都内北区に「HIRANOTSURIGU」を開業した。幅広い釣りの経験があるがニュージーランド、北海道は大好き。

北岡勝博 Katsuhiro Kitaoka
京都府城陽市在住。バンブーロッド・ビルダー。地元京都の竹を自ら伐り出して製作する。個性的で革新的な作品の注目度は急上昇中。釣り師としても凄腕。

島崎憲司郎 Kenshiro Shimazaki
群馬県桐生市在住。フライフック・デザイナー。プロタイヤー。「シマザキデザイン・インセクトラウトスタジオ」代表。写真・文・イラストを全て手がけた著書『水生昆虫アルバム』（1997年初版）は海外からの評価も高く版を重ねた古典的ロングセラー。現在はフライの雑誌社から新装版が刊行されている。

※以上、『フライの雑誌』編集部による

Photo by S.Kitaoka

初出一覧

PART Ⅰ　ザ・クラッカーバレル
00 ～ 15 『The Cracker Barrel』（The Whitefishpress/2011）を再構成

PART Ⅱ　竹の国の釣り人たちへ
01　書き下ろし
02　書き下ろし
03　書き下ろし
04　書き下ろし
05　書き下ろし
06　『フライの雑誌』第 96 号（Furai-no-zasshi 2012）
07　『フライの雑誌』第 49 号（Furai-no-zasshi 2000）
08　書き下ろし

PART Ⅲ　バンブーロッド・ライブラリー
書き下ろし

バンブーロッド教書

Understanding & Fishing the Bamboo Fly Rod［*The Cracker Barrel*］

PART Ⅰ ………………… サンテ・L・ジュリアーニと仲間たち ＝著
永野竜樹 ＝日本語訳
PART Ⅱ ………………… 永野竜樹、山城良介、川本勉、三浦洋一、平野貴士、島崎憲司郎 ＝著
『フライの雑誌』編集部 ＝編
PART Ⅲ ………………… 永野竜樹 ＝文・写真
装画・挿画 ……………… 北岡勝博

発行日　2013年12月20日　初版
編集発行人　堀内正徳
発行所　（有）フライの雑誌社
〒191-0055　東京都日野市西平山 2-14-75
Tel.042-843-0667　Fax.042-843-0668
http://www.furainozasshi.com/
印刷所　（株）東京印書館

Published/Distributed by FURAI-NO-ZASSHI　2-14-75 Nishi-hirayama,Hino-city,Tokyo,Japan